edition suhrkamp

Redaktion: Günther Busch

Hans Robert Jauß, geboren am 12. Dezember 1921, ist Professor der Literaturwissenschaft an der Universität Konstanz. 1982 erschien im Suhrkamp Verlag seine Arbeit *Ästhetische Erfahrung und literarische Hermeneutik.*

Eine der Folgen der »Hochschulkrise« ist ein geschärftes Problembewußtsein der wissenschaftlichen Disziplinen: ihre herkömmlichen Arbeitsweisen und Denkmuster sind fragwürdig geworden, ihr Selbstverständnis muß neu reflektiert werden. In jenen Umkreis der Überprüfung wissenschaftlicher Methoden und Zielsetzungen gehören auch die hier veröffentlichten Aufsätze von Hans Robert Jauß, in denen versucht wird, die Literaturgeschichte »dialektisch« zu begreifen, als Prozeß, und die traditionellen Interpretationsformen sowohl ästhetisch als auch geschichtlich neu zu bestimmen. Der Anstoß dieses Konzepts könnte die fortgeschrittensten Erkenntnisse der literaturwissenschaftlichen Einzeldisziplinen mit einem fortgeschrittenen Bewußtsein von ihrem Instrumentarium verbinden.

Hans Robert Jauß
Literaturgeschichte als Provokation

Suhrkamp Verlag

edition suhrkamp 418
Erste Auflage 1970
 Druck: Books on Demand, Norderstedt. Printed in Germany. Umschlag gestaltet nach einem Konzept von Willy Fleckhaus: Rolf Staudt.

ISBN 978-3-518-10418-7

12 13 14 15 16 17 – 15 14 13 12 11 10

Inhalt

Vorwort

Die Literatur, ihre Geschichte und ihr Studium sind in jüngster Zeit mehr und mehr in Diskredit gefallen. Angesichts der wachsenden Zahl ihrer Verächter kann sich auch die Philologie nicht mehr der Forderung entziehen, das Interesse an ihrer Sache neu zu begründen. Soweit sie sich als Literaturwissenschaft versteht, versucht sie dies mit neuen Zielsetzungen, die der Soziologie, Semasiologie, Gestaltpsychologie, Ästhetik, Psychoanalyse oder Philosophie der Kunst verdankt werden. Die Abwendung vom Historismus der konventionellen Literaturbetrachtung ist ein gemeinsames Vorzeichen solcher Versuche. Demgegenüber mag es als eine Provokation erscheinen, wenn hier gerade die totgesagte Geschichte der Literatur ihrer Apologie dienstbar gemacht werden soll.
In dieser Absicht habe ich die in den letzten fünf Jahren geschriebenen Abhandlungen[1] revidiert und zu einer Schrift vereint. Ihr Zusammenhang ist nicht die Entwicklung und Begründung einer vorgegebenen These, sondern der Weg und die Dokumentation einer Forschung, die mich zu dem Versuch einer Historik der Literatur führte. Deren Postulate konnte ich hier noch nicht praktisch einlösen. Die vorangestellten drei Abhandlungen sind als Vorstudien zu einer Theorie, nicht

1 *Literarische Tradition und gegenwärtiges Bewußtsein der Modernität*, in: *Aspekte der Modernität*, ed. H. Steffen, Göttingen 1965, pp. 150–197; *Fr. Schlegels und Fr. Schillers Replik auf die Querelle des Anciens et des Modernes*, in: *Europäische Aufklärung – Herbert Dieckmann zum 60. Geburtstag*, ed. H. Friedrich und F. Schalk, München 1967, pp. 117–140; die dritte Abhandlung: *Das Ende der Kunstperiode – Aspekte der literarischen Revolution bei Heine, Hugo und Stendhal* war noch nicht veröffentlicht; die erste Fassung der vierten Abhandlung war meine Konstanzer Antrittsvorlesung vom 13. April 1967: *Was heißt und zu welchem Ende studiert man Literaturgeschichte?* und ist unter dem Titel *Literaturgeschichte als Provokation der Literaturwissenschaft* in der Reihe *Konstanzer Universitätsreden*, ed. G. Hess, 1967 (1. Aufl.) und 1969 (2. Aufl.) bei der Druckerei und Verlagsanstalt Konstanz, Universitätsverlag GmbH. erschienen; die fünfte Abhandlung: *Geschichte der Kunst und Historie* wurde als Vorlage für das Kolloquium *Geschichten und Geschichte* der Forschungsgruppe ›Poetik und Hermeneutik‹ (17.–23. Juni 1970) verfaßt und dort diskutiert; auf diese Diskussion, die in Band V der Reihe *Poetik und Hermeneutik* (bei Fink/München) erscheinen wird, sei hier im besonderen verwiesen.

schon als Beispiele ihrer Anwendung zu bewerten. Sie repräsentieren einerseits einen übergreifenden geschichtlichen Zusammenhang: die literarischen Ursprünge unserer Modernität, d. h. verschiedene Aspekte des Prozesses, in welchem sich seit der *Querelle des Anciens et des Modernes* die Kunst der Neuzeit von der Autorität der antiken Tradition emanzipiert hat.[2] Andererseits repräsentieren sie methodologisch verschiedene Möglichkeiten, über die konventionelle, chronologisch eindimensionale Literarhistorie durch die Beschreibung und Interpretation von Strukturen des literarischen Epochenwandels hinauszugelangen.

Die erste Abhandlung sucht ein geistesgeschichtliches Problem: das Verhältnis von Tradition und Modernität, aus Perspektiven der Wort- und Begriffsgeschichte zu beleuchten. Diese macht in der literarischen Artikulation des Bedeutungswandels von *modernus/moderne*, der an entgegengesetzten Normen oder Stilbegriffen (*antiquus/ancien; antique; classique; romantique*) faßbar wird, immer auch transparent, wie sich ein neues Epochenbewußtsein von der vorangegangenen Tradition abscheidet, und erschließt durch Kategorien ästhetischer Wahrnehmung den veränderten Horizont des geschichtlichen Weltverständnisses. – Die zweite Abhandlung zeigt, wie der Fragehorizont der französischen *Querelle* in einem Krisenmoment der deutschen Klassik von Herder, Schiller und Friedrich Schlegel wieder aktualisiert wurde. Statt einer diachronischen Beschreibung der literarhistorischen Filiation, die den Ausgang der französischen *Querelle* über die ästhetische Reflexion der Aufklärung mit dem Neueinsatz einer deutschen *Querelle* verbindet, wird hier versucht, durch eine synchronische Analyse die historischen Motive und anders gestellten Probleme zu finden, die Schiller und Schlegel zu ihren Analysen der gegenwärtigen und Prognosen der zukünftigen Literatur von 1795/97 führten und den Bruch zwischen Weimarer Klassik und Frühromantik zur Folge hatten. – Die dritte Abhandlung wendet die synchronische Literaturbetrachtung polemisch gegen die

2 Daß die Entdeckung der Geschichtlichkeit der Literatur dem Historismus der Aufklärung voranging, ist die These meiner Einleitung zum Nachdruck von *Charles Perrault: Parallèle des Anciens et des Modernes*, München, 1964, jetzt auch als Separatdruck: *Ästhetische Normen und geschichtliche Reflexion in der ›Querelle des Anciens et des Modernes‹* (bei Fink, München).

komparatistische Schulrichtung und ihren metahistorischen Begriff des Vergleichs. Hier werden gleichzeitige literarische Erscheinungen nicht mehr aneinander, im Blick auf Individualitäten und nationale Entwicklungen, sondern an dem Parameter eines allgemeineren historischen Prozesses bemessen, der die individuellen Äußerungen als verschiedene Aspekte der gleichen Ereignisstruktur erscheinen läßt. Es handelt sich um die ›Julirevolution der Literatur‹, die sich gleichzeitig, aber unter verschiedenen Vorzeichen in Deutschland und Frankreich anzeigt, dem Epochenverständnis in Hegels *Ästhetik* wie in Hugos *Préface de Cromwell* zugrunde liegt und die von Hegel wie von Heine und Stendhal formulierte Prognose bestätigt, daß die Periode der schönen Kunst zu Ende gehe und eine neue ›Literatur der Bewegung‹ sich auf den Emanzipationsprozeß der Geschichte öffnen müsse.

Die vierte, theoretische Abhandlung hat ihr methodologisches Kernstück in der Explikation des literarischen ›Erwartungshorizonts‹. Sie geht davon aus, daß die Geschichtlichkeit der Literatur weder auf einem post festum erstellten Zusammenhang literarischer ›Fakten‹ noch auf einem anonymen Überlieferungsgeschehen der ›Meisterwerke‹, sondern auf der vorgängigen, Vergangenheit und Gegenwart der Literatur vermittelnden Erfahrung ihrer Leser beruht. Sie zeigt, wie Interpretation, die diese ständige Interaktion von Werk, Publikum und Autor im Blick behält, das einzelne Werk in seinen ›Konkretisationen‹, aber auch die Reihe der Werke in den Interrelationen von Rezeption und Produktion beschreiben kann, wenn jeweils das Bezugssystem der Erwartungen ermittelt ist, die das Verständnis der einstigen wie der jetzigen Leser im aktiven Prozeß des Verstehens orientieren. Sie postuliert, daß eine derart im Prozeß der Rezeption fundierte Literaturgeschichte die gesellschaftlichen und kommunikativen Funktionen der Literatur einbegreifen muß und darum auch erfassen kann, weil der Erwartungshorizont des Publikums als diejenige Instanz zu verstehen ist, vor der sich die Artikulation von Fragen der Lebenspraxis an die Kunst wie auch der Umschlag ästhetischer Erfahrung in ein präformierendes Weltverständnis vollzieht.

Die fünfte Abhandlung ergänzt die Theorie der Literaturgeschichte durch die Frage nach ihrem Verhältnis zur Historie.

Sie untersucht die historischen Beziehungen und strukturellen Interferenzen von Geschichte der Kunst und Historiographie, um in Umkehrung der üblichen Blickrichtung die These zu begründen, daß die erstere nicht immer nur Muster der Darstellung von der letzteren erborgt, sondern selbst Paradigmen der geschichtlichen Erkenntnis entwickelt hat. Sie versucht nachzuweisen, daß der klassisch gewordenen Historiographie Rankes nicht allein fiktionale Erzählformen, sondern auch ästhetische Kategorien zugrundeliegen, die in der Stilgeschichte Winckelmann'scher Prägung vorgegeben waren, während andererseits Droysens Historik und ihr Ereignisbegriff eine Hermeneutik voraussetzen, die am Paradigma des vergangenen Kunstwerks und dem geschichtlichen, von Herder vermittelten Verständnis der Kunst ausgebildet wurde. Sie postuliert mit dieser Provokation der Historie den Schritt von der alten Ereignisgeschichte zu einer neuen Geschichtsschreibung, die Ereignis und Dauer, Prozeß und Struktur zu vermitteln hat und ein Paradigma für diese Vermittlung in der Geschichte der Kunst finden kann, sofern diese ihren Gegenstand in der traditionsbildenden Dialektik von Frage und Antwort erfaßt und als einen ständigen Prozeß der Rezeption, Vergegenwärtigung und Umbildung des Vergangenen für die gegenwärtige Erfahrung begreift.

Literarische Tradition und gegenwärtiges Bewußtsein der Modernität

I.

Das Wort *Modernität*, das dazu dienen soll, das Selbstverständnis unserer Zeit epochal gegen ihre Vergangenheit abzusetzen, hat die Paradoxie an sich, daß es – blickt man auf seine literarische Tradition zurück – den Anspruch, den es behauptet, offenbar durch seine geschichtliche Wiederkehr immer auch schon dementiert hat. Es ist weder für unsere Zeit geprägt worden, noch scheint es überhaupt geeignet, das Einmalige einer Epoche unverwechselbar zu kennzeichnen. Zwar ist die substantivische Prägung *la modernité* wie auch ihre deutsche Entsprechung *die Moderne* jungen Datums. Die beiden Wörter erscheinen chronologisch noch in der Grenze des Horizontes, der die Wahrnehmung der uns vertrauten geschichtlichen Welt von jener Vergangenheit scheidet, die uns ohne die Vermittlung des historischen Verstehens nicht mehr zugänglich ist. Fern in diesem Sinne, als abgeschiedene Vergangenheit unserer Modernität, kann heute die Romantik als literarische wie auch als politische Epoche gelten. Sieht man ihr historisches Ende in der Revolution von 1848, so scheint das Auftauchen der Neuprägung *la modernité* in der Tat das Bewußtsein eines veränderten Weltverständnisses anzuzeigen. *La modernité*, zum ersten Mal 1849 in Chateaubriands *Mémoires d'Outre-Tombe* belegt[1], ist in Frankreich vor allem durch Baudelaire zum Programmwort einer neuen Ästhetik erhoben worden.[2] In Deutschland erlangte *die Moderne* seit 1887 modische Beliebtheit, nachdem E. Wolff in einem Vortrag vor dem Berliner Verein »Durch« mit zehn Thesen sein neues *Princip der Moderne* formuliert hatte, das, an Baudelaires Wendung zum *surnaturalisme* gemessen, allerdings nur eine nationale Rückständigkeit

1 Nach P. Robert, *Dictionnaire alphabétique et analogique de la langue française*, Paris 1951–1964, s. v. *modernité*.
2 Vor allem in *Le peintre de la vie moderne* (1859), vgl. dazu G. Hess, *Die Landschaft in Baudelaires ›Fleurs du Mal‹*, Heidelberg 1953, p. 40–42.

bezeugen kann.[3] Doch auch als Vorzeichen einer neuen Epoche der Kunst kann Baudelaires *modernité* nicht vergessen machen, daß diese Wortprägung der späte Ableger einer langen Wortgeschichte ist und noch in der jüngsten Bedeutung des Substantivs von dem anfänglich geprägten Adjektiv *modernus* abhängt, das als »eines der letzten Vermächtnisse spätlateinischer Sprache an die neuere Welt« wiederum in einer noch älteren literarischen Tradition steht.[4] Und diese Tradition ist ganz dazu angetan, den im Begriff der Modernität liegenden Anspruch: die gegenwärtige Zeit, Generation oder Epoche habe ein Eigenrecht des Neuen und damit einen Fortschritt über das Alte hinaus zu behaupten, fürs erste illusorisch erscheinen zu lassen.
Denn schon fast während der ganzen Geschichte der griechischen und römischen Literatur und Bildung, von der alexandrinischen Homerkritik bis zum Rednerdialog des Tacitus, ist durch solche Ansprüche der ›Neueren‹ immer neu der Streit mit den Verehrern der ›Alten‹ entbrannt, aber auch immer wieder in letzter Instanz durch den Gang der Geschichte von selbst beigelegt worden. Insofern nämlich, als die ›Neueren‹ mit der Zeit unvermeidlich selbst die *antiqui* wurden, die Nachkommenden die Rolle der *neoterici* übernahmen und man angesichts dieser naturhaft-zyklischen Folge am Ende nurmehr die weise Einsicht bestätigt fand, mit der Tacitus den Streit zwischen Aper und Messalla durch Maternus schlichten läßt: »Da niemand zu derselben Zeit großen Ruhm und große Ruhe erlangen kann, möge jeder die Vorzüge der ihm beschiedenen Zeit genießen, ohne die andere Zeit zu verkleinern.«[5] Aus dieser Sicht kann dann auch das geschichtliche Selbstbewußtsein, mit dem sich die *moderni* seit dem karolingischen Neubeginn in

3 Nach F. Martini, *Modern, Die Moderne,* in: Merker-Stammler: *Reallexikon der Deutschen Literaturgeschichte,* 2. Aufl., Bd. II, pp. 391–415, bes. p. 408 sq.: »Wenn E. Wolff formulierte: ›Eine moderne, realistische, nationale Dichtung, das ist: die Versöhnung unseres Geistes mit der in neuer Macht offenbarten Natur‹ [...], machte er sichtbar, in welchem Umfange diese ›Revolution‹ durch die ›Moderne‹ Strömungen und Tendenzen des ablaufenden Jhs. fortführte und nur pathetisch zu Bewußtsein brachte, was sich in ihnen längst ausgebildet hatte.«

4 E. R. Curtius, *Europäische Literatur und lateinisches Mittelalter,* Bern 1948, p. 257.

5 *Nunc, quoniam nemo eodem tempore adsequi potest magnam famam et magnam quietem, bono saeculi sui quisque citra obtrectationem alterius utatur.*

allen ›Renaissancen‹ der europäischen Literatur immer wieder den *antiqui* gegenübergestellt haben, zur »literarischen Konstante« werden und für die Geschichte der abendländischen Bildung so gewöhnlich und natürlich erscheinen wie der Generationswechsel in der Biologie. Wäre dann nicht auch die Reihe von *Querelles des Anciens et des Modernes,* die aus der immer wieder neu gestellten und beantworteten Frage nach der Vorbildlichkeit der Antike und nach dem Sinn ihrer Nachahmung hervorgingen und den Weg der europäischen Literatur zu ihrer nationalen Klassik kennzeichnen, schließlich selbst noch ein ›antikes Erbe‹, durch ein klassisches Muster vorgeprägt, also am Ende auch unser gegenwärtiges Bewußtsein der Modernität im gleichen Kreislauf einer unerkannten oder nicht zugestandenen Nachfolge befangen?

Hinter dieser Argumentation verbirgt sich indes eine List der – von den *Anciens* begründeten – philologischen Metaphysik der Tradition. Sie ist in *Europäische Literatur und lateinisches Mittelalter,* dem Prototyp der auf das ›Nachleben der Antike‹ gerichteten Forschung, verschiedentlich angewendet, am eindrucksvollsten wohl dort, wo Ernst Robert Curtius die pseudolonginische Schrift *Vom Erhabenen* anführt, um mit diesem Schlußstein seines Werkes zu suggerieren, daß auch noch der moderne Begriff der schöpferischen Einbildungskraft in einer lange verschütteten Tradition der Antike präformiert war: »Daher liegt ein tiefer historischer Sinn in der unscheinbaren Tatsache, daß der spätheidnische Virgilkultus zum erstenmal, wenn auch tastend, den Gedanken vom schöpferischen Dichtertum ausspricht. Er glimmt auf wie ein mystisches Lämpchen am Abend der alternden Welt. Fast anderthalb Jahrtausende hindurch war er erloschen. Im morgendlichen Glanz von Goethes Jugend leuchtet er wieder auf.« Als ob es noch der substantiell gleiche Gedanke gewesen wäre, der leider »von der unzerreißbaren Traditionskette der Mittelmäßigkeit abgewürgt« wurde und erst wieder in Goethe einen kongenialen Geist finden konnte![6] So läßt sich auch noch der neuzeitliche, gegen das antike Prinzip der ›Nachahmung der Natur‹ gerichtete Begriff schöpferischer Kunst für die mystische Kontinuität der abendländischen Kultursubstanz retten. Die *Querelle des Anciens et des Modernes* hat in diesem Kontext die gleiche Bedeutung: sie

6 Op. cit., Kap. 18, § 5: *Nachahmung und Schöpfung.*

ist ein in der Antike geprägter literarischer Topos, der in den generationsbedingten Revolten der Jugend wiederkehrt und nurmehr anzeigt, wie sich von Jahrhundert zu Jahrhundert die Proportionen zwischen den alten und den neueren Schriftstellern verschieben.[7] So wird es möglich, selbst noch den säkularen Prozeß, durch den sich die Literatur und Kunst der Neuzeit vom Kanon der Antike als ihrer normgebenden Vergangenheit mehr und mehr ablöste, im Muster der antiken *moderni* und *antiqui* präformiert zu sehen, den Bruch zwischen dem antiken und dem christlichen Begriff der Modernität zu ignorieren und das unumkehrbare, in unserer Modernität vollendete Abrücken von dem historisch gewordenen Vorbild am Ende wieder im Kreislauf einer natürlichen Wiederkehr aufzufangen. Blickt man hingegen auf den geschichtlichen Prozeß, den hier eine scheinbar selbsttätige Tradition verdeckt, so zeigt die Wort- und Begriffsgeschichte von *modernus*, daß die Bedeutung des spätlateinischen Worts zur Zeit seiner Prägung noch nicht vollständig gegeben und gewiß auch noch nicht abzusehen war. Der Sinn von *modernus* geht nicht in der zeitlosen Bedeutung des literarischen Topos auf. Er erschließt sich vielmehr erst mit dem geschichtlichen Wandel des Bewußtseins der Modernität und wird für uns in seiner geschichtsbildenden Potenz immer dort erkennbar, wo der bedingende Gegensatz – die ›Abscheidung‹ einer Vergangenheit durch das geschichtliche Selbstverständnis einer neuen Gegenwart – zu Tage tritt.

Daß die Bedeutung des Wortes *modern* am ehesten von seinen Gegensätzen aus faßbar wird, läßt sich vorweg schon am alltäglichen Wortgebrauch demonstrieren. *Modern* bezeichnet hier die Grenze zwischen dem Heutigen und dem Gestrigen, dem jeweils Neuen und dem Alten; genauer gesagt und an dem in dieser Hinsicht so aufschlußreichen Phänomen der Mode erklärt: die Grenze zwischen dem neu Hervorgebrachten und dem eben dadurch außer Kurs Gesetzten, gestern noch Aktuellen und heute schon Veralteten. Im Bereich des Modischen erscheint das Überschreiten der Grenze des Modernen als ein Prozeß, durch den das eben noch in Geltung Befindliche nicht nur entwertet, sondern ruckartig, ohne die übergängliche Verfallskurve organischer Abläufe, in die Maskenhaftigkeit des

7 Op. cit., Kap. 14, § 2: *Die ›Alten‹ und die ›Neueren‹.*

Überlebten zurückgestoßen wird: *Ce qui paraîtra bientôt le plus vieux, c'est ce qui d'abord aura paru le plus moderne.*[8] Da nun aber das Moderne von heute substantiell nicht unterscheidbar ist von dem, was morgen *démodé* sein und in die lächerliche Rolle des Anachronismus fallen kann, muß der Gegensatz zum Modernen jenseits des Wechsels gesucht werden. In der Tat ist der sich durchhaltende Gegensatz zu einem Kleid nach neuester Mode nicht etwa dieses selbe Kleid, wenn es altmodisch geworden ist, sondern ein Kleid, das uns der Verkäufer als ›zeitlos‹ oder ›klassisch‹ anpreist. *Modern* im ästhetischen Sinn setzt sich für uns nicht mehr vom Alten oder Vergangenen, sondern vom Klassischen, ewig Schönen, zeitlos Gültigen ab. Wir werden am Ende unserer Betrachtung sehen, daß das Vorverständnis des Modernen, wie es sich in diesem Wortgebrauch und seinem impliziten Gegensatz anzeigt, vor etwa hundert Jahren durch eine neue Wendung der Ästhetik begründet wurde. Sie ist in Frankreich zuerst bei Baudelaire und seiner Generation bezeugt, deren Bewußtsein von *modernité* in vieler Hinsicht auch noch unser ästhetisches und geschichtliches Weltverständnis bestimmt.

II.

Wie zeigt sich im Erscheinen und in der Geschichte des Wortes *modern* das Bewußtsein eines Schrittes vom Alten zum Neuen an, und wie wird in den Gegensätzen zu der jeweils neu erfahrenen Modernität das geschichtliche Selbstverständnis einer Epoche greifbar? Auf diese Fragestellung soll die folgende Wortgeschichte beschränkt bleiben. Sie richtet sich vornehmlich auf Epochenübergänge und verfolgt die Absicht, in der Wortbedeutung und ihren Entgegensetzungen den Reflex einer Zeiterfahrung zu suchen, die man nach Schelling auf den Begriff der ›Abscheidung des Vergangenen‹ bringen und als konstitutiv für jedes Epochenbewußtsein ansehen kann.[9]

8 Aus den *Faux-Monnayeurs* zitiert von P. Robert, *Dictionnaire alphabétique . . .*, a.a.O., s. v. *modernité*.

9 *Die Weltalter, Urfassungen*, ed. M. Schröter, 1946, p. 11: *Wie wenige kennen eigentliche Vergangenheit! Ohne kräftige, durch Scheidung von sich selbst entstandene Gegenwart gibt es keine. Der Mensch, der sich seiner*

Das Wort *modernus* ist im letzten Jahrzehnt des 5. Jahrhunderts zum ersten Mal bezeugt, in der Zeit des Übergangs vom alten Rom zur neuen christlichen Welt, so daß sich gleich die Frage stellt, ob sich in dieser Neuprägung ein Bewußtsein vom Ende des antiken und Angebrochensein des christlichen Weltzeitalters bekundet. In den frühesten Belegen hat das Wort zunächst nur die technische Bedeutung der Aktualitätsgrenze, die seiner etymologischen Herkunft entspricht. *Modernus* ist (wie *hodiernus* von *hodie*) von *modo* abgeleitet, das zu dieser Zeit nicht allein *nur, eben, erst, gleich* bedeutet, sondern wahrscheinlich auch schon den Sinn von *jetzt* haben konnte, in welchem es im Romanischen weiterlebt. Daß *modernus* nicht einfach *neu*, sondern *derzeitig* bedeutet, hat W. Freund – dessen ausgezeichneter Darstellung ich hier folge – mit guten Gründen als die entscheidende, die Neuprägung rechtfertigende Bedeutungsnuance herausgestellt.[10] Nur *modernus* erfüllt unter den sinnverwandten Zeitbegriffen die Funktion, ausschließlich das historische Jetzt der Gegenwart zu bezeichnen.[11] So erscheint es 494/5 in den *Epistolae pontificum* bei Gelasius, der das Wort verwendet, um jüngste Ereignisse, d.h. die Dekrete (*admonitiones modernas*) der letzten römischen Synode, von den *antiquis regulis* abzuheben. Die *antiquitas*, zu der hier *modernus* in einen ergänzenden Gegensatz tritt, ist die christlich-kirchliche Vergangenheit der *patres* oder *veteres*, der Nachfolger also der Apostel bis hin zu den Bischöfen des Konzils von Chalkedon.[12] Die Grenze, an der diese *antiquitas* an die Gegenwart *(nostra aetas)* stößt, ist das Jahr 450, liegt also fast 50 Jahre zurück. Die heidnisch-römische Vergangenheit tritt hier nicht in den Blick; sie wird bald danach bei Cassiodorus als *antiquitas* erscheinen, *nostris temporibus* oder den *saeculis modernis* gegenübergestellt, und bezeugen, »daß

Vergangenheit nicht entgegenzusetzen fähig ist, hat keine, oder vielmehr kommt er nie aus ihr heraus, lebt beständig in ihr.

10 W. Freund, *Modernus und andere Zeitbegriffe des Mittelalters*, Köln/Graz 1957, p. 5.

11 Diese Funktion wurde von den vorhandenen Synonyma in dieser Epoche nicht oder nicht mehr wahrgenommen: das Fremdwort *neotericus* wird häufig verunstaltet und geht allmählich unter, *praesens* wird mehr und mehr zum Demonstrativum und bezeichnet – wie auch *coetanus* oder *novus* – nicht ausschließlich die historische, d. h. *derzeitige* Gegenwart (vgl. W. Freund, a.a.O., pp. 5–10, 31).

12 W. Freund, a.a.O., p. 11.

spätestens um 500 von einer Reihe von Zeitgenossen die hellenistisch-römische Kultur und die alte römische Staatlichkeit als vergangen[...] betrachtet werden.«[13]
Die eigene Epoche hatte zu Beginn des 5. Jahrhunderts Orosius schon als *tempora Christiana* gedeutet. Seine Geschichtsphilosophie legte den Anfangspunkt des christlichen Zeitalters, die *germina temporis Christiani*, zurück in die Friedensepoche unter Augustus, der er die Friedlosigkeit der heidnischen Vergangenheit entgegenstellte. In seinem Geschichtsbild, das den Gegensatz zwischen Christentum und römischem Reich in der überhistorischen Kontinuität der Zeit seit Christi Geburt aufgehen läßt, ist für den begrifflichen Gegensatz von ›moderner‹ Gegenwart und autoritativem Altertum noch kein Raum.[14]
Dieser wird in dem neuen Wortpaar *antiqui* und *moderni* zum ersten Mal bei Cassiodorus sichtbar, der auf Rom und die antike Kultur schon wie auf eine abgeschlossene Vergangenheit zurückblickt. Cassiodorus hat dem geschichtsmächtigen Gegensatz, der im Begriff der *antiquitas* eine vorbildhafte Vergangenheit von der Modernität einer weiterschreitenden Zeit abtrennt, die erste Ausprägung gegeben. Für ihn steht die Gegenwart des Gotenreichs unter dem Ideal der Aufgabe, die vergangene Größe des römischen Reichs und seiner Kultur zu erneuern. Aus Formulierungen wie der aus seinem Brief an Symmachus: *Antiquorum diligentissimus imitator, modernorum nobilissimus institutor*[15] spricht eine Gesinnung der Bewunderung für die ›Alten‹, die sich ohne Bedenken mit der Bejahung des geschichtlichen Anspruchs der ›Neueren‹ vereinen läßt, weil hier die Frage nach Fortschritt, Dekadenz oder Wiedergeburt noch nicht gestellt wird. Eben dadurch aber unterscheidet sich das Verhältnis von Modernität und *antiquitas* bei Cassiodorus von späteren ›Renaissancen‹ wie andererseits von der geschichtlichen Selbstauffassung der mittelalterlichen *moderni*, die in dem Glauben an die Ebenbürtigkeit, ja Überlegenheit der *Tempora Christiana* gründete.

13 W. Freund, a.a.O., p. 28.
14 Für die Vergangenheit fehlt bei Orosius der *antiquitas*-Begriff, und in der metahistorischen Gegenwart seiner *tempora Christiana* wird auch die gegenwärtige Zeit nicht historisch abgehoben, vgl. W. Freund, a.a.O., p. 22.
15 Var. 5, 51, 2. Dazu W. Freund, a.a.O., p. 32. Siehe ferner Var. 3, 5, 3: *modernis saeculis moribus ornabantur antiquis.*

III.

Der Gegensatz der christlichen Gegenwart zur heidnischen Antike, der sich im Gelehrtenkreis um Karl den Großen und dann wieder in der sogenannten ›Renaissance des 12. Jahrhunderts‹ am stärksten bekundet, ist nur ein Teilaspekt in der weiteren Geschichte des Begriffs, der im Mittelalter die ganze Spannweite der Wortbedeutung zwischen ›Zeitgrenze‹ und ›Epoche‹ entfaltet. Verfolgt man die Wortgeschichte, soweit sie durch die Forschungen von W. Freund und J. Spörl sichtbar gemacht ist, so zeigt sich im Ganzen ein Prozeß fortschreitender Periodisierung: die vorrückende Zeitgrenze der *modernitas* erweitert sich erst auf einen größeren Zeitraum und läßt diesen dann wieder als abgeschlossene Epoche hinter sich, so daß sich eine neue Vergangenheit zwischen die ›moderne‹ Gegenwart und die *antiquitas* des heidnischen Altertums einschiebt. So scheidet das Wort *modernus*, das erstmalig in karolingischer Zeit große Verbreitung findet, im 9. Jahrhundert zunächst das neue Universalreich Karls als *seculum modernum* von der römischen Antike.[16] Bald danach erscheint dann aber dem deutschen Kaisertum die ruhmreiche Zeit Karls als ideale Vergangenheit, die Erneuerung seines Reiches als eine der Erneuerung des römischen Imperiums ebenbürtige Aufgabe.[17] Im Bereich der Philosophie und der Dichtung trennt *moderni* die christlichen Schriftsteller mit Boethius als Grenze von den griechisch-römischen Autoren der heidnischen Antike; der Abstand zu den *antiqui* kann in der Lehrtradition aber auch mehr und mehr verkürzt und schließlich ganz von der Beziehung auf das klassische Altertum abgelöst werden. Im 13. Jahrhundert zeigt das Begriffspaar nur noch die kurze Spanne eines Generationsunterschieds zwischen zwei Schulrichtungen, der um 1190 bis 1220 in Paris lehrenden *antiqui* und der nach ihnen kommenden, die ›neue Philosophie‹ des Aristotelismus einführenden *moderni*, an.[18] Die so beschleunigte Bewegung erstarrt dann wieder im 14. Jahrhundert, weil sich nun der jüngste

16 W. Freund, a.a.O., p. 47 sqq., 111.

17 Siehe dazu J. Spörl, *Das Alte und das Neue im Mittelalter*, in: *Historisches Jahrbuch* 50 (1930), p. 312 sq.

18 M.-D. Chenu, *Antiqui, moderni*, in: *Revue des sciences philosophiques et théologiques* 17 (1928), pp. 82–94.

Streit zweier Schulrichtungen, des ockhamistischen Nominalismus und des Realismus der Scotisten und Thomisten, so verfestigte, daß der Gegensatz von *via moderna* und *via antiqua* über die Grenze der terminologischen Aktualität hinaus fast zwei Jahrhunderte lang weiterbestand.[19]

Der Gegenbegriff der *antiqui* löste sich noch in anderer Hinsicht von der heidnisch-römischen Antike. *Antiquitas* als Begriff der vorbildgebenden Vergangenheit konnte auch auf die christlichen *veteres*, auf die Gläubigen des alten Bundes oder auf die Kirchenväter übertragen werden.[20] Der gemeinsame Nenner des traditionsschweren Wortes darf aber nicht darüber hinwegtäuschen, daß in der Sache zwischen christlichen und heidnischen Autoren, *patres (sancti)* und *philosophi*, eine Grenze bestand, an die sich selbst Humanisten wie Johannes von Salisbury hielten, auch wenn dieser Vergil und Terenz zu den ›unsrigen‹ rechnete und Origenes sogar einmal einen ›christlichen Philosophen‹ nannte.[21] Das Mittelalter sah die heidnischen und die christlichen *antiqui* noch nicht in der Einheit eines »heidnisch-christlichen Altertums«.[22] Und wenn die *moderni* des 12. Jahrhunderts in besonderem Maße das Bewußtsein einer Zeitenwende hatten: »des Anbruchs *der* neuen Zeit, mit der verglichen *alles* Frühere ›alt‹ ist: die horazische Poetik, die Digesten, die Philosophie – und zwar im selben Sinne alt wie das ›Alte Testament‹«, so lag in dieser »Revolte der Jugend« gegen die Schultradition und Autorität der klassischen Autoren noch etwas mehr als ein Generationskonflikt, hinter dem E. R. Curtius nach wie vor das antike Muster zu sehen glaubte.[23]

19 W. Freund, a.a.O., p. 113.
20 M.-D. Chenu, a.a..O, p. 88; W. Freund, a.a.O,. p. 100.
21 M-D. Chenu, *Les ›philosophes‹ dans la philosophie chrétienne médiévale*, in: *Revue des sciences phil. et théol.* 26 (1937), 29; Ausnahmen führt W. Freund, a.a.O., p. 86 sqq. an.
22 Gegen E. R. Curtius, *Europäische Literatur . . .*, p. 258: »Wenn wir von den ›Alten‹ sprechen, meinen wir damit die heidnischen Autoren. Heidentum und Christentum sind für unsere Vorstellung zwei getrennte Bezirke, für die es keinen gemeinsamen Nenner gibt. Das Mittelalter denkt anders. *Veteres* heißen die christlichen wie die heidnischen Autoren der Vorzeit. Den Gegensatz zwischen ›moderner‹ Gegenwart und heidnisch-christlichem Altertum hat kein Jahrhundert so stark empfunden wie das zwölfte.«
23 Vgl. ibid. p. 106: »Aber die *moderni* dieser Zeit sind [. . .] doch so abhängig von der Schulung an antiken Mustern, daß sie noch nachahmen

Das Selbstbewußtsein, mit dem sich um 1170 eine neue Generation lateinisch und volkssprachlich schreibender Autoren – darunter Matthaeus von Vendôme, Johannes von Hanville, Walter von Châtillon, Walter Map, Chrétien von Troyes, Marie de France – den ›Alten‹ gegenüberstellte, wurzelt in demselben Grund wie die ganze ›Renaissance des 12. Jahrhunderts.‹ Es ist das historische Selbstgefühl einer Blütezeit, die im Unterschied zur humanistischen Renaissance in Italien weder als Nachahmung noch als Erneuerung der *antiquitas*, sondern als ihre Steigerung und Erfüllung erfahren wurde. Die Zeiterfahrung der *moderni* des 12. Jahrhunderts ist – wie Friedrich Ohly gezeigt hat – nicht zyklisch, sondern typologisch.[24] Sie hat die spezifische Form einer christlichen Geschichtserfahrung: »Typologie setzt in der Zeit Getrenntes in den Sinnbezug der Steigerung des Alten in das Neue. Das Neue hebt das Alte, das Alte lebt im Neuen. Das Alte wird erlöst ins Neue, das Neue baut sich auf dem Grund des Alten. [...] Die typologische Deutung ist ein Akt der Aneignung des Alten aus der Kraft des Neuen, sie bewahrt das Vergangene im Hochgefühl des Gegenwärtigen«.[25] Typologische Geschichtserfahrung bekundet auch das berühmte, später oft gerade im umgekehrten Sinn zugunsten der Antike ausgelegte Bild, das zuerst Bernhard von Chartres gebrauchte: die *moderni* als Zwerge, die auf den Schultern von Riesen sitzen.[26] Es bezeugt Bewunderung für die *antiqui*, aber eine Bewunderung, aus der zugleich das Bewußtsein typologischer Steigerung des Alten in

[...], wenn sie protestieren.« Das typologische Schema, das der Zeiterfahrung der *moderni* des 12. Jahrhunderts zugrunde liegt, hat E. R. Curtius nicht erkannt, obschon er hier den Gegensatz zum Alten selbst als »im selben Sinne alt wie das Alte Testament« (p. 259) bezeichnet, was er offenbar nur metaphorisch gemeint hat.

24 *Synagoga und Ecclesia – Typologisches in mittelalterlicher Dichtung*, in: *Miscellania Medievalia*, ed. P. Wilpert, Bd. 4, Berlin 1966, pp. 350–369.

25 Ibid., p. 357.

26 Siehe dazu W. Freund, a.a.O., p. 83 sq., F. Ohly, a.a.O., und zuletzt A. Buck, *Gab es einen Humanismus im Mittelalter?* in: *Romanische Forschungen 75* (1963) p. 235 (mit Literaturangaben und einem Hinweis auf die typologische Erklärung von Georg Misch). Der Gedanke von A. Buck, das Bild sei von einem »harmonisierenden Ausgleich zwischen Selbstbewußtsein und Autoritätsglauben« inspiriert, verbietet sich aus dem Kontext des *Metalogicon* von Johannes von Salisbury, wo auf das Bernhard-Zitat eine scharfe Kritik an Aristoteles folgt.

das Neue spricht: die Gegenwart sieht weiter als die Vergangenheit! Zur Rechtfertigung des Fortschritts, den die christliche Gegenwart über ihre antiken Lehrmeister erzielt sieht, konnte der Satz aus der Grammatik von Priscianus dienen: *quanto iuniores, tanto perspicaciores.* Wie er im Mittelalter zitiert und verstanden wurde, zeigt etwa der Prolog zu den *Lais* der volkssprachlichen Dichterin Marie de France: »Die Alten wußten schon, daß die nach ihnen Kommenden klüger sein würden, denn sie (ihre Nachfolger) können den Wortlaut des Textes glossieren und damit seinen Sinn bereichern.«[27] Hier ist die Feststellung Priscians, daß die Grammatik in den letzten Jahrhunderten Fortschritte erzielt habe, mit der Exegese des Alten Testaments in Verbindung gebracht und typologisch aufgefaßt worden: der volle und objektive Sinn des Textes ist anfänglich noch verborgen und kann sich erst im Lauf der Zeit, durch immer neue Glossen späterer Leser, entfalten. Er wird am Ende mit der letzten Glosse vollständig zutage getreten sein, wie er indes für die göttliche Weisheit schon von Anbeginn manifest war. So kann man jetzt erst den verborgenen, d. h. den christlichen Sinn der Werke der *anciens* entschlüsseln, der den alten ›Philosophen‹, d. h. den heidnischen Dichtern, dunkel geblieben war! Während sich Marie de France aber selbst noch bescheiden in den Prozeß der fortschreitenden Enthüllung des Wahren einfügt und das Urteil über ihr Werk der klügeren Nachwelt anheimstellt, spricht aus dem *Cligés*-Prolog (um 1176) ihres Zeitgenossen Chrétien von Troyes der Stolz eines Selbstbewußtseins, das die eigene Zeit als Gipfel eines weltgeschichtlichen Fortschritts ansieht, der keiner weiteren Stufe mehr bedarf. Rittertum und Wissenschaft, die den Alten ›nur geliehen‹ waren, sind durch die *translatio studii* von Athen nach Rom, von Rom nach Frankreich gelangt und haben hier, so Gott will, ihre bleibende Stätte gefunden![28]

27 *Custume fu as anciëns,*
ceo testimoine Preciëns,
es livres que jadis faiseient
assez oscurement diseient
pur cels ki a venir esteient
e ki aprendre les deveient,
que peüssent gloser la letre
e de lur sen le surplus metre.

(ed. Warnke, vv. 9–16)

Wir folgen hier der Interpretation von Leo Spitzer, in: *Romanische Literaturstudien 1936–1956*, Tübingen, 1959, pp. 3–14. Zur Verbreitung des Priscian-Satzes im Mittelalter siehe J. Spörl, a.a.O., p. 328 sq.

Daß die gegenwärtige Zeit vor der Antike den Vorrang haben müsse wie altes Kupfer vor neuem Gold, fordert in diesen Jahren auch Walter Map und stellt dabei das klassische Geschichtsbild der vier Weltalter auf den Kopf. Sein Protest gegen die Geringschätzung der Gegenwart benutzt das Argument, zu allen Zeiten habe die *modernitas* schon Mißfallen erregt (*omnibus seculis sua displacuit modernitas*), so daß auch sein eigenes Werk erst dann Ansehen gewinnen könne, wenn ihm eine ferne Zukunft *antiquitas* verliehen habe.[29] Seine Schrift *De nugis curialium* (zwischen 1180 und 1192) ist auch darin denkwürdig, daß hier die Neubildung *modernitas* gleich mehrfach erscheint und zum ersten Mal definiert wird: wenn er ›unsere Zeiten‹ *modernitas* nenne, meine er damit die abgelaufenen letzten hundert Jahre, weil aus diesem Zeitraum die Ereignisse (*notabilia*) noch frisch und unmittelbar im Gedächtnis aller, überschaubar und erzählbar seien.[30] Historisch entspricht diese Bestimmung hier etwa dem Zeitraum der ›Renaissance des 12. Jahrhunderts‹; sie könnte sachlich auch für den erinnerbaren Horizont späterer Generationen bis hin zu unserer gegenwärtigen Modernität gelten. Das neue Wort *modernitas* hat Walter Map nicht selbst geprägt. Es findet sich schon im 11. Jahrhundert bei Berthold von der Reichenau in

28 *Ce nos ont nostre livre apris,*
Que Grece ot de chevalerie
Le premier los et de clergie.
Puis vint chevalerie a Rome
Et de la clergie la some,
Qui ore est an France venue.
Des doint qu'ele i soit retenue
Et que li los li abelisse
Tant que ja mes de France n'isse
L'enors qui s'i est arestee.
Des l'avoit as autres prestee,
Mes des Grezois ne des Romains
Ne dit an mes ne plus ne mains;
D'aus est la parole remese
Et estainte la vive brese.
(ed. Foerster, vv. 30–44)

Zur *Translatio studii* und *Translatio imperii* siehe A. Buck, a.a.O., p. 226, und die dort zusammengestellte Literatur.

29 *De nugis curialium* 4. 5, ed. M. R. James, Oxford, 1914, p. 158; dazu E. R. Curtius, a.a.O., p. 259 Anm. 1. und W. Freund, a.a.O., p. 81.

30 Ibid. 1.30, p. 59: *Nostra dico tempora modernitatem hanc, horum scilicet centum annorum curriculum, cuius adhuc nunc ultime partes extant, cuius tocius in his, que notabilia sunt, satis est recens et manifesta memoria, cum adhuc aliqui supersint centennes, et infiniti filii, qui ex patrum et avorum relationibus certissime teneant que non viderunt. Centum annos qui effluxerunt, dico nostram modernitatem, et non qui veniunt, cum eiusdem tamen sint racionis secundum propinquitatem; quoniam ad narracionem pertinent preterita, ad divinacionem futura.*

einem Bericht über die römische Fastensynode von 1075, die Papst Gregor einberief, um Vorschriften der Väter wieder ins Gedächtnis zu rufen, welche die *modernitas nostra* verlernt habe.[31] *Modernitas* hat in der ersten (bisher festgestellten) Verwendung des Begriffs demnach abwertende Bedeutung. Die Neubildung steht – wie W. Freund zeigte – in unmittelbarem Zusammenhang mit reformerischen Gedankengängen während des Investiturstreits. Hier formuliert sich das Zeitbewußtsein nicht mehr einfach im Gegensatz von Gegenwart und Vergangenheit, sondern im Blick auf eine zweifache zeitliche Zäsur, »einmal als Ende der vorbildgebenden Zeit der *antiqui* und ein anderes Mal vor der unmittelbaren Gegenwart, die berufen ist, jene entfernte *antiquitas* wiederherzustellen.«[32] *Modernitas* erscheint hier als Zwischenzeit im Fortgang zu einer höheren dritten Stufe, die durch eine *reformatio* in der Zukunft zu erreichen ist. Mit der neuen Dreiteilung dieses reformatorischen Geschichtsbewußtseins beginnt eine Entwicklung, die sich in der Epoche der Ordensgründungen von Petrus Damiani bis zu Joachim von Fiore abzeichnet, hier aber nicht verfolgt werden kann.[33] Die ›Zwischenzeit‹ der dreistufigen Geschichtsspekulation dieser christlichen *moderni*, die in der typologisch angeschauten Welt der Heilsgeschichte als *media aetas* benannt werden und die Würde einer ›hohen Zeit der Mitte‹ erlangen kann,[34] wird uns unter ganz anderen Vorzeichen wiederbegegnen, wenn wir uns nun den Anfängen der humanistischen Renaissance zuwenden.

IV.

O *seculum!* O *litterae! Iuvat vivere* ... – der berühmte Ausruf, mit dem Ulrich von Hutten 1518 in einem Brief an Willibald Pirkheimer die neue Blüte der Studien und großen Geister *(Vigent studia, florent ingenia)* begrüßt hat, kennzeichnet

31 Nach W. Freund, a.a.O., p. 67 (*Annales*, ad a. 1075. MG. SS. 5. p. 277, 25).
32 Ibid. p. 67 und 59.
33 Siehe dazu J. Spörl, a.a.O., pp. 336–341.
34 Nach F. Ohly, a.a.O., der dort Belege aus Werken von Rupert von Deutz, Gerhoh von Reichersberg, Bonaventura und Joachim von Fiore anführt, vgl. p. 359: »Die ursprüngliche Zeit der erfüllten, endhaften Vollkommenheit rückt in die Mitte der Zeit, gewinnt den Charakter einer erfüllenden Wende in die Zeit der Kirche und der Eschatologie.«

nicht nur ein verändertes Epochenbewußtsein.[35] Er ist als geflügeltes Wort zu einer Art Urbild vom Anbruch einer neuen Zeit geworden. Die Vorstellung, daß der Beginn einer Epoche sogleich mit dem Vollzug des Schrittes vom Alten zum Neuen bewußt werden könne, hat sich offenbar zu einem Schema historischer Wahrnehmung verfestigt, das es erschwert, bei anderen Epochenschwellen – wie später beim Beginn der Aufklärung – eine ganz verschiedene Erfahrung zu erkennen. Denn der Schritt über eine Epochenschwelle braucht sich nicht immer mit der Wahrnehmung: »denn siehe, es ist alles neu geworden« zu verknüpfen. Der Fortgang des Hutten-Zitats weist auf die historische Situation, indem es zeigt, daß das Glücksgefühl, jetzt und hier in einer neu hervorgegangenen Welt leben zu können, auf besondere Weise von einer einmaligen Erfahrung des Alten und Vergangenen abgesetzt ist. *Heus tu, accipe laquium, barbaries, exilium prospice:* nun soll die Barbarei Fesseln erhalten und dem Exil entgegensehen! ›Barbarei‹ meint die jetzt abgeschiedene Vergangenheit des Mittelalters. Das Bild knüpft an die seit Boccaccio verbreitete Vorstellung an, die Musen seien endlich aus langem Exil zurückgekehrt[36]; der Barbarei der zu Ende gegangenen Zeit steht hier also die schicksalhafte Umkehrung der Situation bevor. Für den Anbruch einer neuen Geistesblüte findet sich in einem sehr frühen Zeugnis, dem Gedicht von Benvenuto Campesani über die Entdeckung eines Catull-Manuskriptes aus dem Jahre 1323, neben dem Bild der Rückkehr vom Exil auch das der Auferstehung (*de resurrectione Catulli*).[37] Bald danach wird das Bild vom Wiedererwachen der Poesie auf Petrarca und die großen Florentiner bezogen.[38] Und Filippo Villani rühmt

35 *O seculum! O litterae! Iuvat vivere, etsi quiescere nondum iuvat, Willibalde! Vigent studia, floreant ingenia, heus tu, accipe laquium, barbaries, exilium prospice.* Ulrich von Hutten, *Schriften*, ed. Böcking, Bd. I, Leipzig 1859, p. 217.

36 *Vita di Dante* (1357–59): *Questi fu quel Dante il quale primo doveva al ritorno delle Muse, sbandite d'Italia, aprir la via . . . Per costui la morta poesia meritamente si può dire suscitata.* Zitiert nach B. L. Ullmann, *Renaissance. The word and the underlying concept.* In: *Studies in the Italian Renaissance*, Roma 1955, p. 15.

37 *Versus domini Benevenuti de Campexanis de Vicencia de resurectione Catulli poete Veronensis*, beginnend: *Ad patriam venio longis a finibus exul.* Zitiert nach B. L. Ullmann, a.a.O., p. 13.

38 Von Coluccio Salutati, siehe B. L. Ullmann, a.a.O., p. 14.

an Dante, daß er die Poesie aus einem Abgrund von Dunkelheit ins Licht zurückgerufen, der ganz darniederliegenden wieder auf die Beine geholfen habe.[39]

Diese Bilder gehen der späteren, den Neubeginn organisch auslegenden Metaphorik der ›Renaissance‹ voraus. Ihnen liegt das Bewußtsein einer Modernität zugrunde, der eigentümlich ist, daß sie ihrer Vergangenheit, die sie eben erst hinter sich gebracht hat, den Charakter einer selbständigen Epoche oder auch nur einer Vorstufe gänzlich aberkennt. Die zu Ende gegangene Zeit erscheint hier nur noch ›via negationis‹, als Barbarei oder Finsternis, so daß nunmehr ein leerer oder dunkler Zwischenraum in der Vorstellung der humanistischen *moderni* jene Stelle einnimmt, die im typologischen Geschichtsbild der christlichen Reformer der *media aetas* als einer hohen Zeit des Übergangs zukam. Die Modernität der beginnenden Renaissance negiert zunächst die Dreiteilung der Geschichte, die später als welthistorisches Schema der Perioden Antike, Mittelalter und Neuzeit aus diesem Intervall hervorging.[40] Die Humanisten stellen die große Antithese der *antiqui* und der *moderni* wieder her, indem sie ihre Vergangenheit nicht mehr in den zuletzt abgeschiedenen Jahrhunderten sehen wollen, die für sie eine Zeit der Finsternis waren, sondern sie in der wiederentdeckten, zugleich ferner gerückten und neu verstandenen *antiquitas* der griechischen und römischen Autoren suchen. Diese neue Ferne ist das sicherste Indiz, um den mittelalterlichen Humanismus von dem der eigentlichen Renaissance zu unterscheiden. Denn in der sogenannten ›Renaissance des 12. Jahrhunderts‹ standen die *moderni* ihren antiken Vorbildern so unbekümmert gegenüber, als ob sie Werke ihrer eigenen Zeit vor Augen hätten. Und wo in der aufblühenden volkssprachlichen Literatur antike Stoffe rezipiert wurden, benutzte und modernisierte man die Vorlagen mit einer erstaunlichen Freizügigkeit, die verrät, daß man sich noch durch kein huma-

39 *Ea igitur iacente sine cultu, sine decore, vir maximus Dantes Allagherii, quasi ex abysso tenebrarum eruptam revocavit in lucem, dataque manu, iacentem erexit in pedes.* Zitiert nach B. L. Ullmann, a.a.O., p. 17.

40 Nach A. Klempt, *Die Säkularisierung der universalhistorischen Auffassung*, Göttingen 1960, ist der Begriff *media aetas (medium aevum)* den Humanisten seit 1518 geläufig. Als frühester Beleg fand sich bisher in einem Brief von Giovanni Andrea vom Jahre 1496 die Formulierung *media tempestas*, cf. N. Edelmann in: *Romanic Review* 29 (1938) pp. 3–25.

nistisches Prinzip der Texttreue eingeengt wußte.[41] Nicht schon das Selbstgefühl, einer neuen Zeit anzugehören, mit der die antike Kultur wiedererwacht ist, trennt die Humanisten der italienischen Renaissance von ihren mittelalterlichen Vorgängern, sondern erst und vor allem das andere, in der Metaphorik des dunklen Intervalls sichtbar gewordene Bewußtsein eines historischen Abstands zwischen Antike und eigener Gegenwart. Dieser wird im Bereich der Künste als Abstand vor dem Vollkommenen empfunden und begründet ihr neues Verhältnis von *Imitatio* und *Aemulatio.*

In der Vorstellung einer Zwischenzeit der ›dunklen Jahrhunderte‹ liegt auch der erste Ansatz zu der neuen Geschichtsvorstellung der Renaissance, die es ermöglicht hat, den Gegensatz von antiqui und moderni, vorbildhafter Antike und selbstbewußter Neuzeit im Schema einer zyklischen Periodik der Wiederkehr oder Wiedergeburt historisch zu vermitteln. Die Abwendung von der unilinearen, in einer unumkehrbaren Stufenfolge auf ihr Ende gerichteten Geschichtsauffassung des Mittelalters wird in der literarischen Tradition bei Petrarca ereignishaft sichtbar. Er besuchte im Jahre 1341 anläßlich seiner Krönung als ›poeta laureatus‹ Rom zum zweiten Mal. Sein Brief an Giovanni Colonna, mit dem er die Stadt durchstreift hatte, erinnert an den Augenblick, als sie, auf den

41 Davon vermag die Publikation eines Straßburger Colloquiums (*L'Humanisme médiéval dans les littératures romanes du XIIe au XIVe siècle*, éd. Anthime Fourrier, Paris 1964) einen ersten Eindruck zu geben. Die Referate sollten dem »humanisme médiéval« in den volkssprachlichen Literaturen während und nach der ›Renaissance des 12. Jahrhunderts‹ nachgehen und kamen auf verschiedenen Wegen zu dem gleichen Befund, daß statt der erwarteten »imitation des anciens« eine erstaunliche, von den späteren Humanisten lange nicht wieder in Anspruch genommene Freiheit im Schalten mit dem »antiken Erbe« festzustellen ist: in den pseudoantiken Romanen, die antike Helden in ritterlichem Gewand völlig anachronistisch in die Gegenwart des 12. Jahrhunderts versetzen – in der Neuschöpfung der Gattung des Versromans, der sich vom Alexanderstoff ablöste – in der Umbildung des Mythus von Narziss, der im Rosenroman gerade in den gegenteiligen Sinn (die *fons mortis* wird zur *fons vitae*) umgekehrt wird – in der Übersetzung antiker Autoren, die man sich lange in freien Bearbeitungen aneignet, bis plötzlich wortgetreue Übertragungen erscheinen, in denen eine andere Art von Ehrfurcht vor dem Wortlaut spürbar wird. Dieser Schritt von der mittelalterlichen zur humanistischen Einstellung zu den klassischen Texten ist an den italienischen Vulgarisationen des Duecento und Trecento auch von Cesare Segre aufgezeigt worden, siehe *Lingua, stile e società*, Milano 1963, p. 56.

Ruinen der Bäder Diokletians sitzend, über die Vergangenheit sprachen und sich die Geschichte in zwei große Perioden, die antike und die moderne, aufteilten, die ihre historische Grenzmarke im Sieg des Christentums über Rom haben sollten.[42] Petrarca hat diese zweite Periode, vor der er in seinem Werk *De viris illustribus* innehalten wollte, später eine Zeit der Dunkelheit genannt: *Nolui autem pro tam paucis nominibus claris, tam procul tantasque per tenebras stilum ferre.*[43] Antike und moderne Geschichte teilen sich für ihn hinfort an einem bedeutungsvollen Wendepunkt: der Zeit, als Rom unter die Herrschaft der ›Barbaren‹ fiel und als mit dem Untergang des römischen Imperiums auch die antike Kultur ins Dunkel zu sinken begann. Damit nimmt das Ende des alten Roms im Geschichtsbild Petrarcas die Stelle ein, die für die Geschichtsschreiber des Mittelalters einzig der heilsgeschichtlichen Zäsur der Geburt Christi zukam. Doch nicht allein der neue welthistorische Wendepunkt, auch die Metapher der Dunkelheit weist auf eine ursprünglich religiöse Vorstellung zurück. Es ist die Dunkelheit, in der die Heiden lebten, bevor Christus das Licht des Glaubens in die Welt brachte.[44] Petrarca, der diese Metapher gelegentlich selbst noch im alten Sinne gebrauchte,[45] hat ihr vermutlich als erster den neuen Sinn gegeben, das Licht der antiken Kultur zu verbildlichen, das nach einer Überwindung des Dunkels in einer besseren Zukunft wieder neu und rein erstrahlen könne.[46] Das Alte und das Neue, die christliche Lichtmetaphorik und ihre humanistische Umdeutung, stehen hier unvermittelt nebeneinander.

42 *Multis de historiis sermo erat, quas ita partiti videbamur, ut in novis tu, in antiquis ego viderer expertior, et dicantur antique quecunque ante celebratum Rome et veneratum romanis principibus Cristi nomen, nove autem ex illo usque ad hanc etatem (Le Familiari,* ed. Rossi, II 58). Siehe dazu Theodor E. Mommsen, *Petrarch's conception of the ›dark ages‹* in: *Speculum,* 17 (1924) pp. 226–242, bes. 232, dem wir hier folgen.

43 *Epistolae de rebus familiaribus,* ed. Fracassetti, III 30, zit. nach Th. E. Mommsen, a.a.O., p. 234, der noch weitere Belege bringt.

44 Siehe dazu Franco Simone, *La Coscienza della Rinascita negli Umanisti,* zuerst in: *La Rinascita,* 2 (1939), pp. 838–71 und 3 (1940), pp. 163–186, bes. ibid. p. 177 sqq.

45 Siehe dazu die von Th. E. Mommsen angeführte Stelle, an der Petrarca Cicero beklagt, daß er sterben mußte, kurz bevor das Ende der Nacht des Irrtums anbrach (*De sui ipsius et multorum ignorantia,* ed. M. Capelli, p. 45), a.a.O., p. 227.

46 *Africa,* IX, 451–457; cf. Th. E. Mommsen, a.a.O., p. 240.

Petrarca selbst lag es gewiß fern, die eine gegen die andere auszuspielen. Die Konkurrenz zwischen unilinearer und zyklischer Geschichte, die im späteren Gang der Auseinandersetzung zwischen *Anciens* und *Modernes* noch eine gewichtige Rolle spielen sollte, hat gleichwohl in Petrarcas Umdeutung der Lichtmetapher auf Untergang und Wiederkehr Roms einen ersten Ansatzpunkt. Als sich seine im gleichen Brief von 1341 formulierte Hoffnung erfüllt zu haben schien: *Quis enim dubitare potest quin illico surrectura sit, si ceperit se Roma cognoscere?*[47] und die Zeitgenossen Huttens die vergangene Größe der Antike in der gegenwärtigen Blüte der Studien und Künste wiedergekehrt sahen, kam hinter der Lichtmetaphorik auch die in Petrarcas ›Zeit der Dunkelheit‹ angelegte zyklische Periodik der Geschichte zum Vorschein.[48] *Hoc enim seculum tanquam aureum liberales disciplinas, ferme iam exstinctas reduxit in lucem:* die eigene Epoche stellt sich für Ficino als ein neues goldenes Zeitalter dar, das die fast schon erloschenen Freien Künste ins Licht zurückgeführt hat.[49] Das neue Bild von der Wiederkehr des goldenen Zeitalters ist hier noch mit der Lichtmetaphorik verbunden, die in zahlreichen anderen Zeugnissen der Epoche schon durch die Metaphorik der Wiedergeburt ersetzt wird.[50] Vom periodischen Wechsel zwischen Zeiten des Lichts und der Finsternis zur zyklischen Wiederkehr des goldenen Zeitalters ist nur ein kleiner Schritt. Mit diesem Schritt aber schrumpfen die dunklen Jahrhunderte zwischen dem Untergang und der Wiederkunft Roms zu einem bloßen Übergang zusammen, an den die Erinnerung erlischt, so-

47 *Fam.*, VI 2 (ed. Rossi, II 58).

48 Wie das zyklische Moment mit der Lichtmetaphorik verbunden sein kann, zeigt Hans Blumenberg, *Kopernikus im Selbstverständnis der Neuzeit* (Akad. d. Wiss. u. d. Lit. in Mainz, Abh. d. geistes- u. sozialwsch. Klasse, Jg. 1964, Nr. 5, p. 343) am Bild vom Aufgang eines neuen Lichtes, das Giordano Bruno für das Ereignis der kopernikanischen Reform gebraucht: »Das Licht, dessen Aufgang sich von Kopernikus zu Bruno vollzogen haben soll, ist aber noch nicht das Licht der Aufklärung, es ist die Sonne *de l'antiqua uera philosophia*, und mit dieser Metapher verbindet sich die Vorstellung von einer zyklischen Periodik der Geschichte, in der die Abwesenheit des Lichtes, ein ›natürliches‹ Ereignis ist wie seine Wiederkunft.«

49 Brief vom 13. 9. 1492, in *Opera*, ed. Basilea 1561, 778; zitiert von Fritz Schalk, *Das goldene Zeitalter als Epoche*, in: *Archiv für das Studium der neueren Sprachen und Literaturen*, 199 (1962), p. 87.

50 Beispiele bei F. Schalk, op. cit.

bald er durchschritten ist. Der Florentiner Karnevalszug von 1513 zeigt auf dem letzten Wagen den ›Triumph des Goldenen Zeitalters‹ und kommentiert das Schaubild durch den Phönix, der sich aus seiner eigenen Asche zu neuem Flug erhebt[51]: Symbol eines epochalen Selbstverständnisses, das die eigene Welt aus der ›Verbrennung‹ eines eisernen Zeitalters hervorgehen sieht und das Bewußtsein ihrer Modernität gleichwohl in der Rückwendung auf eine ideale Vergangenheit gewinnt – im bewundernden Blick auf das von der Antike schon einmal erfüllte Urbild des Vollkommenen, von dem man glaubt, daß es nur auf dem Wege der Nachahmung wieder erreicht und vielleicht auch einmal übertroffen werden kann.

V.

Der Protest, der am Ende dieser Epoche den Bann des humanistischen Perfektionsideals brach und den Abbau des klassisch-universalistischen Welt- und Menschenbildes zur Folge hatte, wurde auf dem Gipfelpunkt der französischen Klassik in der Sitzung der *Académie Française* vom 27. Januar 1687 von Charles Perrault eingeleitet. Damit begann eine neue *Querelle des Anciens et des Modernes,* die alle führenden Geister der Zeit erfaßte, in zwei feindliche Lager spaltete und nach mehr als zwanzig Jahren in einer neuen Erkenntnis wieder einte, die den anfänglichen Gegensatz in unvorhergesehener Weise gelöst hatte. In diesem Streit, der darüber entbrannte, daß die Partei der *Modernes* den Fortschrittsgedanken, wie ihn die Methode der neuzeitlichen Wissenschaft und Philosophie seit Kopernikus und Descartes ausgebildet hatte, gegen die *Anciens* und ihren Glauben an die überzeitliche Vorbildhaftigkeit der Antike ausspielte, sehen wir den Übergang zu einer neuen Epoche, anders gesagt: die Möglichkeit, der französischen Aufklärung einen epochalen Anfangspunkt zuzuschreiben. Man könnte sich dabei mit Werner Krauss auf das gewichtige Zeugnis Diderots stützen, der in seinem Artikel *Encyclopédie* in der Tat Fontenelle und Perrault als Wegbereiter der Aufklärung gewürdigt hat.[52] Doch auch dann bleibt die Tatsache bestehen,

51 *... come le fenice / Rinasce dal broncon del vecchio alloro, Cosi nasce dal ferro un secolo d'oro.* Zitiert nach F. Schalk, a.a.O., p. 88.

52 *Encyclopédie ou dictionnaire raisonné des sciences, des arts et des mé-*

daß hier im Unterschied zur Renaissance der Übergang vom Alten zum Neuen schwerer zu erkennen ist, weil er sich unter den umgekehrten Vorzeichen vollzog.

Die Wegbereiter der Aufklärung, die schon bald die bisherige Epochenbezeichnung *Les Modernes* als Parteinamen führten, hatten keineswegs das Bewußtsein, im Anbruch einer neuen Zeit zu stehen, sondern eher das entgegengesetzte, die Menschheit sei nunmehr, nach den Phasen ihrer Jugend in der Antike und ihrer Lebensmitte in der Renaissance, in die Phase ihres Alters eingetreten. Perrault läßt im eröffnenden Dialog seiner *Parallèle des Anciens et des Modernes* gegen das ›Vorurteil‹, Altertum und Neuzeit stünden im Verhältnis von Lehrer und Schüler, als Hauptargument vorbringen, *que c'est nous qui sommes les Anciens.* Man nenne die Griechen und Römer zu Unrecht *Les Anciens*, denn da die später Kommenden ihre Vorgänger an Kenntnissen beerben könnten und die gegenwärtigen Modernen am Gipfelpunkt aller bisherigen Erfahrungen der Menschheit stünden, seien die *Modernes* notwendig auch die Erfahreneren, mithin die eigentlichen *Anciens.*[53] Hinter diesem Argument steht die durch Bacon berühmt gewordene Formulierung, daß die Wahrheit eine Tochter der Zeit sei, wie auch der zuerst von Giordano Bruno geäußerte Gedanke, die Einsicht in den Fortschritt durch die Zeit lasse sich auf die Geschichte der ganzen Menschheit übertragen. Daß diese Einsicht noch vor Bacon und Giordano Bruno von Kopernikus gewonnen wurde und welche Bedeutung ihr für das Selbstverständnis der Neuzeit zukam, ist von Hans Blumenberg dargelegt worden.[54] Perrault, der den Satz *veritas temporis filia* später noch häufig anführt und ihn auch für die Bereiche der Sitten und der Künste geltend machen will[55], verbindet damit

tiers, éd. Diderot et D'Alembert, Genève, 1778, t. XII p. 367. [...] *ce Perrault, et quelques autres, dont le versificateur Boileau n'était pas en état d'apprécier le mérite: La Mothe, Terrasson, Boindin, Fontenelle, sous lesquels la raison a fait de si grand progrès.*

53 *Parallèle des Anciens et des Modernes en ce qui regarde les Arts et les Sciences*, par M. Perrault de l'Académie Française, Facsimiledruck der vierbändigen Originalausgabe, Paris 1688–1697, eingel. von H. R. Jauß, München 1964, I, 49–51 (p. 113).

54 Zuerst in: *Kopernikus im Selbstverständnis der Neuzeit*, p. 357–360, siehe Anm. 48, dann in: *Die kopernikanische Wende*, Frankfurt 1965.

55 *Sur quelque Art que vous jettiez les yeux vous trouverez que les Anciens estoient extremement inferieurs aux Modernes par cette raison generale,*

indes noch kein fortschrittliches, die Neuzeit als neuen Anfang und unabschließbare Aufgabe begreifendes Geschichtsbewußtsein.[56] Gleich im Anschluß an das Argument, daß die *Modernes* die im eigentlichen Sinne ›Alten‹ seien, verdeutlicht er den Satz durch die Lebensalter des *Homme universel*, ordnet die Gegenwart nicht, wie man erwarten könnte, in den *âge parfait*, sondern in das Greisenalter ein und scheut sich nicht, an anderer Stelle auszusprechen, daß die Entwicklung der Menschheit nach dem Gipfelpunkt des *Siècle de Louis XIV* wieder abwärtsgehen könne.[57] Fontenelle sieht die Menschheit gleichfalls im Alter der *virilité* angekommen und bricht dann seinen Vergleich ab, um seinem *Homme universel* nicht die an sich unvermeidliche Prognose von Alter und Tod stellen zu müssen.[58] Das neue Bewußtsein dieser Modernität, die sich im Zeichen des wissenschaftlichen Fortschritts gegen die Blickrichtung der *Anciens* auf die Antike als ihren normgebenden Anfang und damit gegen das Selbstverständnis der vollendeten französischen Klassik auflehnt, steht hier noch in dem Zwiespalt, die eigene Gegenwart als eine Spätzeit der Menschheit zu verstehen und die Geschichte andererseits im Licht der kritischen Vernunft unaufhaltsam in der Zeit des Fortschritts weiterschreiten zu sehen.

Die literarische Auseinandersetzung an der Wende vom 17. zum 18. Jahrhundert nimmt diesen Zwiespalt in der Form auf, daß auf der Seite der *Modernes* versucht wird, den Widerspruch zwischen dem Begriff der Perfektion im Bereich der Schönen Künste und dem Begriff der Perfektibilität im Bereich der Wissenschaften in der Perspektive eines allgemeinen und kontinuierlichen Fortschritts der Menschheitsgeschichte aufzuheben. Der großangelegte Vergleich aller Künste und Wissenschaften in Antike und Neuzeit, den Perrault in dieser Absicht unternahm (1688–1697), kam indes zu einem unerwarteten Ergebnis, das für den Gesamtverlauf und Ausgang der ganzen

qu'il n'y a rien que le temps ne perfectionne, IV, 284–5 (p. 443), siehe ferner op. cit., Wort- und Sachverzeichnis, s. v. *temps*.

56 Wie etwa Pascal in seiner Vorrede zu einem *Traité du Vide* von 1647, vgl. dazu H. Blumenberg, op. cit. p. 357 und 359, Anm. 2.

57 I, 49–50 (p. 113): [...] *n'est-il pas vray que la durée du monde est ordinairement regardée comme celle de la vie d'un homme, qu'elle a eû son enfance, sa jeunesse & son âge parfait, & qu'elle est présentement dans sa vieillesse;* cf. op. cit. I, 99 (p. 125).

58 Siehe ibid., Einl. p. 22.

Querelle repräsentativ ist. Der Wortführer der *Modernes* sah sich am Ende seines vierbändigen Werkes zu dem Zugeständnis veranlaßt, daß sich der Abstand zwischen Antike und Neuzeit nicht in allen Künsten mit der Zeit des Fortschritts messen lasse. Der Grund war nicht, daß Perrault der modernen Poesie oder Eloquenz am Ende nun doch jeden Fortschritt über die Antike hinaus hätte absprechen wollen, sondern daß ihm selbst – wie umgekehrt auch den *Anciens* – die Vergleichbarkeit antiker und moderner Kunst inzwischen fragwürdig geworden war.[59] In dieser Hinsicht läßt sich der Prozeß, der in der *Querelle* an der epochalen Wende zur Aufklärung eine Revolution der Denkart eingeleitet hat, in drei Schritte zusammenfassen. Zunächst setzten die *Modernes* dem Anspruch, die Antike sei darin unvergleichbar, daß hier für alle Zeit das ideale Maß vollkommener Kunst geschaffen wurde, das rationalistische Argument der natürlichen Gleichheit aller Menschen entgegen und begannen, die Hervorbringungen der Alten den absoluten Kriterien des *bon goût* zu unterwerfen, anders gesagt: ihnen vor dem Richterstuhl des klassizistischen Zeitgeschmacks *(les bienséances)* den Prozeß zu machen. Dem stellten die *Anciens* zunächst noch rein defensiv das Argument entgegen, jede Epoche habe ihre verschiedenen Sitten, also auch ihren eigenen Geschmack; sie forderten, daß man die homerischen Epen demgemäß nach den ›Sitten einer anderen Zeit‹ beurteilen müsse. Daraus entwickelte sich im Laufe der Diskussion Schritt für Schritt die neue, beiden Lagern gemeinsame, wenn auch nicht gleich offen zugestandene Erkenntnis, daß es neben dem zeitlos Schönen auch ein zeitbedingtes Schönes, neben der *beauté universelle* auch ein *beau relatif* gäbe. Auf diesem Wege führte der allmähliche Abbau der klassischen ästhetischen Normen zu einem ersten historischen Verständnis der antiken Kunst.

Die Entdeckung der Verschiedenheit des Antiken und des Modernen im Bereich der Schönen Künste ist das folgenreiche Ergebnis der *Querelle*, die in Frankreich die historische Blickrichtung in die Dimension der unwiederholbaren Zeit umgewendet und damit die Aufklärung eingeleitet hat. Von den Unterschieden zwischen antiker und moderner Kunst über die andersartigen Sitten der alten und der neuen Zeit öffnete sich der

59 Op. cit. IV, 293; siehe dazu und zum Folgenden meine Einl., pp. 43–60.

Blick mehr und mehr auf die geschichtliche Eigenart verschiedener Epochen. Am frühesten ist das Fazit dieser Entwicklung: *nous envisageons la nature autrement que les anciens ne l'ont regardé* von Saint-Evremond gezogen worden, der schon 1685 die später von Montesquieu erfüllte Forderung stellte, der verschiedene Charakter des Zeitalters der *Anciens* und der *Modernes*, ihr *génie du siècle*, sei wie in der Kunst so auch im Wandel der Religion, der Regierungsform, der Sitten und anderer Erscheinungen ihres Lebens zu sehen.[60] Mit der neuen Sicht auf die Antike veränderte sich auch das geschichtliche Selbstverständnis der eigenen Modernität. Zeugnisse eines neuen Bewußtseins, daß man mit dem Licht der aufgeklärten Vernunft in eine bedeutende, von aller früheren Zeit unterschiedene Epoche eingetreten sei, finden sich schon während der *Querelle* und vermehrt bald nach ihrem Ende. Angesichts der seit den 80er Jahren sich rasch erweiternden Naturwissenschaften und der beginnenden, dem Protestantismus entstammenden historischen Kritik spricht Pierre Bayle in seinen *Nouvelles de la République des Lettres* (1685) von einem *siècle philosophe*, für das er dann auch eine Vorstellung in Beschlag nimmt, die bisher vornehmlich der christlichen Glaubenswahrheit vorbehalten war: *C'est à nous qui vivons dans un siècle plus éclairé de séparer le bon grain d'avec la paille [...]. On se pique dans ce siècle d'être extrèmement éclairé.*[61] Im beginnenden Zeitalter der Aufklärung treten die *lumières de la raison* der göttlichen Erleuchtung *(lumière du Ciel)* gegenüber. Während des 18. Jahrhunderts wird *le siècle éclairé* mehr und mehr mit dem eigenen Jahrhundert identifiziert. So spricht zum Beispiel im Jahre 1719 ein Journalist von dem *siècle éclairé où nous sommes*, das mehr Schriftsteller hervorgebracht habe als andere Epochen.[62] Das aufgeklärte Zeitalter ist als *siècle*

60 Saint-Evremond, *Œuvres meslées*, IV, 296; ferner in *Sur les poèmes des Anciens*, *Œuvres* éd. R. de Planhol, Paris 1927, vol. I, p. 273.

61 Nach F. Schalk, *Zur Semantik von ›Aufklärung‹ in Frankreich*, in: *Festschrift W. v. Wartburg*, ed. K. Baldinger, Tübingen 1968, p. 259 sq.

62 *Der Jahrhundertbegriff im 18. Jahrhundert*, in: Nach W. Krauss, *Studien zur deutschen und französischen Aufklärung*, Berlin 1963, pp. 9–40, bes. p. 14: »Aus dem Kreis der holländischen französisch-sprachigen Journalistik stammen die folgenden Belege: *Dans le siècle éclairé où nous sommes, il ne s'agit pas de faire le docteur.* Und im selben Zusammenhang: *vous savez qu'il n'y a jamais eu de siècle si fertile en auteurs que celui dans lequel nous avons l'honneur de vivre.* cf. Anm. 120.

éclairé et poli von Stolz auf die Höhe seiner modernen Zivilisation erfüllt und nimmt den Titel *siècle humain, siècle philosophique* für sich in Anspruch.[63] Seit der Jahrhundertmitte ist die Gleichsetzung von *siècle des lumières* und *siècle philosophique* mit *dix-huitième siècle* in der zeitgenössischen Literatur allgemein verbreitet.[64] Dieser emphatische Gebrauch von *siècle* hat als Manifestation des geschichtlichen Selbstbewußtseins der Aufklärer dazu beigetragen, daß das Wort gerade in dieser Zeit im Französischen die neue Bedeutung ›Jahrhundert‹ annahm. Während einerseits der alte, christliche Sinn von *siècle* als Weltzeit, die dem Gottesreich entgegengesetzt ist, noch weiterbestand, aber allmählich verblaßte, erweiterte sich andererseits die engere, der Vorstellung des menschlichen Lebensalters entstammende Bedeutung von *siècle* als ›Regierungszeit‹ mehr und mehr zur epochalen Bedeutung von ›Jahrhundert‹. Die Grenzen des zeitlichen Umfangs von *siècle* wuchsen über die Zäsuren des *siècle de Louis XIV* hinaus und fielen schließlich mit Anfang und Ende des neuen Jahrhunderts zusammen, für das gegenüber dem vergangenen *beau siècle* eine eigene geschichtliche Sendung behauptet wurde.[65] So füllte sich das äußerliche, in der Kirchengeschichte schon verwendete Einteilungsschema der ›Zenturien‹ mit der neuen, am Säkulum der Aufklärung gebildeten Vorstellung, wie das gegenwärtige könnten auch die anderen Jahrhunderte als inhaltlich verschiedene Zeiten angesehen werden, mithin je eine Epoche für sich bilden.[66] Vor allem aber ist für das veränderte geschichtliche Selbstverständnis der aufgeklärten *Modernes* kennzeichnend, daß sie seit der berühmten Gegenwartsanalyse des Abbé de Saint-Pierre von 1735 die eigene Zeit vor dem Forum der zukünftigen Geschichte zu sehen begannen. Werner Krauss hat an einer Reihe von eindrucksvollen Zeugnissen aus utopischen Romanen und politischen Utopien gezeigt, wie seit den 60er Jahren die Frage, ob die Taten der Gegenwart wohl vor den

63 Vgl. ibid. p. 13 sqq.

64 Nach Werner Krauss, *Zur Periodisierung der Aufklärung*, in: *Grundpositionen der französischen Aufklärung*, Band I der Reihe *Neue Beiträge zur Literaturwissenschaft*, ed. W. Krauss und H. Mayer, Berlin 1955, p. VIII.

65 Nach Werner Krauss, *Studien zur deutschen und französischen Aufklärung*, Berlin 1963, pp. 9–11, 17.

66 Siehe dazu Fritz Schalk, *Das goldene Zeitalter als Epoche*, a.a.O., p. 96, Anm. 27.

geschärften Augen einer fortgeschrittenen Menschheit bestehen könnten, immer wieder auftaucht.[67] In diesem epochalen, zuvor nicht anzutreffenden Grundmotiv hat sich die Modernität der Aufklärung am entschiedensten von der Gegenposition der humanistischen *Anciens* abgekehrt: im offenen Horizont einer wachsenden Perfektion des Zukünftigen, nicht mehr im Idealbild einer vollendeten Vergangenheit, liegt von nun an das Richtmaß, nach dem die Geschichte der Gegenwart zu beurteilen, ihr Anspruch auf Modernität zu bemessen ist.

VI.

Das Auseinanderrücken von Antike und Moderne in zwei geschichtliche, in sich selbst auf verschiedene Weise vollkommene Epochen läßt sich im 18. Jahrhundert am allmählichen Zerbrechen der literarischen Form sichtbar machen, in der die *Querelle* am Ausgang der französischen Klassik ausgetragen und dann auch von Schiller und Friedrich Schlegel an der Wende vom 18. und 19. Jahrhundert wieder aufgenommen wurde: die vergleichende ›Parallele‹.[68] Diese literarische Gattung war nach antiken Vorbildern, besonders dem Plutarchs, seit der Renaissance wieder gepflegt worden, gelangte in Frankreich als wichtigstes Instrument der Polemik zwischen *Anciens* und *Modernes* zu neuer Blüte und blieb auch im 18. Jahrhundert eine beliebte Form, die Geschichte der alten und der neuen Welt in ihren gesellschaftlichen und kulturellen Erscheinungen darzustellen.[69] So hat noch La Harpe die Weltliteratur in seinem *Lycée ou cours de littérature ancienne et moderne* (1786–1803) abgehandelt. Das Schema des Vergleichs ließ sich in kleinerem Maßstab auf literarische Themen wie etwa die *Elektra* von Sophokles, Euripides, Crébillon und Voltaire anwenden, aber auch auf andere Bereiche übertragen. Es gab ›Parallelen‹ der aristotelischen und der cartesianischen Physik, der antiken und der christlichen Moral, der Helden des Altertums und der

67 In: *Beiträge zur romanischen Philologie,* 1 (1961) p. 95 sqq., und in *Studien . . .,* a.a.O., p. 18.
68 Darüber handelt die zweite Abhandlung in dieser Schrift.
69 Siehe dazu A. Buck, *Das heroische und das sentimentale Antike-Bild in der französischen Literatur des 18. Jahrhunderts,* in: *Germanisch-romanische Monatsschrift,* 13 (1963) p. 166.

Neuzeit, der Regierungsformen, der Wirtschaftssysteme und selbst noch der antiken und modernen Revolutionen. Chateaubriands *Poétique du Christianisme* (1802), die in ähnlicher Gliederung angelegt ist wie einst Perraults Vergleich der Künste und Wissenschaften bei den *Anciens* und den *Modernes*, kann wohl als das letzte bedeutende Werk dieser Gattung angesehen werden, mit dem zugleich das Ende des vom Humanismus der Renaissance geschaffenen Geschichtsbildes bezeichnet ist. Denn die ursprünglich literarische Form der historischen Parallele war mehr als nur ein neutrales Schema des Vergleichs. Sie setzte ein Vergleichsmaß, den *point de la perfection*, und damit die Analogie des organischen Wachstums oder der Lebensalter voraus, in der die Humanisten und zunächst auch noch die *Modernes* den Ablauf der Geschichte im Großen – den Gipfelepochen der Antike und der *età moderna* – wie auch in kleineren Phasen der nationalen Entwicklungen sahen und als eine periodische Wiederkehr des Reifens, Blühens und Verfallens beschrieben.[70] Dieses Geschichtsmodell machte es allererst möglich, die Leistungen historisch verschiedener Epochen in eine vergleichbare Relation zu bringen und nach einem überzeitlichen Maß der Vollkommenheit zu bewerten: Gegenwart und Vergangenheit sind dann nicht einmalige, qualitativ verschiedene Epochen, sondern vergleichbare Zeiträume, in denen Vergangenes im Gegenwärtigen wiederkehren, durch Nachahmung wieder erreicht oder auch – im Blick auf denselben *point de la perfection* – übertroffen werden kann. In dem Maße aber, in dem eine neue Erfahrung der Geschichte das Altertum wie die Neuzeit in den unumkehrbaren Gang der historischen Zeit einbezog und alle Epochen gleich vollkommen oder in der späteren Formulierung Rankes »gleich unmittelbar zu Gott« erschienen[71], schwand mit dem überzeit-

70 Zum zyklischen Geschichtsbild des Humanismus der Renaissance siehe Hans Baron, *The Querelle des anciens et des modernes as a problem for Renaissance Scholarship*, in: *Journal of the History of Ideas*, 20 (1959) pp. 3–22, zum Nachleben dieses Geschichtsbilds in der französischen *Querelle* siehe meine Einl. zu Perrault, a.a.O., p. 27 sqq.

71 Die Geschichte des Begriffs der *Perfektion* könnte diesen Prozeß der Bildung eines neuen historischen Sinnes auch sichtbar machen: *perfection* löst sich im 18. Jahrhundert mehr und mehr von den Normen des allgemein und zeitlos Gültigen, verbindet sich mit dem relativ Schönen und wird 1774 von Herder schon ausdrücklich auf das Einmalige in Ort und Zeit bezogen: *Jede menschliche Vollkommenheit ist national, säkular und, am genauesten*

lichen Maß ihrer Vollendung auch ihre Vergleichbarkeit. Damit mußte die Form der historischen Parallele ihren Sinn verlieren, wie gerade Chateaubriand für die französische Entwicklung in seinem *Essai historique, politique et moral sur les révolutions anciennes et modernes considérées dans leurs rapports avec la révolution française* höchst eindrucksvoll bezeugt hat.

In der 1797 veröffentlichten Fassung des *Essai* verfolgte Chateaubriand noch die Absicht, durch seinen Vergleich zu untersuchen, ob die durch die Revolution von 1789 geschaffene Regierungsform auf »wahren Prinzipien« beruhe und zu dauern verspreche, oder ob sich auch an dieser Veränderung des Weltzustands wieder nur erweisen müsse, *que l'homme, faible dans ses moyens et dans son génie, ne fait que se répéter sans cesse.*[72] Der Vergleich wird an fünf antiken und sieben modernen Revolutionen durchgeführt und erbringt das von vornherein beschlossene Ergebnis einer Diskreditierung der ihm verhaßten jüngsten Revolution. Als Chateaubriand dann aber 1826 den *Essai* erneut herausgab, sah er sich genötigt, seinen alten Text ausführlich zu kommentieren, und zwar nicht allein aus Gründen der politischen Opportunität, sondern insbesondere auch darum, weil er inzwischen zu der Einsicht gelangt war, seine historische Parallele von 1797 sei schon in den Prämissen verfehlt gewesen. Er habe sich geirrt, als er glaubte, von der antiken Gesellschaft aus Schlüsse auf die moderne ziehen, Zeiten und Menschen aneinander messen zu können,

betrachtet, individuell (ed. K.-G. Gerold, München, 1953, Bd. II 31). Die Ablösung vom zyklischen Geschichtsbild des Humanismus zeigt sich in der gleichen Schrift *Auch eine Philosophie der Geschichte der Menschheit* darin an, daß sich Herder aus dem Widerspruch zwischen der neuen Erkenntnis der historischen Verschiedenheit des Antiken und des Modernen und der alten Geschichtsvorstellung von den Lebensaltern der Menschheit heraushilft, indem er aus dem *homme universel* einfach deren zwei macht: *Wer den Zustand der römischen Länder (und sie waren damals das gebildete Universum!) in den letzten Jahrhunderten bemerket, wird diesen Weg der Vorsehung, einen so sonderbaren Ersatz menschlicher Kräfte zu bereiten, anstaunen und bewundern. [...] Die schönen römischen Gesetze und Kenntnisse konnten nicht Kräfte ersetzen, die verschwunden waren, Nerven wiederherstellen, die keinen Lebensgeist fühlten, Triebfedern regen, die dalagen – also Tod! ein abgematteter, im Blute liegender Leichnam – da ward im Norden ein neuer Mensch geboren* (ib. p. 39).

72 Ed. critique par L. Louvet, Paris, Garnier, s. d., p. 613. Dazu R. Koselleck, *Der neuzeitliche Revolutionsbegriff als geschichtliche Kategorie,* in: *Studium Generale,* 22 (1969) pp. 825–838.

zwischen denen es in Wahrheit »keine Beziehung« gäbe.[73] Auch sei seine Behauptung falsch, das Geschick der Menschheit bewege sich ständig im Kreise: wenn man an diesem Bild festhalten wolle, so müsse man an Kreise, die sich konzentrisch ins Unendliche erweitern, mithin an die Figur einer Spirale denken.[74] Die antike und die moderne Gesellschaft sind grundverschieden, also auch nicht legitim vergleichbar – in der Geschichte wiederholt sich nichts, also ist aus der Vergangenheit auch nichts für die Gegenwart zu erweisen oder zu lernen: mit diesen lapidaren Feststellungen bezeugt Chateaubriand den vollendeten Sieg des Historismus, d. h. jener Revolution der Denkart, die sich mit dem Ausgang der *Querelle* angebahnt, im geschichtlichen Denken der Aufklärung entfaltet und schließlich im historischen Bewußtsein einer neuen Generation vollendet hat, die ihre Modernität in neuer Antithese zur Antike nunmehr ausdrücklich aus der Erfahrung ihrer wiederentdeckten, christlichen und nationalen Vergangenheit verstand.

VII.

Der Prozeß, durch den diese epochale Wendung im 18. Jahrhundert vorbereitet wurde, spiegelt sich auch in der Wortgeschichte, an der sich im einzelnen zeigen ließe, wie sich *moderne* allmählich aus der Antithese zu *ancien* löst und in andere Gegensätze eintritt. *Antique* übernimmt nun häufig die Funktion, an Stelle des polemisch belasteten *ancien* den geschichtlichen Abstand der alten zur modernen Welt anzuzeigen. Als

73 *M'obstinant dans l'Essai à juger le présent par le passé, je déduis bien des conséquences, mais je pars d'un mauvais principe; je nie aujourd'hui la majeure de mes raisonnements, et tous ces raisonnements tombent à terre.* Dazu gehöre vor allem der Irrtum *de vouloir conclure de la société ancienne à la société moderne; de juger, les uns par les autres, des temps et des hommes qui n'avoient aucun rapport* (ibid. p. 614–5).

74 *Le génie de l'homme ne circule point dans un cercle dont il ne peut sortir. Au contraire (et pour continuer l'image), il trace des cercles concentriques qui vont en s'élargissant, et dont la circonférence s'accroîtra sans cesse dans un espace infini* (ibid. p. 614). Das Bild der Spirale ermöglicht einen Kompromiß zwischen periodischem und unumkehrbar ins Unendliche verlaufendem Geschichtsgang, führt aber aus der Analogie zum organischen Leben hinaus.

die *Encyclopédie* in der Auflage von 1779 *anciens* und *modernes* benutzt, um Antike und Neuzeit mit Boethius als Epochengrenze zu scheiden, wird eigens erläutert, daß *moderne* in Dingen des Geschmacks nicht mehr zu *ancien* einen absoluten Gegensatz bilde, sondern zu dem, was *de mauvais goût* sei, wie zum Beispiel die gotische Architektur. Der moderne Geschmack, der im Nachsatz in offensichtlich klassizistischer Tendenz dem *goût de l'antique* verpflichtet wird[75], sieht hier im ›gotischen Geschmack‹ des Mittelalters seinen Gegenpol. Zwanzig Jahre später wird gerade der *goût du gothique,* die in der Poetik Chateaubriands und den ersten historischen Romanen vollzogene Rückwendung zum Mittelalter, ein neues Selbstverständnis der Modernität begründen, das dann auch den historisch relativierten Gegensatz zur Antike in ein anderes Licht rückt. Die neue Modernität, die sich nach der Jahrhundertwende als ›romantisch‹ versteht, bezeichnet ihren Gegensatz zur Antike mit einem Wort, für das sie in dieser Bedeutung eine Anleihe bei den Brüdern Schlegel aufnehmen muß: ›klassisch‹. In Frankreich war *classique* bisher noch nicht in Gegensatz zu *moderne* getreten, weil es hier in seiner ganzen Wortgeschichte die schon in der Antike geprägte Bedeutung des ›Musterhaften‹ bewahrt hatte. Auch als im 18. Jahrhundert das Zeitalter Ludwigs XIV. aus dem Horizont des noch Erlebten in eine vollendete Vergangenheit abgeschieden und damit zur nationalen Klassik erhoben wurde, verengte sich die Bedeutung von *nos auteurs classiques* noch nicht zum Epochenbegriff.[76] Und

75 *Naudé appelle* modernes *parmi les auteurs latins, tous ceux qui ont écrits après Boèce. On a beaucoup disputé de la prééminence des anciens sur les modernes; et quoique ceux-ci aient eu de nombreux partisans, les premiers n'ont pas manqué d'illustres défenseurs.*
Moderne *se dit encore en matière de goût, non par opposition absolue à ce qui est ancien, mais à ce qui étoit de mauvais goût: ainsi l'on dit l'architecture moderne, par opposition à l'architecture gothique, quoique l'architecture moderne ne soit belle, qu'autant qu'elle approche du goût de l'antique* (t. XXII, p. 24, cf. Anm. 50).

76 Voltaire, der in seinen *Lettres philosophiques* vom Jahr 1734 noch von den *bons ouvrages du siècle de Louis XIV* spricht, verwendet dafür ab 1751 die Formulierung *nos auteurs classiques* (nach Pierre Moreau, *Le Classicisme des Romantiques,* Paris 1932, p. 5). Zwischen diesen beiden Jahren entstand das programmatische Gedicht *Le temple du goût* (1735), mit dem Voltaire einen ersten Kanon der klassischen französischen Dichtung des vorangegangenen Zeitalters Ludwigs XIV. aufgestellt hat. Die weitere Geschichte des Wortes *classique* im 18. Jahrhundert zeigt indes, daß »klassisch«

noch 1810 muß Madame de Staël eigens erklären, *classique* sei in ihrem von A. W. Schlegel übernommenen Wortgebrauch nicht gleichbedeutend mit *parfait*, sondern bezeichne die beiden großen Zeitalter der Weltliteratur: *Je m'en sers ici dans une autre acception, en considérant la poésie classique comme celle des anciens, et la poésie romantique comme celle qui tient de quelque manière aux traditions chevaleresques. Cette division se rapporte également aux deux ères du monde: celle qui a précédé l'établissement du christianisme, et celle qui l'a suivi.*[77] Die Wortgeschichte hat uns damit zu dem epochalen Augenblick geführt, an dem eine neue Generation ihr geschichtliches Selbstverständnis darin bekundet, daß sie ihre Modernität mit einem eigenen Namen, *Le romantisme*, aus der Taufe hebt, der die Gegenwart mit ihrem autochthonen Ursprung, dem christlichen Mittelalter, zusammenbindet und zugleich vom klassischen Altertum als einer nicht mehr zurückholbaren, historisch gesehenen Vergangenheit abrückt. Die Entlehnung des Begriffspaars *classique – romantique* war indes nicht auch eine Entlehnung der Sache. Das mit diesem Gegensatz bedeutete Verhältnis der Moderne zum Mittelalter als ihrer eigenen und zur Antike als ihrer ferngerückten Vergangenheit hatte sich in Frankreich schon vor der Rezeption Herderscher und Schlegelscher Ideen im Laufe des 18. Jahrhunderts herausgebildet. Die Wiederentdeckung des Mittelalters ist nicht *gegen* das Denken der Aufklärung erfolgt[78], sondern dadurch eingeleitet worden, daß sich mit dem Ausgang der *Querelle* die Einsicht

immer noch im normativen Sinn einer Kanonbildung verstanden wurde, die antike und moderne Autoren einschließen konnte, vgl. *Encyclopédie*, a.a.O., s. v. *classique: Classique se dit aussi des auteurs mêmes modernes qui peuvent être proposés pour modèle par la beauté du style. Tout écrivain qui pense solidement et qui sait s'exprimer d'une manière à plaire aux personnes de goût appartient à cette classe: on ne doit chercher des auteurs classiques que chez les nations où la raison est parvenue à un haut degré de culture.*

77 In *De l'Allemagne* (1810), Chap. xi; wer diese Unterscheidung nicht annehme, dem wird von Madame de Staël angedroht, daß er nie dazu gelangen werde *à juger sous un point de vue philosophique le goût moderne* (zit. nach der Ausgabe Paris, 1857, p. 145).

78 In dieser Hinsicht hat zuletzt wieder Werner Krauss, gestützt auf neues Material, das Vorurteil vom »geschichtsfeindlichen Denken der Aufklärung« korrigiert: *Französische Aufklärung und deutsche Romantik*, in: *Wsch. Zeitschrift der Karl-Marx-Universität Leipzig*, 12. Jg., 1963; die folgenden Ausführungen ergänzen seine These im Blick auf die Perspektiven,

in die Verschiedenheit der antiken und der modernen Welt durchsetzte. Daraus ging die Idee hervor, der dann Montesquieu in seinem *Esprit des Lois* die reichste Orchestrierung gegeben hat: daß nicht allein jedes Zeitalter, sondern auch jede Nation ihr eigentümliches, unvertauschbares ›Genie‹ habe. Das durch die *Querelle* geweckte Interesse an der Verschiedenheit der Sitten und der Dichtung anderer Zeiten, das Fénelon in seiner *Lettre à l'Académie* von 1714 zu der Forderung nach einer Geschichtsschreibung auf der Grundlage des *détail des mœurs de la nation* erhebt, öffnete auch den Blick in die *ténèbres de notre antiquité moderne.*[79] Sowohl die Ansätze einer neuen, historischen Kritik, die nach Raymond Naves mit den Arbeiten der *Académie des Inscriptions et des Belles Lettres* verknüpft sind, als auch die Anfänge der ersten, politisch interessierten Darstellung des Mittelalters durch Boulainvilliers und Du Bos fallen in die Zeit während und unmittelbar nach der *Querelle.*[80] Dabei läßt sich ein reziproker Prozeß des Näher- und Fernerrückens für das Mittelalter und die Antike verfolgen. Auf der einen Seite beginnt man, die vom nachahmbaren Vorbild zum historischen Gegenbild gewordene Antike in immer wieder anderen Stilisationen ihres geschichtlichen Andersseins zu sehen: in den bukolischen Idealbildern anfänglicher *simplicité* und *naïveté*, in der damit kontrastierenden Urpoesie des Archaischen und Barbarischen, in der heroisierten Vorstellung vom politischen Leben der griechischen Polis und der römischen Republik, und schließlich – nach den Ausgrabungen von Herculanum und Pompeji – in der sentimentalischen

die sich von der *Querelle des Anciens et des Modernes* aus für das geschichtliche Denken der Aufklärung ergaben.

79 *Le point le plus nécessaire et le plus rare pour un historien est qu'il sache exactement la forme du gouvernement et le détail des mœurs de la nation dont il écrit l'histoire, pour chaque siècle. Un peintre qui ignore ce qu'on nomme* il costume *ne peint rien avec vérité* (*Œuvres*, Paris 1854, t. V, p. 478). Die Bezeichnung des Mittelalters als »modernes Altertum« stammt aus J. Chapelain, *De la lecture des vieux romans* (entstanden 1646, *Opuscules critiques*, ed. A.-C. Hunter, Paris 1936, p. 219), nach meinen Feststellungen die früheste Übertragung von *antiquité* auf die nationale Vergangenheit des Mittelalters, die den Vergleich mit der Antike impliziert und noch an der Vorstellung von der »dunklen Zwischenzeit« festhält.

80 Raymond Naves, *Le Goût de Voltaire*, Paris 1938, pp. 108–118; Henri Comte de Boulainvilliers *Essai sur la Noblesse de France* ist von 1732, die *Histoire critique de l'établissement de la Monarchie Françoise dans les Gaules* des Abbé Dubos von 1734.

Schönheit der Ruinen.[81] Auf der anderen Seite wird das Mittelalter als vorbildhaft nationale Vergangenheit Schritt für Schritt zurückgeholt, in seinen Einrichtungen und Sitten als Zeit heroischer und christlicher Tugenden beschrieben und zu der Gegenwart in die exemplarische Kontinuität einer nationalen Entwicklung gebracht. Der Entdeckung der mittelalterlichen Anfänge des modernen Staates folgte die Entdeckung der Dichtung des Zeitalters der Ritter und Troubadours auf dem Fuße, wobei sich gelehrte Forschungen und popularisierende Ausgaben in die Hand arbeiteten. Hier ist vor allem De la Curne de Sainte-Palaye zu erwähnen, der von 1746 an in der *Académie des Inscriptions* seine *Mémoires sur l'ancienne chevalerie* vorzutragen begann. Er legte als Ergebnis seiner langjährigen Studien dar, daß die Sitten des christlichen Mittelalters denen der Zeit Homers nicht nur gleichzustellen, sondern in mancher Hinsicht sogar überlegen seien (die Stelle könnte der *Poétique du Christianisme* von 1802 entstammen): *un contraste singulier de religion & de galanterie, de magnificence & de simplicité, de bravoure & de soumission; un mélange d'adresse & de force, de patience & de courage, de belles actions produites par un motif chimérique & de fonctions presque serviles ennoblis par un motif élevé. Mœurs à la fois grossières et respectables, aussi dignes d'être étudiées sur-tout par un François, que celles des Grecs ou des Orientaux, comparables en bien des points, & mêmes supérieures en quelques uns, à celles des temps héroiques chantés par Homère.*[82]

Das gemeinhin erst Chateaubriand und Madame de Staël zugeschriebene Mittelalterbild der französischen Romantik ist in vielen Zügen schon bei Sainte-Palaye und in den Werken anderer Gelehrter der Aufklärung, die nach ihm mittelalterliche Literatur erforschen und edieren, aufzufinden. Die *Poétique*

81 Diese Entwicklung ist zuletzt von August Buck unter der Perspektive des »Nachlebens der Antike« dargestellt worden (siehe Anm. 69). Unter Berücksichtigung der durch die *Querelle* eingeleiteten Historisierung der Antike wäre der gleiche Prozeß nun wieder in einem anderen Lichte darzustellen. Dabei ließe der Wandel des Vorbildes zum Gegenbild auch den geschichtlichen Vorgang erkennen, dem Schiller mit der Antithese des Naiven und des Sentimentalischen die tiefste und abschließende Deutung gegeben hat.

82 *Mémoires sur l'ancienne Chevalerie considérée comme un établissement politique et militaire*, Paris ^{2}1759, p. 8.

du Christianisme brauchte die hier schon vorgezeichneten und materiell vorbereiteten Vergleiche zwischen den beiden *antiquités* der alten heidnischen und der modernen christlichen Heroenzeit nur noch auszuführen. Das Neue und für Chateaubriand Eigentümliche ist vielmehr darin zu sehen, daß in seiner modernen, die Romantik einleitenden Poetik die christliche, Mittelalter und Neuzeit umgreifende Ära der Modernität *(l'âge moderne)* sogleich als ein Zeitalter erscheint, dessen Gipfel im Vergangenen liegt.[83] Die neuentdeckte Dichtung des Mittelalters ist jetzt nicht nur darum schön, weil der christliche Ritter im Kontrast von barbarischem Gesellschaftszustand und vollkommener Religion den höchsten Begriff des Heroischen und Idealschönen erfüllt, sondern ineins damit, weil die wahre Poesie *cette vieillesse et cette incertitude de tradition que demandent les muses* erfordert, mithin der historischen Distanz und Suggestion des Fernen entspringt.[84] Das Selbstgefühl der Modernität, das Chateaubriand als eine der Antike unbekannte ›Unbestimmtheit der Leidenschaften‹ (*le vague des passions*) definiert und in der Gestalt seines *René* leitbildhaft verkörpert hat, transzendiert das Gegenwärtige, weil es das Schöne erst im Aspekt des Nicht-Mehr, das Eigentliche erst in der sentimentalen Rückwendung zum Naiven zu erfahren glaubt. Für diese Erfahrung fehlt in der *Poétique du Christianisme* noch das Wort, das den an der mittelalterlichen Dichtung entdeckten Reiz des historisch Fernen mit dem sentimentalischen Verhältnis zur Natur in eins faßt: das Wort *romantisch*, dessen Geschichte wir uns nun zuwenden.

83 Siehe dazu das Kap. *Le Guerrier – Définition du beau idéal* (II, ii, 11), bes.: *Si au contraire vous chantez l'âge moderne, vous serez obligé de bannir la vérité de votre ouvrage, et de vous jeter à la fois dans le beau idéal moral et dans le beau idéal physique. Trop loin de la nature et de la religion sous tous les rapports, on ne peut représenter fidèlement l'intérieur de nos ménages, et moins encore le fond de nos cœurs. La chevalerie seule offre le beau mélange de la vérité et de la fiction* (Paris 1948, t. I, p. 197).

84 Ibid. p. 195; die folgende Begründung führt aus, warum die wahre Dichtung Poesie des Vergangenen ist und am Gegenwärtigen nicht gefunden werden kann: *Nous voyons chaque jour se passer sous nos yeux des choses extraordinaires sans y prendre aucun intérêt; mais nous aimons à entendre raconter des faits obscurs qui sont déjà loin de nous. C'est qu'au fond les plus grands événements de la terre sont petits en eux-mêmes: notre âme, qui sent ce vice des affaires humaines, et qui tend sans cesse à l'immensité, tâche de ne les voir que dans le vague pour les agrandir.*

VIII.

Wie konnte das Wort, das seinem Ursprung nach die vergangene Welt der alten Ritterromane bezeichnet hat, im 18. Jahrhundert allmählich die Bedeutung eines neuen Naturgefühls annehmen und schließlich dazu dienen, Historie und Landschaft, den Reiz des Fernen und die Empfindung der freien Natur so zu verknüpfen, daß die Generation der Jahrhundertwende in dieser Korrespondenz ihr Bewußtsein der Modernität so treffend ausgedrückt fand? Die so vorgezeichneten großen Etappen der Wortgeschichte lassen sich auf einen gemeinsamen Nenner bringen, den Friedrich Schlegel wohl am schärfsten formuliert hat: die Ablösung der modernen Kunst von der antiken steht unter »dirigierenden Begriffen«, sie ist »künstliche Bildung«.[85] Die Vorgeschichte des *Romantischen* bietet für diesen »künstlichen Ursprung der modernen Poesie« das denkbar beste Beispiel.

Der Aufstieg des Worts, das als Ableitung von mlat. *romanice* (›Dichtung in der Volkssprache‹) zunächst die erfolgreichste nachantike Gattung, den Roman (frz. *romanz*, engl. *romount*), bezeichnete, begann zu einer Zeit, als man den Abstand der mittelalterlichen Romanwelt zum gegenwärtigen Leben wahrnahm und darin den Anstoß zur Kritik am Roman fand, andererseits aber auch einen neuen ästhetischen Reiz am Romanhaften entdeckte. Das Adjektiv *romantic* taucht zwischen 1650 und 1660 noch in fluktuierender Bildung und Schreibweise in England auf.[86] Es bedeutet: *wie in den alten Romanen* und steht damit im Gegensatz zum Wahren, Nicht-Erfundenen oder auch zur prosaischen Wirklichkeit.[87] Aus der

85 *Über das Studium der griechischen Poesie*, ed. P. Hankamer, Godesberg 1947, p. 62 sq.: *Nur auf Natur kann Kunst, nur auf eine natürliche Bildung die künstliche folgen. [. . .] Die Natur wird das lenkende Prinzipium der Bildung bleiben, bis sie dies Recht verloren hat [. . .]. Schon in den frühesten Zeitaltern der europäischen Bildung finden sich unverkennbare Spuren des künstlichen Ursprungs der modernen Poesie. Die Kraft, der Stoff war zwar durch Natur gegeben: das lenkende Prinzip der ästhetischen Bildung war aber nicht der Trieb, sondern gewisse dirigierende Begriffe.*

86 *Romance story, romancicall tales, romancial, romancy,* nach L. Pearsall Smith, *Four Words,* Tract XVII of the Soc. Pure Engl., Oxford 1924, pp. 3–17.

87 F. Baldensperger, *Romantique, ses analogues et ses équivalents. – Tableau*

Grundbedeutung: *etwas, das nur in Romanen, nicht aber im wirklichen Leben vorkommt,* tritt nebeneinander ein abwertender und ein aufwertender Sinn heraus. Auf der einen Seite entwickelte sich *romantic* zum Inbegriff des Unwahrscheinlichen, nur Erfundenen, Chimärischen oder auch – soweit die Gefühle der Romanpersonen im Blick waren – des Überspannten.[88] Was von den Verächtern des Romans und Kritikern der Imagination derart abgetan wurde, hörte darum aber nicht auf, für Romanleser reizvoll zu sein, denen gerade das Unwahrscheinliche der Handlungen seltsam und fesselnd, das Überspannte der Gefühle ungewöhnlich und bewundernswert erscheinen konnte.[89] So entwickelt sich *romantic* auf der anderen Seite vom romanhaft Unwirklichen über das Unalltägliche zum Poetischen, wobei sich der Reiz des Romanhaften bald auch in vergleichbaren Ereignissen des Lebens, in altertümlichen Örtlichkeiten und entsprechenden Szenerien und schließlich sogar in der Einsamkeit der Natur wiederfinden ließ. Die Schritte dieser immer weitergreifenden Übertragung von *romantic* auf Momente des Lebens und Aspekte der Natur bezeichnen den Weg, der zum Weltverständnis der um 1800 hervortretenden Generation der Romantiker führte.

Am Anfang dieser Entwicklung stehen Örtlichkeiten, die an Romane denken lassen und darum *romantic* genannt werden. Schon 1654 verzeichnet John Evelyn in seinem Tagebuch: *Salisbury Plain reminded me of the pleasant lives of the shepherds we read of in romances;* an anderer Stelle setzt er für eine solche Reminiszenz auch gleich das neue Wort: *There is also on the side of this horrid Alp a very romantic seat near*

synoptique de 1650 à 1810, in: *Harvard studies and notes in philology and literature,* 19 (1937), pp. 13–105, auf den wir für alle frühere Literatur verweisen, führt als frühesten Beleg den folgenden Titel vom Jahre 1650 an: *Th. Bayly, Herba Parietis: or, the wallflower . . . being a history which is partly true, partly romantic, morally divine.*

88 Vgl. L. P. Smith, a.a.O., p. 7; so noch in Goethes *Werther* (1774): *es ist beschlossen, Lotte, ich will sterben, und das schreibe ich dir ohne romantische Überspannung* (vgl. Baldensperger, a.a.O., p. 75).

89 Der folgende, im Grimm'schen Wörterbuch s. v. *romantisch* aufgeführte Beleg faßt diese Entwicklung zu einer poetologischen Bestimmung zusammen: »Hartenstein, in der ersten ausg. von 1764, wofür später *romantische handlungen;* insofern die erhabenheit oder schönheit das bekannte mittelmaass überschreitet, so pflegt man sie *romanisch* (in späterer ausgabe *romanhaft*) zu nennen.

Bath.[90] Wenige Jahre später findet sich im Tagebuch von Samuel Pepys ein erstes Zeugnis der Übertragung von *romantic* auf ein unalltägliches Ereignis. Bei einer Beerdigung kommt es zu einer rührenden Treuebekundung einfacher Dienstleute für ihren verstorbenen Commander, die Pepys mit den Worten einleitet: *there happened this extraordinary case – one of the most romantique that ever I heard of in my life, and could not have believed it, but I did see.*[91] Unwahrscheinlich und doch wahr: hier ist *romantique* geradezu in die Formulierung eingetreten, die in der aristotelischen Poetik die höhere Wahrheit der Dichtung gegenüber der Geschichtsschreibung begründet, in Pepys Kommentar nun aber dazu dient, die ›Poesie des Lebens‹ über die prosaische Wirklichkeit hinauszurücken. Der romantische Augenblick hat seine Auszeichnung darin, daß er eine Erwartung erfüllt, die sonst nur der Roman, nicht das wirkliche Leben selbst einzulösen vermag. Demnach ist das Romantische eine Einstellung, die sich darin gefällt, Momente des Lebens im Medium literarischer Erfahrung und Empfindung zu sehen. Das gilt auch für die weitere Entwicklung, in der *romantic* von alten Schlössern und romanhaften Szenerien auf die freie Natur übertragen wird. Hier ist der künstliche Ursprung des romantischen Naturgefühls mit Händen zu greifen, wie schon L. P. Smith erkannt hat: »it is Nature seen through the medium of literature, through a mist of associations and sentiments derived from poetry and fiction«.[92] Die Texte zeigen Schritt für Schritt, wie das Romantische der Landschaft erst noch in Analogie zu Beschreibungen in Romanen gesehen,[93] dann aber mehr und mehr davon abgelöst wird, so daß seit Addison (*Remarks on Italy*, 1705) und Thomson (*The Seasons*, 1726/30) Naturszenen *romantic* genannt werden, die nicht mehr an mögliche romanhafte Geschehnisse zurückdenken lassen.[94] Mit dieser Bedeutungsentwicklung entfernte sich engl.

90 Nach L. P. Smith, a.a.O., p. 10, 11.

91 *The diary of Samuel Pepys M. A. F. R. S.*, ed. Wheatly, London, 1895, vol. V, p. 327 (June 13, 1666).

92 Op. cit. p. 13.

93 So etwa J. Evelyn, *Diary*, June 23rd, 1679: *The grotts in the chalky rock are pretty: 'tis a romantic object, and the place altogether answers the most poetical description that can be made of solitude, precipice, prospect ...* (cit. nach Baldensperger, a.a.O., p. 28).

94 Siehe dazu L. P. Smith, a.a.O., p. 11 (*oaks romantic, romantic mountain; where the dun umbradge o'er the falling stream, romantic, hangs).*

romantic im 18. Jahrhundert von seinem französischen Pendant *romanesque*, das die engere Bedeutung des Romanhaften festhielt. So kam es dazu, daß der Shakespeare-Übersetzer Letourneur 1776 fand, *romanesque* gebe den Sinn von *romantic* nicht richtig wieder, und für das Romantische der Natur *romantique* aus dem Englischen zurückentlehnte. Letourneur und gleich danach Girardin *(De la composition des paysages*, 1777) hat auch erklärt, warum *pittoresque* nicht ausreiche, in diesem Zusammenhang für *romantic* einzutreten.[95] Wie das Romaneske beziehe sich auch das Malerische noch auf das Gegenständliche einer Darstellung oder Naturszene; das Romantische meine indes weniger eine objektive Schönheit der Natur als vielmehr die von ihr ausgelöste subjektive, melancholische oder ›interessante‹ Wirkung: *Si la situation pittoresque enchante les yeux, si la situation poétique intéresse l'esprit et la mémoire, retraçant les scènes arcadiennes en nous, si l'une et l'autre peuvent être formées par le peintre, et le poète, il est une autre situation que la nature seule peut offrir: c'est la situation Romantique.*[96] Hier ist das Romantische der Landschaft als eine Wirkung aufgefaßt, die allein von der Natur ausgeht und die Imagination anrührt, während das Malerische nur die Augen anspricht. Girardin denkt offenbar schon nicht mehr daran, daß an sich auch das Romantische nicht anders als das Malerische eine Szene des Lebens oder der Natur voraussetzt, die im Medium einer Kunst, des Romans oder der Malerei gesehen wird. Wenn er nun der Natur selbst als ihre Wirkung zuschreibt, was das Wort *romantique* aus der Welt des Romans in sie hineingetragen hatte, ist damit die Erinnerung an die künstliche Bildung des romantischen Naturempfindens doch nicht ausgelöscht worden. Der *Dictionnaire de l'Académie* hält noch 1798 in der Erklärung von *romantique* die literarische

95 *Si ce vallon n'est que pittoresque, c'est un point de l'étendue qui prête au peintre et qui mérite d'être distingué et saisi par l'art. Mais s'il est Romantique, on désire s'y reposer, l'œil se plaît à le regarder et bientôt l'imagination attendrie le peuple de scènes intéressantes.* Letourneur, *Discours* . . ., zit. nach Baldensperger, a.a.O., p. 76.

96 Zitiert nach P. Robert, *Dict. alphab. et anal.* . . ., a.a.O., s. v. *romantique;* Girardin fügt der zitierten Stelle noch die Erklärung bei: *J'ai préféré le mot anglais, Romantique, parce que celui-ci désigne plutôt la fable du roman, et l'autre [. . .] la situation, et l'impression touchante que nous en recevons.*

Analogie seiner ursprünglichen Funktion fest: *Il se dit ordinairement des lieux, des paysages, qui rappellent à l'imagination les descriptions des poëmes et des romans.*

Mit der so weit entwickelten Bedeutung von *romantique* ist indes der volle Begriff des Romantischen noch nicht gewonnen, wie er gleichzeitig von der romantischen Schule in Deutschland ausgebildet und dann von Madame de Staël nach Frankreich gebracht wurde. Das Romantische als ästhetische Empfindung der Natur, die Chateaubriand in seinem Kapitel über die moderne, erst durch das Christentum ermöglichte *poésie descriptive* als Poesie der Einsamkeit beschrieb[97], mußte sich erst noch mit dem Romantischen verschmelzen, das sich auf den an mittelalterlicher Dichtung entdeckten Reiz einer in der Zeitenferne versunkenen, nur noch in Relikten faßbaren Welt bezog. Die andere Entwicklungslinie von *romantic* (bzw. dt. *romantisch)*, die von den Stoffen der alten Romane über das *romantische Epos* der Italiener zu Wieland führte und erklärt, warum *romantisch* in der zweiten Hälfte des 18. Jahrhunderts allmählich die ganze Epoche der Ritter- und Troubadourdichtung bezeichnen konnte, braucht hier nicht verfolgt zu werden.[98] Es mag genügen, eine Stelle aus Herders Schrift: *Auch eine Philosophie der Geschichte zur Bildung der Menschheit* (1774) anzuführen, die zeigt, daß *romantisch* als Epochenbegriff immer noch etwas von der ästhetischen Einstellung bewahrte, die dem Wort seit seiner adjektivischen Prägung zukam: *Der Geist des Jahrhunderts durchwebte und band die verschiedensten Eigenschaften: Tapferkeit und Möncherei, Abenteuer und Galanterie, Tyrannei und Edelmut; band's zu dem Ganzen, das uns jetzt – zwischen Römern und uns – als Gespenst, als romantisches Abenteuer dasteht; einst war's Natur, war – Wahrheit.*[99] Die Züge, die Herder an der von ihm hier noch als ›Zwischenzeit‹ betrachteten Epoche heraushebt, sind die uns schon durch De la Curne Sainte-Palaye

97 II, iv, 1–3, Paris 1948, bes. I, p. 233: *Jusqu'à ce moment la solitude avait été regardée comme affreuse; mais les chrétiens lui trouvèrent mille charmes. Les anachorètes écrivirent de la douceur du rocher et des délices de la contemplation: c'est le premier pas de la poésie descriptive.*

98 Siehe dazu L. P. Smith, a.a.O., p. 15, und R. Ullmann/H. Gotthard, *Geschichte des Begriffes »romantisch« in Deutschland*, Berlin 1927 (*Germ. Studien*, Heft 50), p. 93.

99 Ed. K. G. Gerold, München 1953, Bd. II 45.

vertrauten.[100] Doch fügt Herder dem Bild der »gotischen« Vorzeit ein neues Element hinzu, das seinen romantischen Charakter erklärt: *einst war's Natur, war – Wahrheit.* Nicht schon die wiederentdeckte nationale und christliche Vergangenheit, sondern ihre andere, unwiederbringlich entschwundene Gegenwart, das für die gegenwärtige Welt unwahrscheinliche und doch einmal wahr gewesene Abenteuer der abgelebten Zeit macht den Reiz des Romantischen aus. Historie als Bild der verlorenen Natur einer anderen, fremd gewordenen und uns gleichwohl vertrauten Zeit! Faßt man das Romantische der Historie in dieser Bestimmung, so wird das Bindeglied zum Romantischen der Landschaft deutlich. Denn auch in der Natur sucht die romantische Empfindung nicht das Gegenwärtige, sondern ein Fernes, Abwesendes, wie am schönsten der Anti-Romantiker Goethe bezeugt: *Das sogenannte Romantische einer Gegend ist ein stilles Gefühl des Erhabenen unter der Form der Vergangenheit oder, was gleichlautet, der Einsamkeit, Abwesenheit, Abgeschiedenheit.*[101] Landschaft als Natur unter der Form der Vergangenheit, als Empfindung des verlorenen Einklangs mit dem Ganzen der Welt![102] In dieser Einstellung, die im Fernen der Historie das Wahre einer gewesenen Natur, im Nahen der umgebenden Natur hingegen das abwesende Ganze, die verlorene Kindheit des Menschen sucht, rücken Geschichte und Landschaft in ein wechselseitiges Verhältnis zusammen. Auf ihm gründet das Selbstgefühl einer Generation, die ihre Modernität paradoxerweise nicht mehr als Gegensatz zum Alten, sondern als Zwiespalt mit der gegen-

100 Der auf unser Zitat im Text Herders folgende Satz: *Man hat diesen Geist »der nordischen Ritterehre« mit den heroischen Zeiten der Griechen verglichen – und freilich Punkte der Vergleichung gefunden* (ibid.) würde übrigens auf de la Curne Sainte-Palaye zutreffen. Die mögliche Filiation bedürfte der Untersuchung.

101 *Maximen und Reflexionen,* Nr. 868 (dat. zwischen 1818 und 1827), Hamburger Ausg., Bd. XII, p. 488. Dazu ließe sich der Satz aus Chateaubriands *Poétique du Christianisme* stellen: *Enfin, les images favorites des poètes enclins à la rêverie sont presque toutes empruntées d'objets négatifs, tels que le silence des nuits, l'ombre des bois, la solitude des montagnes, la paix des tombeaux, qui ne sont que l'absence du bruit, de la lumière, des hommes et des inquiétudes de la vie.* (op. cit. p. 192).

102 Hierzu ist auf die Abhandlung von Joachim Ritter, *Landschaft – Zur Funktion des Ästhetischen in der modernen Gesellschaft,* Münster/Westf. 1963, zu verweisen.

wärtigen Zeit erfuhr. Gleichviel, ob sie ihr geschichtliches Idealbild in der verklärenden Distanz des christlichen Mittelalters zu finden glaubte oder ob sie den Gipfel der modernen Bildung von der Zukunft mit Friedrich Schlegels *ästhetischer Revolution* erwartete – das Ungenügen an der eigenen, unvollendeten Gegenwart ist der gemeinsame Nenner der konservativen wie der progressiven Romantiker; es führt uns rasch zu dem Punkt, an dem eine neue Generation das Moderne in einem anderen Verhältnis zur Geschichte begründen wird.

IX.

Das Bewußtsein der Modernität, das im historischen Selbstverständnis der Romantik bis ins Mittelalter als seinen selbstgesetzten Ursprung zurückreicht und so in der Geschichte des Begriffs den größten geschichtlichen Zeitraum umspannt, gerät im 19. Jahrhundert in eine eigentümliche Entwicklung. Diese ist nicht allein dadurch zu charakterisieren, daß sich das Moderne – wie die Wortgeschichte zeigen könnte – aus der von A. W. Schlegel kanonisierten Gleichsetzung mit dem Romantischen ablöst. Wenn nunmehr auch die Symbiose von *romantisch* und *modern* von der immer wieder beobachteten Eigendynamik des Begriffes erfaßt wird, d. h. ein neues Bewußtsein des Modernen sich meldet, das moderner sein will als das Romantische, tritt dabei etwas ein, das uns in der Geschichte des Begriffs noch nicht begegnet ist. Während sich der Bedeutungsumfang von *moderne* Schritt für Schritt vom christlichen Weltzeitalter auf die Lebensdauer einer Generation verengt und schließlich auf den modischen Wechsel aktueller literarischer Geschmacksrichtungen zusammenschrumpft, hört der neugeprägte Begriff der *modernité* überhaupt auf, sich einer bestimmten Vergangenheit epochal entgegenzusetzen. Das Bewußtsein der Modernität, das sich im 19. Jahrhundert vom Weltverständnis der Romantik ablöst, bekundet sich in der Erfahrung, wie schnell das Romantische von heute als Romantisches von gestern selbst wieder *klassisch* erscheinen kann. Damit verliert die große historische Antithese zwischen den Alten und den Neueren, zwischen antikem und modernem Geschmack allmählich ihre Geltung. Der welthistorische Gegensatz des *Romantischen* zum *Klassischen* reduziert sich auf den relativen Gegensatz zwischen dem für die Zeitgenossen *Aktuellen*, für die nächste Generation aber schon wieder Überholten und *Vergangenen*. Und in der Reflexion auf diesen Prozeß eines sich beschleunigenden geschichtlichen Wandels der Kunst und des Geschmacks kann sich jetzt ein Bewußtsein von Modernität ausbilden, das sich am Ende nur noch von sich selbst abhebt.

Die fortschreitende Schrumpfung des im romantischen Begriff des *Modernen* umgrenzten Geschichtsraums hat F. Martini für die Entwicklung in Deutschland von dem Punkt an aufgezeigt, als sich – präludiert von Solgers *Erwin* (1815) – bei Heinrich Heine und den Jungdeutschen der Umschlag aus der Gleichsetzung in die neue Antithese des Modernen zum Romantischen vollzog.[103] Demnach hat die jungdeutsche Bewegung in den dreißiger Jahren dem auf das Gegenwärtige, Aktuelle, Realistische eingeengten Begriff des *Modernen* eine neue Ausdrücklichkeit verliehen und ihn durch die Identifikation mit dem ›Zeitgeist‹ programmatisch gegen die abgelebte romantische Welt gekehrt. Dem geht aber in Frankreich und Italien eine Umprägung des Begriffspaars *romantique* und *classique* voraus, in der wir wohl den ersten Moment des Umschlags sehen dürfen, der den Stein ins Rollen brachte und die Bedeutungsentwicklung zu der sich nur noch von sich selbst abhebenden *modernité* zur Folge hatte. Diesem Prozeß hat Stendhal – die italienische Polemik über den *romanticismo* im Kreis um Ludovico di Breme weiterführend – in seinem großen Essay *Racine et Shakespeare* (1823–25) die entscheidende Wendung gegeben, unter Berufung auf die besondere, ja unvergleichliche Geschichtserfahrung seiner Generation.

De mémoire d'historien, jamais peuple n'a éprouvé, dans ses mœurs et dans ses plaisirs, de changement plus rapide et plus total que celui de 1780 à 1823; et l'on veut nous donner toujours la même littérature.[104] Für Stendhal steht die Geschichte seit 1789 im Gegensatz zur gesamten bisherigen Geschichte. Er sieht die Revolution als ein Ereignis, das die *Français de 1785* von seiner Generation wie durch einen Abgrund scheide. Den ›Kindern der Revolution‹, die, statt Quintus Cur-

103 Op. cit. (cf. Anm. 3), p. 402 sqq.

104 *Œuvres complètes, éd. Martino*, Paris 1925, t. I p. 45.

tius und Tacitus zu lesen, am Feldzug nach Moskau teilnahmen und Augenzeugen der erstaunlichen Umwälzungen von 1814 waren, seien die Vergnügungen der klassischen Literatur nicht mehr zuzumuten: sie fänden ihre Komik wie ihr Pathos gleichermaßen unerträglich.[105] Die Erfahrung, daß der Gang der Geschichte seit 1789 völlig anders geworden ist, steht am Anfang eines Epochenbewußtseins, das den vollzogenen Schritt vom Alten zum Neuen als einen völligen Bruch in der Zeit wahrnimmt: die Revolution hat den Faden zwischen Vergangenheit und Gegenwart durchschnitten. Die moderne Gesellschaft ist vom *Ancien Régime* nicht allein durch ihre neue Verfassung, ihre Lebensgewohnheiten und Ideen, sondern auch durch ihren Geschmack, durch ein anderes Verhältnis zum Schönen getrennt.[106] Denn gerade das, was die Generation der Großväter an ihrer Literatur am meisten entzückte oder rührte, bringt die Generation der Enkel am schnellsten zum Gähnen. Das Schöne ist, sieht man auf seine Wirkung, unmittelbar nur für sein erstes Publikum schön, für das es hervorgebracht wurde, und es ist in dem Maße schön, als es diese Aktualität sucht und erreicht. Davon leitete Stendhal seine berühmt gewordene Definition des Romantischen ab, die mit der bisherigen Geschichte des Worts brach und seine traditionelle Grundbedeutung gerade ins Gegenteil verkehrte. Romantisch ist jetzt nicht mehr der Reiz dessen, was das Gegenwärtige transzendiert, zum Wirklichen und Alltäglichen den Spannungspol des Fernen und Gewesenen bildet, sondern das Aktuelle, gerade jetzt Schöne, das als Vergangenes seinen unmittelbaren Reiz einbüßen muß und dann nur noch historisch zu interessieren vermag: *Le romanticisme est l'art de présenter aux peuples les œuvres littéraires qui, dans l'état actuel de leurs habitudes et de leurs croyances, sont susceptibles de leur donner le plus de plaisir possible. Le classicisme, au contraire, leur présente la littérature qui donnait le plus grand plaisir possible à leurs arrière-grands-pères.*[107]

105 Ibid. p. 79, cf. p. 45.

106 *Je respecte infiniment ces sortes de classiques, et je les plains d'être nés dans un siècle où les fils ressemblent si peu à leurs pères. Quel changement de 1785 à 1824! Depuis deux mille ans que nous savons l'histoire du monde, une révolution aussi brusque dans les habitudes, les idées, les croyances, n'est peut-être jamais arrivée.* (ibid. p. 91).

107 Ibid. p. 39.

Mit dieser Bestimmung ist *romantique* als Epochenbegriff und mit ihm die große historische Antithese zum Klassischen aufgegeben. Denn alles Klassische war zu seiner Zeit selbst einmal romantisch: *Sophocle et Euripide furent éminemment romantiques.*[108] Stendhals Begriff des Romantischen übernimmt die ursprüngliche Funktion von lat. *modernus*, das historische Jetzt der Gegenwart zu bezeichnen, gibt dem Modernen die Bedeutung des höchsten Wertes und erklärt das Klassische rein funktional, durch eine bloße Änderung des zeitlichen Vorzeichens, als gewesene Romantik. Damit schließt sich der Kreis, der die Erfahrung der Modernität von nun an bedingt. Im Unterschied zur bisherigen Tradition des Begriffs *moderne* steht *romantique* in der neuen Bedeutung des Aktuellen, im Jetzt der Gegenwart Gipfelnden nicht mehr eine *antiquitas*, eine autoritative Vergangenheit gegenüber. Wie in der Erfahrung der jüngsten Geschichte, wo das Ereignis von 1789 die Zeit nachher als eine neu begonnene, aus sich selbst heraus beschleunigte Bewegung und die Zeit vorher als eine zurückgebliebene, stillstehende Vergangenheit erscheinen ließ,[109] so setzt Stendhal nun auch der in seinem Sinne romantischen Modernität kein Altes, keine Vergangenheit, die ihr vorausging und ihr Vorbild oder Vorstufe hätte sein können, mehr entgegen. In seiner Programmschrift von 1823 stößt sich das Bewußtsein der Modernität nur noch von sich selber ab, läßt das heute Aktuelle, das bei dieser ruckhaften Bewegung immer wieder zurückbleibt, zum Romantischen von gestern und damit per se zum Klassischen werden: es entsteht ein neuer Begriff von Klassik, der nur noch negativ, durch das Vergangensein erfolgreicher Werke, nicht mehr durch zeitentrückte Vollkommenheit bestimmt ist.

Wenn derart aber die *modernité* im unaufhörlichen Umschlag vom Aktuellen zum Klassischen sich selbst zur *antiquité* wird[110], erhebt sich die Frage nach der Natur des Schönen, das

108 Ibid.

109 Zur parallelen Erscheinung in der Historiographie, die seit der französischen Revolution vor dem Problem steht, »die sich beschleunigende Geschichte einzuholen«, siehe R. Koselleck, in *Nachahmung und Illusion (Poetik und Hermeneutik* I), hg. von H. R. Jauß, München 1964, p. 194 und 234.

110 In dieser Formulierung bei Baudelaire: *Le peintre de la vie moderne, in Œuvres complètes de Baudelaire,* Paris 1950, p. 885: *En un mot, pour que toute* modernité *soit digne de devenir* antiquité, *il faut que la beauté*

dieser unabschließbare Prozeß immer neu hervorbringt. Wie kann das Schöne dem ständig wechselnden Ideal der *nouveauté* genügen, dem Einmaligen der gegenwärtigen Zeit im Spiegel der Kunst entsprechen und andererseits doch auch wieder seinen eigenen Gegensatz bilden, insofern es als klassisch Gewordenes unvergänglich, im historischen Wechsel beharrend, ja ewig erscheint? Diese Frage hat sich Baudelaire in seinen Betrachtungen über Constantin Guys, den *Peintre de la vie moderne* (1859), gestellt. Seine Antwort, die er als eine *théorie rationnelle et historique du beau* der konventionellen Ästhetik entgegensetzen will, nimmt Stendhals moderne Definition des Schönen wieder auf: *que le Beau n'est que la promesse du bonheur.*[111] Stendhal sei darin zu korrigieren, daß er das Schöne ganz dem beständig wechselnden Ideal des Glücks unterwerfe.[112] Die Natur des Schönen sei weder einseitig am Aktuellen, d. h. am Charakteristischen der Epoche, ihrer Mode, ihrer Moral und ihren Leidenschaften, noch einfach an der musealen Klassik zeitentrückter Meisterwerke zu fassen, an denen sich der banausische Kunstverstand des Bourgeois erbaut.[113] Das Schöne in dem Begriff, wie ihn Baudelaires Bewußtsein der *modernité* fordert, lasse sich am besten am Phänomen der Mode erkennen, wenn man es sieht wie Constantin Guys, der sich bemüht *de dégager de la mode ce qu'elle peut contenir de poétique dans l'historique, de tirer l'éternel du transitoire.*[114] Die Mode steht am Ausgangspunkt von Baudelaires moderner Ästhetik, weil ihr ein doppelter Reiz eigen ist. Sie verkörpert das Poetische im Historischen, das Ewige im Vorübergehenden; in ihr tritt das Schöne hervor, nicht als vorgängig vertrautes, zeitloses Ideal, sondern als Idee, die sich der Mensch selbst vom Schönen macht, in der sich die Moral und Ästhetik seiner Epoche verrät und die ihm erlaubt, dem ähnlich zu werden, was er sein möchte.[115] Die Mode demonstriert, was Baudelaire die

mystérieuse que la vie humaine y met involontairement en ait été extraite.

111 Ibid. p. 875; die Gegenposition der konventionellen Ästhetik wird gleich eingangs am Geschmack der Louvre-Besucher verdeutlicht, die glauben, mit den »Meisterwerken« schon die ganze Kunst zu haben.

112 Ibid., p. 876.

113 Ibid., p. 873.

114 Ibid., p. 884.

115 Ibid., p. 874: *L'idée que l'homme se fait du beau s'imprime dans tout*

›Doppelnatur des Schönen‹ nennt und begrifflich mit *modernité* gleichsetzt: *La modernité, c'est le transitoire, le fugitif, le contingent, la moitié de l'art, dont l'autre moitié est l'éternel et l'immuable.*[116]

Mit diesem letzten Markstein der Wortgeschichte ist unsere Betrachtung an der Schwelle unserer gegenwärtigen Modernität und damit am vorgesehenen Endpunkt angelangt. Denn hier tritt vor Augen, mit welchem Recht eingangs gesagt werden konnte, unser Vorverständnis des Modernen reiche historisch bis zum ästhetischen und geschichtlichen Selbstverständnis Baudelaires und seiner Zeitgenossen zurück, so daß das Auftauchen der Neuprägung *la modernité* nach 1848 für unser Epochenbewußtsein als Grenze zwischen der abgeschiedenen und der vertrauten geschichtlichen Welt gelten könne. *La modernité* wird von Baudelaire in seine Überlegungen, die den Zusammenhang von *Le Beau, la Mode et le Bonheur* umkreisen, ausdrücklich als Neuprägung eingeführt.[117] Sie soll die Doppelnatur des Schönen benennen, in der sich zugleich die von Constantin Guys gezeichnete *vie moderne* des geschichtlichen Alltags und der politischen Aktualität dem Verständnis erschließt: ästhetische und geschichtliche Erfahrung der *modernité* fallen für Baudelaire in eins. Das veränderte geschichtliche Selbstverständnis, das sich in dieser Modernität bekundet, läßt sich wiederum am besten an der Entgegensetzung fassen, die Baudelaires Formulierung einbegreift. Zu *modernité* bildet hier nicht etwa, wie man erwarten könnte, das Romantische den Gegensatz.[118] Obschon die Romantik faktisch die unmittelbare Ver-

son ajustement, chiffonne ou raidit son habit, arrondit ou aligne son geste, et même pénètre subtilement, à la longue, les traits de son visage. L'homme finit par ressembler à ce qu'il voudrait être.

116 Ibid., p. 884.

117 *Il* (sc. Constantin Guys) *cherche ce quelque chose qu'on nous permettra d'appeler la* modernité; *car il ne se présente pas de meilleur mot pour exprimer l'idée en question. Il s'agit, pour lui, de dégager de la mode ce qu'elle peut contenir de poétique dans l'historique, de tirer l'éternel du transitoire*, ibid., p. 884.

118 In Chateaubriands *Mémoires d'Outre-Tombe*, aus denen P. Robert seinen frühesten Beleg von 1849 anführt, steht *modernité* noch ausdrücklich im Gegensatz zum Romantischen und hat – neben *vulgarité* gerückt – depreziativen Sinn: *La vulgarité, la modernité de la douane et du passeport, contrastaient avec l'orage, la porte gothique, le son du cor et le bruit du torrent* (cf. Anm. 1).

gangenheit der Modernität Baudelaires ist, wird sie darum von ihm nicht als ihre Antithese angesehen. Da sich das Moderne auch bei Baudelaire – wie zuvor das Romantische bei Stendhal – im Prozeß der geschichtlichen Erfahrung ständig von sich selbst abscheidet *(Il y a eu une modernité pour chaque peintre ancien)*[119], jede *modernité* also unentrinnbar sich selbst wieder zur *antiquité* werden muß, kann keine bestimmte Vergangenheit – auch nicht die (oder eine) Antike, wie W. Benjamin meinte – den für das Schöne der modernen Kunst konstitutiven Gegensatz bilden. Es liegt darum ganz in der Konsequenz dieser neuen ästhetischen Erfahrung, wenn Baudelaire dem unaufhaltsam weiterrollenden Rad der *modernité* einen ruhenden Pol entgegensetzt, der sich im Prozeß der Abscheidung des Vergangenen selbst konstituiert. Wie für den produzierenden Künstler das Vorübergehende, Momentane, Historische nur die eine Hälfte der Kunst ist, aus der das Dauernde, Unveränderliche, Poetische als ihre andere Hälfte erst destilliert werden muß, so schließt die Erfahrung der *modernité* auch für das geschichtliche Bewußtsein den Aspekt des Ewigen als sein Gegenüber ein. Das ist nun aber keineswegs eine verspätete Variante der platonisch-christlichen, von der Romantik erneut verbrauchten Antithese von Zeit und Ewigkeit, sondern ihr Gegenteil! Denn *éternel* nimmt hier die Stelle ein, die in der früheren Tradition von der Antike oder vom Klassischen besetzt war: wie das Idealschöne (*le beau unique et absolu*) hat auch das Ewige (*l'éternel et l'immuable*) als Antithese der *modernité* für Baudelaire den Charakter einer abgeschiedenen Vergangenheit.[120] Auch was uns ewig schön erscheint, mußte erst hervorgebracht werden: das zeitlos Schöne – diese Folgerung ergibt sich zwingend aus Baudelaires *théorie rationnelle et historique du beau* und ihrer Erläuterung am Phänomen der Mode – ist nichts anderes als die vom Menschen selbst entworfene und ständig wieder aufgegebene Idee des Schönen im Status des Vergangenseins.

Die beispielhafte Kunst des *Peintre de la vie moderne* entdeckt

119 *Le peintre de la vie moderne*, a.a.O., p. 884 (Fortsetzung der in Anm. 116 angeführten Schlüsselstelle).

120 Cf. ibid., p. 875; die Zuordnung von *éternel* zu *passé* findet sich auch am Ende des Essays *Richard Wagner et Tannhäuser*, op. cit. p. 1066: *Je me crois autorisé, par l'étude du passé, c'est-à-dire de l'éternel, à préjuger l'absolu contraire, etc.*

im Flüchtigen und Zufälligen ein Element des unvergänglich Schönen; sie setzt gerade im Modischen und Historischen, das der klassische Geschmack außer acht ließ oder verschönte, das Poetische frei. Für Baudelaire kann die wahre Kunst jetzt wie einst das *élément transitoire, fugitif, dont les métamorphoses sont si fréquentes* nicht entbehren; wo es fehle, gerate das Kunstwerk unweigerlich in den leeren Raum einer Schönheit, die so abstrakt und unbestimmbar bleibe wie die Schönheit der einzigen Frau *vor* dem Sündenfall.[121] Eva *nach* dem Fall als Inbegriff der Schönheit im Weltverständnis der *modernité* und als Sinnbild der Auflehnung gegen die Metaphysik des zeitlos Schönen, Wahren und Guten! Dieser kühne Vergleich besiegelt die Antithese von *modernité* und *éternel*, die den jüngsten, hier nicht mehr zu behandelnden Abschnitt in der Begriffsgeschichte des Modernen eröffnet, zugleich aber auch jene antiplatonische Wendung der Ästhetik Baudelaires bezeugt, die der ästhetischen Erfahrung und dem neuen Kanon der Kunst Bahn brach, die unsere gegenwärtige Modernität kennzeichnen.[122]

Nachtrag (zu dem Kapitel: »Die Moderne« in Walter Benjamins Baudelaire-Fragmenten)

Baudelaires Theorie der Modernität ist paradoxerweise gerade von dem Kritiker verkannt worden, dem die gegenwärtige Baudelaire-Rezeption entscheidende Anstöße zu einem neuen Verständnis verdankt. Wenn wir die *Fleurs du mal* durch Wal-

121 *Cet élément transitoire, fugitif, dont les métamorphoses sont si fréquentes, vous n'avez pas le droit de le mépriser ou de vous en passer. En le supprimant, vous tombez forcément dans le vide d'une beauté abstraite et indéfinissable, comme celle de l'unique femme avant le premier péché*, ibid. p. 884.

122 Der bei Baudelaire nur in den ersten Ansätzen sichtbare Bruch mit dem Platonismus der klassischen Ästhetik tritt bei Valéry in seinen ganzen Konsequenzen zutage, wie Hans Blumenberg in seiner Abhandlung: *Socrates und das objet ambigu*, in: *Epimeleia*, Festschrift für Hans Kuhn, München, 1964, 285 qq., gezeigt hat. – Da die vorliegende Abhandlung als ein begriffsgeschichtlicher Beitrag nur bis an die Schwelle unserer gegenwärtigen Modernität heranführen, die Aspekte des Modernen in der Literatur der Gegenwart aber nicht mehr entwickeln konnte, verweise ich hierzu auf ein Kolloquium (*Poetik und Hermeneutik* II), das dem Übergang von klassischer zu moderner Kunst gewidmet war: *Immanente Ästhetik – Ästhetische Reflexion. Lyrik als Paradigma der Moderne*, hg. von Wolfgang Iser, München 1965.

ter Benjamins Deutung nicht mehr im Banne des *L'art pour l'art*, als Rückzug der Poesie auf sich selbst, sondern als Zeugnis einer geschichtlichen Erfahrung sehen, die den gesellschaftlichen Gesamtprozeß des 19. Jahrhunderts der Kunst transparent gemacht hat, kann es gewiß nicht im Interesse einer angemessenen Würdigung Benjamins liegen, bei den jetzt aus dem Nachlaß herausgegebenen Fragmenten der *Pariser Passagen* die Hypothek einer Vorentscheidung zu übersehen, die sein neugewonnenes Baudelaire-Verständnis belastet und in Widersprüche verstrickt. Mit dieser Vorentscheidung meine ich nicht schon die Absicht der Arbeit *Das Paris des Second Empire bei Baudelaire*, die »einzigartige Bedeutung Baudelaires« darin zu erweisen, daß er »als erster und am unbeirrbarsten die Produktivkraft des sich selbst entfremdeten Menschen im doppelten Sinne des Worts dingfest gemacht – agnosziert und durch Verdinglichung gesteigert –« zu haben.* Diese legitimierbare Absicht wird erst damit zu einer problematischen Vorentscheidung, daß Benjamin die *Fleurs du mal* einseitig als Zeugnis für das denaturierte Dasein der großstädtischen Masse interpretiert und darüber die dialektische Kehrseite der *Entfremdung*: die mit der Absage an die Natur freigesetzte, neue Produktivkraft des Menschen verkannt hat, von der Baudelaires Großstadtlyrik und Theorie der Modernität ein nicht minder bedeutendes Zeugnis ablegt.

Der ›parti pris‹ Benjamins verrät sich schon darin, daß in dem Kapitel *Die Moderne* gerade das Kernstück von Baudelaires Theorie der modernen Kunst, sein Essay von 1859 über Constantin Guys, den *peintre de la vie moderne*, nahezu ausgespart blieb. Benjamins nachgelassenes Kapitel *Die Moderne* gibt darüber einigen Aufschluß. »Die Theorie der modernen

* Zitiert aus dem Brief von W. Benjamin an M. Horkheimer vom 16. 4. 1938 (*Briefe* Bd. 2, Frankfurt 1966, p. 752). Ich beziehe mich in meiner Kritik nur auf die frühere Version des Fragments *Die Moderne*, das in der Arbeit *Das Paris des Second Empire bei Baudelaire* das III. Kapitel bildet (ed. R. Tiedemann, *Walter Benjamin, Charles Baudelaire – Ein Lyriker im Zeitalter des Hochkapitalismus*, Frankfurt 1969), nicht auf die Umarbeitung *Über einige Motive bei Baudelaire* von 1939, der die Kritik Th. W. Adornos (Brief vom 10. 11. 1938) vorherging. Doch wird meine Argumentation von der Umarbeitung nicht betroffen, da Benjamin auch in der späteren Version nur Baudelaires »Vorbehalt gegen die große Stadt« sieht und seine Entfremdungsthese aufrechterhält.

Kunst«, so schließt dort eine äußerst summarische Zusammenfassung des Essays, »ist in Baudelaires Ansicht von der Moderne der schwächste Punkt. Die letztere zeigt die modernen Motive auf; Sache der ersten wäre wohl eine Auseinandersetzung mit der antiken Kunst gewesen. Dergleichen hat Baudelaire nie versucht. Den Verzicht, der in seinem Werk als Ausfall der Natur und der Naivität erscheint, hat seine Theorie nicht bewältigt. Ihre Abhängigkeit von Poe, die bis in die Formulierung geht, ist ein Ausdruck ihrer Befangenheit. Ihre polemische Ausrichtung ist ein anderer; sie hebt sich von dem grauen Fond des Historizismus ab, von dem akademischen Alexandrinertum, das mit Villemain und Cousin im Schwange ging. Keine ihrer ästhetischen Reflexionen hat die Moderne in ihrer Durchdringung mit der Antike dargestellt, wie das in gewissen Stücken der *Fleurs du mal* geschieht« (p. 89).
Warum eigentlich soll es um diese Zeit Sache einer Theorie der modernen Kunst gewesen sein, eine Auseinandersetzung mit der antiken Kunst zu führen? Die Frage bleibt offen. Man wüßte gerne, wie sie Benjamin beantwortet hätte. Denn sein Postulat ist schwer verständlich, wenn man bedenkt, daß sich im 19. Jahrhundert die Theorie der modernen Kunst nicht mehr durch eine Auseinandersetzung mit der Autorität antiker Kunst zu legitimieren pflegte, wie sie für das 18. Jahrhundert bis hin zur deutschen Klassik noch selbstverständlich und verpflichtend war. Welche Kunsttheorie vergleichbaren Rangs hätte denn im 19. oder 20. Jahrhundert Benjamins Forderung an Baudelaire entsprochen? Der Grund, warum sich für Baudelaire und die Kunsttheorie des 19. Jahrhunderts eine Auseinandersetzung mit der antiken Kunst erübrigte, wird im Essay über Guys deutlich genug ausgesprochen. Was Baudelaire hier als seine *théorie rationnelle et historique du beau* entwikkelt hat, führt die mit dem Historismus eingeleitete Emanzipation der modernen Kunst um einen radikalen Schritt weiter, wie oben an der Antithese von *modernité* und *éternel* gezeigt wurde. Baudelaires Einsicht in die ›Doppelnatur des Schönen‹, für die Benjamin nur den autoritativen, nirgends begründeten Satz: »Man kann nicht sagen, daß das in die Tiefe geht« (p. 89), übrig hat, stellt nicht allein die *beauté générale* als Inbegriff antiker Kunst und noch herrschende akademische Norm auf das entschiedenste (nämlich als *élément ... non approprié à la na-*

ture humaine)[2] in Frage, sondern setzt damit auch das von der klassischen Tradition unterdrückte ›historisch‹, d. h. zeithaft Schöne, wieder in seine Rechte. Die moderne Kunst kann in Baudelaires Theorie die antike Kunst als autoritative Vergangenheit entbehren, weil das im Begriff der *modernité* gefaßte zeithaft oder transitorisch Schöne seine eigene *antiquité* hervorbringt. Ob diese Theorie, die mit anderen Positionen der antiplatonischen Ästhetik Baudelaires in einem evidenten Zusammenhang steht[3], nicht doch »den Verzicht, der in seinem Werk als Ausfall der Natur und der Naivität erscheint«, zu bewältigen vermag?

Man sieht sich zu dieser Frage veranlaßt, wenn man bemerkt, daß das Begriffspaar, das im Kapitel *Die Moderne* letztlich zum Vehikel aller Interpretationen wird, kein anderes ist als jenes funktionale Verhältnis von *modernité* und *antiquité*, das Benjamin trotz seiner gravierenden Vorbehalte dann doch der Theorie Baudelaires entnimmt: »Daß ›alle Moderne es wirklich wert sei, dereinst Antike zu werden‹ – das ist ihm die Umschreibung der künstlerischen Aufgabe überhaupt«. (p. 87) Die Stelle lautet im Essay über Guys: »En un mot, pour que toute *modernité* soit digne de devenir antiquité, il faut que la beauté mystérieuse que la vie humaine y met involontairement en ait été extraite«. (p. 885) An der Beseitigung der finalen Satzkonstruktion und den Einfügungen von *wirklich* und *dereinst* in Benjamins Wiedergabe verrät sich eine gewaltsame Tendenz seiner Interpretation. Nach Baudelaire ist es Aufgabe des Künstlers, die geheimnisvolle, der Zeitlichkeit entspringende Schönheit aus dem modernen Leben zu extrahieren, *damit* das Moderne ein Antikes werden kann. Benjamin unterdrückt nicht nur hier die *beauté fugitive* als Bedingung der Möglichkeit, daß Modernes wieder zu Antikem werden kann. Er macht auch anderweitig das funktionale Verhältnis von *modernité* und *antiquité* gegen die Intention Baudelaires wieder zu einem inhaltlich bestimmten Gegensatz, ohne zu sagen, daß *antique* und *antiquité* an den einschlägigen Stellen des Essays nicht das klassische Altertum, sondern den von Baudelaire eingeführten funktionalen Gegensatz, nämlich das *antik* gewordene Moderne

2 Vgl. Baudelaire, *Oeuvres*, Paris 1951, p. 875.

3 Hierzu kann ich auf die in Anm. 13 zitierte Abhandlung (bes. p. 347 sq.) verweisen.

meinen.[4] Wie Benjamin Baudelaires Begriff der Moderne unter der Hand in die Entgegensetzung zur Antike als historischer Epoche zurückwendet, zeigt der folgende Satz: »Die Moderne bezeichnet eine Epoche; sie bezeichnet zugleich die Kraft, die in dieser Epoche am Werke ist, der Antike sie anverwandelnd.« (p. 88) So wenig sich diese Anverwandlung der Moderne an *die* Antike in Baudelaires Theorie fügt, so treffend vermag sie einen gewiß bedeutsamen Aspekt der Lyrik Victor Hugos zu charakterisieren, was Benjamin natürlich nicht entging (»Für Baudelaire stellt sich das an Victor Hugo dar«, p. 88). Die an gewissen Stücken der *Fleurs du mal* gerühmte »Durchdringung der Moderne mit der Antike« (p. 89) bleibt denn auch nicht zufällig auf Stücke in Hugoscher Thematik oder Manier beschränkt.[5] Und das Werk, dem man in der Tat nachrühmen kann, daß es eine neue, nämlich ›pariser Antike‹ zum Vorschein brachte (p. 91), ist eines von Hugo selbst, sein Gedichtzyklus *À l'arc de triomphe*. Ob dieses antike Antlitz der Metropole mitsamt ihrem Dichter, in dem Benjamin einen depossedierten modernen Heros und Platzhalter des antiken Helden zu erkennen glaubt (p. 87), nicht überhaupt ein Anblick der Stadtlandschaft in den *Fleurs du mal* ist, wie ihn vornehmlich die Hugosche Brille sehen läßt?

Die Frage drängt sich auf, wenn man verfolgt, wie Benjamin zweimal seine Behauptung korrigieren muß, in Hugos Gedicht *An den Triumphbogen* sei »die gleiche Inspiration zu erkennen, die für Baudelaires Idee der Moderne entscheidend wurde«. (p. 94) Dem widerspricht gleich danach[6], was Benjamin zu

4 Vgl. ib. p. 874 (über eine Serie von Stichen, die Kleidermoden der Revolutionsjahre darstellen): »Ces gravures peuvent être traduites en beau et en laid; en laid, elles deviennent des caricatures, en beau, des statues *antiques.*« Oder ib. p. 886 (nachdem zuvor vom falschen Gebrauch von Mustern der Epoche Tizians und Raphaels die Rede war): »Malheur à celui qui étudie dans l'antique autre chose que l'art pur, la logique, la méthode générale! Pour s'y trop plonger, il perd la mémoire du présent; il abdique la valeur et les privilèges fournis par la circonstance; car presque toute notre originalité vient de l'estampille que le *temps* imprime à nos sensations.« In Benjamins Wiedergabe hat sich wieder das hier nicht gemeinte *Altertum* eingeschlichen: »Wehe dem, der anderes am Altertum studiert als die reine Kunst, die Logik, die allgemeine Methode. Vertieft er sich in die Antike allzu sehr, etc.« (p. 88).

5 Auf *Le Cygne* komme ich in diesem Zusammenhang gleich noch zurück.

6 Schon p. 90 mußte Benjamin feststellen, die Quelle der Inspiration sei bei Hugo mit seiner »chthonischen Veranlagung« und bei Baudelaire, in dessen

Meryons radierten Ansichten von Paris bemerkt: »Niemand ist mehr von ihnen beeindruckt worden als Baudelaire. Ihm war die archäologische Ansicht der Katastrophe, wie sie den Träumen Hugos zugrunde lag, nicht die eigentlich bewegende. Ihm sollte die Antike mit einem Schlag, eine Athene aus dem Haupte des unversehrten Zeus, aus der unversehrten Moderne steigen.« (p. 94) Die zuletzt gebrauchte Metapher ist schwer zu konkretisieren. Das mit ihr Gemeinte müßte doch wohl das Stück von Baudelaires Meryon-Text erhellen, das Benjamin zitiert, weil es »unter der Hand die Bedeutsamkeit dieser pariser Antike zu verstehen (gibt)« (p. 96). Das Zitat, das Benjamin leider ganz ohne Kommentar ließ, zeigt aber mitnichten ein antikes Gesicht der Stadt, noch läßt es erkennen, wie »auch bei Meryon [...] die Antike und die Moderne einander durchdringen« (p. 95): »Selten haben wir mit mehr dichterischer Kraft die natürliche Feierlichkeit einer großen Stadt dargestellt gesehen: die Majestät der aufgehäuften Steinmassen, die Kirchtürme, deren erhobener Finger auf den Himmel deutet, die Obelisken der Industrie, welche Heerscharen des Rauches gegen das Firmament entbieten, die Gerüste, die ihr durchbrochenes, spinnwebenhaftes Gefüge so paradox über den massiven Block der Bauten, an denen man bessert, legen, den dunstigen von Zorn geschwängerten und von Groll schweren Himmel und die tiefen Durchblicke, deren Poesie in den Dramen wohnt, mit denen man sie im Geist ausstattet – keines der komplexen Elemente, aus denen der teuer erkaufte und ruhmreiche Dekor der Zivilisation sich zusammensetzt, ist vergessen worden.« (p. 96/97) Hier haben wir ein Stück moderner Großstadtpoesie vor Augen, darin bedeutsam, daß es aller antiken, antikischen und noch romantischen Auffassung von Natur und Kunst provokativ widerspricht – eine Landschaft ohne die geringste Spur der gewachsenen Natur, in der allein noch der vom Menschen geschaffenen Welt, dem *douloureux et glorieux décor de la civilisation*[7], Zug um Zug und mit ostentativer Gebärde gegen den (nicht von Menschenhand geschaffenen) Himmel die einst der Natur vorbehaltene Erhabenheit (*la solennité naturelle*) zugesprochen wird. Diese Ansicht der Metropole, in der das neue

Dichtung sich das Erstarrungsvermögen »als eine Art Mimesis des Todes hundertfach kundtut«, »grundverschieden«.

7 Ed. de la Pléiade, p. 840.

Pathos der industriellen Arbeit triumphiert, ist ein Zeugnis der von Baudelaire radikal vollendeten ästhetischen Umwertung der Natur.[8] Diese als Kernstück von Baudelaires Theorie der modernen Kunst und als wesentlichen Aspekt der *Fleurs du mal* anzuerkennen, hat sich Benjamin hartnäckig und konstant geweigert. War es nötig, einer Deutung, die Baudelaires epochale Position methodisch in Beziehung zum dialektischen Materialismus stellen wollte, dieses Opfer zu bringen?

Die Frage kann aus heutiger Sicht verneint werden. Die Widersprüche in Benjamins Baudelaire-Deutung treten in ein anderes Licht, wenn der »Ausfall der Natur und der Naivität« im Werk Baudelaires nicht geradezu und einseitig als Folge einer mit der warenproduzierenden Gesellschaft des Second Empire eingetretenen Entfremdung, bzw. der »Widerstände, die die Moderne dem natürlichen produktiven Elan des Menschen entgegensetzt« (p. 81), erklärt wird. Wer Baudelaires Absage an die Natur in ihrem dialektischen Sinn verstehen will, darf in seiner ästhetischen Theorie und poetischen Praxis auch die Signatur der Produktivkraft nicht verleugnen, die für die *vie moderne* im industriellen Zeitalter spezifisch ist: der neue, ökonomisch wie künstlerisch produktive Elan des Menschen, den Zustand seiner Natürlichkeit zu überwinden, um sich zu einer von ihm selbst geschaffenen Welt emporzuarbeiten. Der bedrohliche und trostlose Aspekt der Großstadt, den Benjamin faszinierend zu beschreiben weiß, hat in den *Fleurs du mal* wie im *Spleen de Paris* darum sein Korrelat in der Entdeckung der ihr eigenen Poesie, von der Benjamin schweigt. Der von ihm zitierte Meryon-Text ist bei weitem nicht der einzige Beleg, der seine Behauptung widerlegt, Baudelaire kenne solche Perspektiven der erhabenen Schönheit städtischer Landschaft nicht und seine Gedichte unterschieden sich durch einen »Vorbehalt gegen die große Stadt« von »fast aller Großstadtdichtung, die nach ihnen gekommen ist« (p. 90). Gegen diese Vorbehalte spricht nicht allein das programmatische Gedicht *Paysage*, das die *Tableaux parisiens* eröffnet, um mit dem Blick aus der Man-

8 Auf den wissenschaftsgeschichtlichen Prozeß, der dem Anti-Naturalismus in der Kunsttheorie des 19. Jahrhunderts voraufging, hat H. Blumenberg (*Poetik und Hermeneutik II*, München 1966, p. 438) aufmerksam gemacht: »In dem Augenblick, in dem der Mensch seinen letzten Zweifel daran verloren hatte, daß die Natur nicht für ihn und zu seinen Diensten geschaffen worden war, konnte er sie nur noch in der Rolle des Materials ertragen.«

sarde anzukündigen, was von nun an ›Landschaft‹ und ›Ekloge‹ heißen soll, sondern auch der *Rêve parisien* und andere Vers- und Prosagedichte, deren stilbildende Wirkung auf die folgende moderne Lyrik schwerlich bestritten werden kann. Die allegorischen »Landschaften des Ennui«, die Benjamins »Begriff von der Hinfälligkeit der großen Stadt« (p. 90) entsprechen, lassen erst im Wechsel mit den neuen »Landschaften der Ekstase«, die Baudelaire gerne mit dem Blick des *flaneur* evoziert, die ganze Wirklichkeit der *vie moderne et abstraite* erstehen.[9]

Mit dem *flaneur* bringt sich Benjamin in Schwierigkeiten, weil sich diese moderne Gestalt der lyrischen Subjektivität nicht in die Perspektive des sich selbst entfremdeten Menschen fügen will. Dieser Perspektive erscheint Benjamin nur der »Heros in seiner modernen Erscheinung« (p. 80) angemessen zu sein, die er in den Gestalten des Fechters, des Apachen, des Lumpensammlers, des Dandy und des Flaneur verfolgt. Vom letzteren kann indes nicht gesagt werden: »um in der Moderne zu leben, bedarf es einer heroischen Verfassung« (p. 80). Dürfen darum die »aufschlußreichen Darstellungen der Großstadt« nicht von ihm stammen (p. 74)? Obschon sich mit der unheroischen Erscheinung des Flaneurs gerade die Motive der Pariser Straßen und der großstädtischen Menge verbinden, für deren Bedeutung als Medium der im 19. Jahrhundert veränderten Wahrnehmung uns gerade Benjamin die Augen öffnen sollte? Das negative Urteil über den Flaneur wird denn auch bald wieder korrigiert: »Es ist der Blick des Flaneurs, dessen Lebensform die kommende (!) trostlose des Großstadtmenschen noch mit einem versöhnenden Schimmer umspielt. Der Flaneur steht noch auf der Schwelle, der Großstadt sowohl wie der Bürgerklasse. Keine von beiden hat ihn noch überwältigt. In keiner von beiden ist er zu Hause. Er sucht sein Asyl in der Menge.«[10] Daß dieser Blick, der die neue Erfahrung der Menge als *bain de multitude* und *universelle communion* dem Gedicht erobert, noch »der Blick des Entfremdeten« sein soll[11], wird man Ben-

9 *Préf.* zu *Le Spleen de Paris,* op. cit. p. 273; zu den Landschaften des Ennui und der Ekstase siehe G. Hess, *Die Landschaft in Baudelaires F. d. M.*, Heidelberg 1953.

10 *Paris als Hauptstadt des 19. Jahrhunderts,* in: *Schriften* Bd. I, p. 416/17.

11 Vgl. *Le Spleen de Paris XII: Les Foules.*

jamin hier nicht mehr abnehmen. Es kann nur Verwirrung stiften, den Blick des Flaneurs mit dem des Allegorikers gleichzusetzen, welch letzteren wiederum Benjamin auf die überzeugendste Weise in den *Fleurs du mal* ausgemacht hat.
Am Blick des Allegorikers läßt sich am besten verdeutlichen, wie Baudelaire in seinem Werk den »Ausfall der Natur und der Naivität« zu bewältigen wußte. Der Spleen als Erfahrung, in der die Dinge ihre Aura eingebüßt haben und der Blick des Allegorikers »die Erde in einen bloßen Naturzustand zurückgefallen (sieht)«[12], hat sein Gegenüber in einer komplementären Erfahrung, die den Dingen eine neue, obschon nicht mehr natürliche Aura zurückzugeben vermag. Es ist die Erinnerung, die in den *Fleurs du mal* dem Verfall der Aura entgegenwirkt. Das zeigt nicht zuletzt das Gedicht *Le Cygne*, Benjamins Hauptbeispiel für jene Hinfälligkeit von Paris, »worin zuletzt und am innigsten die Moderne der Antike sich anverlobt« (p. 89): während im ersten Teil von *Le Cygne* der melancholische Blick der Zerstörung der *forme d'une ville* bis zum anklagenden Bild des verdurstenden Schwans folgen muß, führt die Gegenkraft der Erinnerung im zweiten Teil die verwandelten »Sinnbilder der Gebrechlichkeit« in einer festlichen Reihe von Evokationen herauf, die sich zu einer autonomen Gegenwelt des Schönen zusammenfügen.[13] Wie dieser gegenläufige poetische Prozeß setzen auch Baudelaires *correspondances* die harmonisierende und idealisierende Kraft der Erinnerung voraus; sie sind »Data des Eingedenkens«, nicht mehr Zeichen eines simultanen Einklangs von Innerlichkeit und äußerer Natur, wie Benjamin sehr zu Recht betont hat.[14] Wenn dem so ist, die Korrespondenzen bei Baudelaire also nicht mehr natürliche Symbole, sondern erinnernde Zeichen geglückter Erfahrung sind, dann ist auch der »Widerspruch zwischen der Theorie der natürlichen Korrespondenzen und der Absage an die Natur«, in dem Benjamin die »fundamentale Paradoxie seiner Kunstlehre« gefunden zu haben glaubte[15], nicht mehr ein Widerspruch in Baudelaires Theorie der ›modernen Schön-

12 *Über einige Motive bei Baudelaire*, in: *Schriften* Bd. I, p. 458/9.
13 Siehe dazu Vf., *Zur Frage der »Struktureinheit« älterer und moderner Lyrik*, jetzt in: *Zur Lyrik-Diskussion*, (*Wege der Forschung*, Bd. CXI), Darmstadt 1966, p. 347–367.
14 *Schriften* Bd. I, p. 455.
15 In dem Brief vom 16. April 1938 an Max Horkheimer, dem er den

heit‹, sondern ein Widerspruch in ihrer Deutung durch Benjamin. Ein durchaus zu behebender Widerspruch, denn er besteht nur so lange, als man Baudelaires Absage an die Natur im dialektischen Prozeß der Geschichte nur auf der Soll-Seite verbucht – als »Zeugen in dem geschichtlichen Prozeß, den das Proletariat der Bürgerklasse macht« (p. 169), und nicht auch auf der Haben-Seite vereinnahmt – als Teil jener Produktivität, in der sich der Mensch aus der Macht der Natur über ihn befreit. Das Paradox, das dann vielleicht noch übrig bleibt, ist die für den dialektischen Materialismus provokative Leistung der Kunst, daß sie nicht nur Signatur einer eingetretenen, sondern auch Antizipation einer zukünftigen Konstellation der Gesellschaft sein kann. »Denn ohne Ausnahme« – so zu lesen in Benjamins *Einbahnstraße*[16] – »kombinieren die großen Dichter in einer Welt, die nach ihnen kommt, wie die Pariser Straßen von Baudelaires Gedichten erst nach neunzehnhundert und auch die Menschen Dostojewskis nicht früher da waren.«

Plan seines Baudelaire-Buches erläutert, vgl. *Briefe*, ed. G. Scholem und Th. W. Adorno, Frankfurt 1966, p. 752.

16 *Schriften* Bd. I, p. 518.

Schlegels und Schillers Replik auf die »Querelle des Anciens et des Modernes«

I.

Zu dem problematischen Erbe, das uns das 19. Jahrhundert hinterließ, gehören Grundanschauungen von der politischen und geistigen Substanz der Nationen, die sich in der klassischen Form der Literarhistorie wohl am reinsten inkarniert haben. Daß ihre Revision trotz der Ideologiekritik, die seit dem Ende des zweiten Weltkriegs aller Metaphysik der National- und Geistesgeschichte den Prozeß machte, von der literarhistorischen Forschung noch nicht entschieden genug aufgenommen wurde, ließe sich an der Thematik ihrer Produktion während der letzten 20 Jahre unschwer belegen. Dazu gehört, daß die Klassik der europäischen Literaturen vielfach noch unter autochthonen Voraussetzungen der Nationalgeschichte betrachtet, der überkommene Kanon des Klassischen oder der zur nationalen Klassik erhobenen Literaturperiode selten einer Kritik aus dem Horizont gegenwärtiger Erfahrung unterzogen werden. Das revisionsbedürftige Paradigma der Literarhistorie ist bekannt, längst angefochten und gleichwohl noch nicht ersetzt. Die Philologie sah seit der Romantik die moderne literarische Bewegung analog zum politischen Prozeß der nationalen Einigung. Ihr Ehrgeiz war, die Geschichte ihrer Nationalliteratur durch das Idealbild einer nationalen Klassik zu krönen, die vor dem fernen Vorbild des klassischen Altertums bestehen konnte. Eine kritische Geschichte der literarischen Kanonbildung, die zugleich den zugrundeliegenden Wandel des Geschichtsverständnisses und der politischen Willensbildung erhellen müßte, ist noch nicht geschrieben. Auf die Dringlichkeit dieses Desiderats hat Leo Spitzer gleich 1945 in einer denkwürdigen Kritik an der bisherigen Geistesgeschichte hingewiesen: »Da die klassische Antike nun mal vorbildlich war, so fand man eine frevle Freude darin, die Deutschen als Nachfahren der Griechen zu präsentieren, mit Ausschluß anderer

Völker: Wilamowitz war überzeugt, daß Griechisches nur deutschem Geist sich erschließe.«[1]

Zu den Folgen der Kanonisierung der Weimarer Klassik durch den deutschen Neuhumanismus gehört auch, daß der historische Faden zwischen französischer Aufklärung und deutscher Klassik von der Literarhistorie durchschnitten wurde. Die Autonomie einer deutschen Klassik erforderte eine eigene Vorgeschichte gegenüber der vor ihr liegenden kosmopolitischen Bewegung der Aufklärung. Dafür bot sich die Theorie der sogenannten Präromantik an, eine im Grunde pseudogeschichtliche Hypothese, die in Verkennung des retrospektiven Charakters aller »Vorläufer« aus Vertretern des Sentimentalismus, des Pietismus oder des »Sturm und Drang« eine gegenaufklärerische Bewegung konstituieren und durch den Antirationalismus als gemeinsamen Nenner der Romantik zu- und vorordnen sollte.[2] So konnte die Blütezeit der deutschen Literatur aus einem eigenen Ursprung, dem deutschen »Sturm und Drang«, entfaltet und als Antithese zum Rationalismus der Aufklärung ausgelegt werden. Nun ist dieses mythisierte Bild der »deutschen Bewegung« zwar heute gewiß in Mißkredit geraten. Doch es blieb in der Periodisierung vieler Literaturgeschichten ein dreistufiges Schema bestehen, das die Kontinuität zwischen europäischer Aufklärung und deutscher Klassik nach wie vor verdeckt: eine anti-aufklärerische Vorstufe, die sich von den Dichtern des »Sturm und Drang« bis zu Herder und Hamann ausfächert und den Weg zu den klassischen Gipfeln, Goethe und Schiller, einleitet, nach welchen die Romantik schon auf der absteigenden Linie einsetzt, was gelegentlich noch aus ihrem Abfall von den klassischen Idealen erklärt wird.[3]

1 *Das Eigene und das Fremde: Über Philologie und Nationalismus*, in: *Die Wandlung*, I (1945/46), pp. 576–594, bes. 591.

2 Hierzu sei auf die kritische Darstellung von W. Schröder, *Zur Präromantiktheorie*, in: *Weimarer Beiträge*, 13 (1967), pp. 723–764, verwiesen, der auch die Abhängigkeit dieser Theoriebildung von der Lebensphilosophie und die Enthistorisierung der Literaturgeschichte durch die Komparatistik sichtbar macht.

3 Das dreistufige Schema ist an sich keine Eigenheit der deutschen Literarhistorie. Es scheint für die Darstellung klassischer Gipfel der Literaturgeschichte typisch zu sein. So läßt z. B. die französische Literarhistorie der Klassik Racines, Molières und Boileaus den u. a. durch Corneille repräsentierten *Préclassicisme* vorausgehen und die durch Perrault inaugurierte

Gegen dieses literarische Geschichtsbild hat wohl am entschiedensten Werner Krauss die verschüttete Kontinuität der geschichtsbildenden Motive des aufklärerischen Denkens wieder ins Recht gesetzt. Seine Darstellung und Dokumentation *Die französische Aufklärung im Spiegel der deutschen Literatur des 18. Jahrhunderts* macht nicht allein die pseudohistorische Entgegensetzung von französischer Aufklärung und deutschem Sturm und Drang fragwürdig: »Wenn der deutsche Sturm und Drang, Herders Initiative folgend, das schon vorher in Frankreich skizzierte geschichtliche Denken entwickelt, verrät sich darin die innere Zugehörigkeit und die systematische Anknüpfung dieser Bewegung an die großen Fragestellungen der Aufklärung.«[4] W. Krauss hat auch die aufklärerischen Motive sichtbar gemacht, die im antiautoritären Geniekult des »Sturm und Drang«, in Schillers nationalpädagogischer Sendung, im geschichtlichen Weltbild der Frühromantik und schließlich noch in der jungdeutschen Journalistik wirksam waren. Der Prozeß dieser literarischen Bewegung wurde indes durch die Nichterfüllung der in die Revolution von 1789 gesetzten Erwartungen gebrochen: »In dieser Konstellation der politischen Entmutigung ist der Erfolg der Weimarer Klassik und der spekulativen Philosophie zutiefst verwurzelt.«[5]

In dieselbe Konstellation gehört auch noch die literarische Wende zwischen dem Weimarer Klassizismus und der beginnenden Romantik, der die folgende Betrachtung gilt. Sie soll zeigen, inwiefern gerade auch dieser epochale Wendepunkt in der Geschichte der deutschen Literatur von einer großen Fragestellung der französischen Aufklärung bedingt ist. Im Mittelpunkt der Untersuchung stehen zwei fast gleichzeitig (1795/96) entstandene, als Analysen der gegenwärtigen und Prognosen der zukünftigen Literatur berühmte Programmschriften: *Über das Studium der griechischen Poesie* von Friedrich Schlegel und *Über naive und sentimentalische Dichtung* von Friedrich Schiller.[6] Sie bezeichnen für die Tradition der

Querelle des Anciens et des Modernes als Beginn der absteigenden Linie (oder auch der Aufklärung) nachfolgen.

4 Berlin 1963, p. CVI; siehe ferner W. Krauss, *Französische Aufklärung und deutsche Romantik*, in: *Wissenschaftl. Zs. der Karl-Marx-Universität Leipzig*, Heft 2/1963.

5 Berlin 1963, p. CXIV.

6 Fr. Schlegels Schrift, die wir nach der Erstfassung, hrsg. von Paul Han-

deutschen Literatur insofern eine Wende, als sie in unausgesprochener Beziehung zu dem welthistorischen Ereignis der Französischen Revolution von der nahen Zukunft nun auch eine »ästhetische Revolution« erwarten. Schlegel und Schiller haben diese Erwartung ästhetisch und geschichtsphilosophisch in einer Weise begründet, die man als Antwort auf neugestellte Fragen der achtzig Jahre zuvor in Frankreich zu Ende gegangenen *Querelle des anciens et des modernes* verstehen und in das Licht einer weiteren historischen Bedeutung rücken kann. Hierzu ist ein kurzer Rückblick auf die Geschichte und Problematik dieses Streites erforderlich.[7]

Die Entgegensetzung von »Alten« und »Neueren« wurde in der Antike als ein Muster der literarischen Polemik ausgebildet. Der daraus hervorgegangene Topos ist in der nachantiken Tradition mehr und mehr zu einem Modell des Epochenwandels geworden. Dazu trug bei, daß sich mit dem Beginn der christlichen Ära die Neuprägung *modernus* durchsetzte; als Bezeichnung für das historische Jetzt der Gegenwart artikuliert sie ein geschichtliches Selbstverständnis, das sich epochal gegen seine heidnische und dann auch christliche *antiquitas* absetzt. An der Geschichte des Begriffspaars *antiqui – moderni* läßt sich von der karolingischen »Renaissance« bis zum Weimarer Neuhumanismus der säkulare Prozeß verfolgen, in dem sich die Literatur und Kunst der Neuzeit vom Kanon der Antike als ihrer vorbildhaften Vergangenheit gelöst hat. Die immanente Logik dieses geschichtsmächtigen Topos, der die *moderni* von heute unentrinnbar zu den *antiqui* von morgen werden läßt, mithin eine naturhaft-zyklische Vorstellung vom Geschichtsverlauf impliziert, löste immer neu die geschichtsphilosophische Frage nach Fortschritt, Dekadenz oder

kamer (Godesberg 1947), zitieren, ist 1795/96 entstanden und 1797 in Neustrelitz erschienen; Schillers Abhandlung (*Schillers Werke. Nationalausgabe*, Bd. 20, Weimar 1962), Ende 1795 entstanden, im 11. und 12. sowie im 1. Stück der *Horen* von 1776 erschienen, wurde Schlegel erst nachträglich bekannt, so daß er sich veranlaßt sah, in seiner 1797 unmittelbar vor dem Druck geschriebenen Vorrede noch dazu Stellung zu nehmen (vgl. dazu Hans Eichner, *Germanic Review* 30, 1955, pp. 260–64).

7 Zur *Querelle* siehe Vf.: *Ästhetische Normen und geschichtliche Reflexion in der »Querelle des Anciens et des Modernes«*, Einl. zum Facsimiledruck der *Parallèle* . . . von Charles Perrault (München 1964), ferner die in diese Schrift aufgenommene Abhandlung (I) über *modernité* und den Artikel *antiqui/moderni* im *Historischen Wörterbuch der Philosophie*, ed. J. Ritter.

Wiederkehr im Gang der Menschheitsgeschichte aus. Die Antwort der letzten großen, in Frankreich an der Epochenschwelle von Klassik und Aufklärung ausgetragenen *Querelle* führte zu der neuen Erkenntnis, daß die Werke der Alten wie der Neueren als Hervorbringung verschiedener geschichtlicher Epochen, also nach einem relativen Maß des Schönen und nicht mehr nach einem absoluten Begriff des Vollkommenen zu beurteilen seien. Der Historismus als Konsequenz dieser Erkenntnis ist demnach keine spezifisch deutsche Entwicklung, sondern das letzte, in das geschichtliche Weltbild der Aufklärung eingegangene Ergebnis des säkularen Streites der *antiqui* und der *moderni*, der sich mit dem Übergang von der klassisch-normativen zur historischen Betrachtung der Künste erübrigt hat.

An dieses Fazit meiner früheren Arbeiten zur *Querelle* schließt sich diese neue Untersuchung in historischer und systematischer Hinsicht an. Sie setzt meine Darstellung dort historisch fort, wo ich zunächst das Ende der mit der *Querelle* verwirkten Problemgeschichte zu sehen glaubte. Sie korrigiert der Formulierung, nicht der Sache nach die These meiner Perrault-Abhandlung, daß sich das eigentliche Dilemma der *Querelle*: der Widerspruch zwischen der Vorbildlichkeit der Antike und der Fortschrittlichkeit der mündig gewordenen Moderne, mit der Einsicht in die historische Verschiedenheit der antiken und der modernen Welt gelöst, mithin der säkulare Streit in der französischen Aufklärung sein geschichtliches Ende gefunden habe. Dem scheint der neue Streit zwischen Schiller und Schlegel zu widersprechen, auf deren Schriften von 1795/96 ich später stieß. Sie waren – soweit ich sehe – von der literarhistorischen Forschung bisher noch nicht in ihrer Zugehörigkeit zur *Querelle* erkannt und interpretiert worden. Fragen dieser Art kehren nicht von selbst wieder. Sie werden wieder gestellt, wenn die vorhandene Lösung nicht mehr befriedigt. Dieser Fall kann eintreten, wenn hinter der anerkannten Lösung ein neues Dilemma aufgetaucht ist, das dem alten, schon vergessenen Fragehorizont neue Aktualität gibt. Die geschichtliche Situation der deutschen Literatur im Jahre 1795/96 stellt offenbar einen solchen Fall dar. Zu diesem Zeitpunkt bringt außer den Kontrahenten Schiller und Schlegel noch ein dritter namhafter Schriftsteller den »berühmten Streit [...], der unter

Ludwig dem vierzehnten über den Vorzug der alten oder der neuern Nationen in Wissenschaften und Künsten mit großer Wärme geführt ward«, in Erinnerung. Es ist Herder mit der siebenten und achten Sammlung seiner *Briefe zu Beförderung der Humanität*[8], die zwischen Schillers Abhandlung und Schlegels Studium-Aufsatz erschienen und vom letzteren eingegehend rezensiert worden sind. Die Situation ist dadurch gekennzeichnet, daß Herder auf der alten Lösung der *Querelle* beharrt und damit ihr Fazit unter dem Aspekt sichtbar macht, der auch mit der neuen Aneignung der Antike durch Winckelmann und den Weimarer Klassizismus nicht mehr rückgängig zu machen war, während Schiller und Schlegel ein neues Dilemma erkennen und zu lösen suchen, das der historisch gesehene Unterschied des Antiken und des Modernen für die Philosophie der Kunst nach sich zog.

II.

Für Herder ist der »Unterschied alter und neuer Zeiten, d. i. der Griechen und Römer in Vergleich aller neuen Europäischen Völker« so »unverkennbar« (p. 5), daß er schon gar keine vergleichende Betrachtung mehr unternimmt. Seine Darstellung setzt die »Blüthe der alten Cultur unter Griechen und Römern« als bekannt voraus; ihr Verfall läßt nun den Ursprung der neueren Poesie als eine neue, aus dem Geist christlicher Hymnen hervorgegangene Schöpfung erkennen, die der »ganzen Richtung der menschlichen Denkart« ein neues Gepräge gab. (p. 6/17) Die Vergleichung selbst wird dem Leser überlassen; statt ihrer will Herders Darstellung der »mittleren und neuen Europäischen Cultur« historisch vorgehen, das heißt »jeder Nation und Zeit ihr Recht widerfahren lassen« (p. 5/6). Daß dieses Prinzip, dank welchem Herder die Literaturgeschichtsschreibung über die »politische und Kriegs-

8 Riga, 1796; *Herders Sämmtliche Werke*, ed. Suphan, Bd. XVIII, pp. 5–140. Die Bedeutung von Schlegels Rezension für die Konzipierung seiner eigenen Theorie der modernen Kunst hat H. D. Weber, dem ich den Hinweis verdanke, in seiner Konstanzer Dissertation: *Friedrich Schlegels Transzendentalpoesie und das Verhältnis von Dichtung und Kritik im 18. Jahrhundert* (1970; erscheint demnächst bei Fink/München) in ein neues Licht gerückt.

geschichte« erheben[9] und unter den höchsten Anspruch stellen konnte, selbst ein Hauptergebnis der *Querelle* war, ist ihm bei seinem Endurteil so wenig mehr bewußt, daß er den »Streit über den Vorzug der Alten oder der Neuern« nur noch »sehr leer« finden kann (p. 135). So sehr hatte die Lösung, das geschichtliche Weltbild der Aufklärung, während des 18. Jahrhunderts an Evidenz gewonnen, daß die Berechtigung der Fragen, die zu dieser Lösung führten, Herder schon gar nicht mehr einsichtig war. Sein Rückgang auf den verjährten Streit ist denn auch durch eine neue Fragestellung ausgelöst, die Herder mit der alten Streitfrage gleichsetzt, um sie polemisch als *noch leerer* (p. 135) und gleichermaßen überholt abzutun: »Den großen Unterschied, der zwischen dem Morgen- und Abendlande, zwischen Griechen und uns eintrat, hat keine neue Kategorie, sondern die Vermischung der Völker, der Religionen und Sprachen, endlich der Fortgang der Sitten, der Erfindungen, der Kenntnisse und Erfahrungen, bewirket; ein Unterschied, der schwerlich mit *Einem* Wort auszudrücken seyn möchte.« (p. 139) Eine *neue Kategorie,* wie Schillers Begriffspaar des Naiven und des Sentimentalischen oder wie später Schlegels Begriffspaar des Objektiven und des Interessanten, fiel für Herder wieder unter den *falschen Maßstab der Vergleichung* (p. 135). Gleichviel ob die moderne Kritik den Unterschied zwischen der antiken und der neueren Dichtkunst *subjectiv* oder *objectiv,* d. h. »nach den Gegenständen, die sie schildert, und nach den Empfindungen, mit denen sie Gegenstände darstellt« (p. 138), zu fassen sucht – aus Herderscher Sicht müssen alle kategorialen Unterscheidungen der Dichtkunst angesichts ihrer historischen Vielfalt und Individuation »vergebliche Arbeit« bleiben (p. 135). Denn wo alle Kunst »nur [...] an Ort und Stelle zu würdigen ist« (p. 139), weil in der geschichtlichen Welt »nie das vollkommenste der Art, sondern Individuen existieren, bei denen die Unvollkommenheit selbst Bestimmung und eine Schranke der Schönheit wird«[10], muß mit dem normativ Vollkommenen auch die Allgemeinheit des Begriffs für das kritische ästhetische Urteil

9 Vgl. p. 137, wo Herder das »lehrreiche Vergnügen«, das die Geschichte der Poesie zu gewähren vermag, begründet (s. u. S. 213 ff).

10 Zitiert aus dem *Versuch einer Geschichte der lyrischen Dichtkunst,* ed. Suphan, Bd. XXXII, p. 80.

hinfällig werden. Also kann auch der »große Unterschied, der zwischen [...] (den) Griechen und uns eintrat«, nur durch den allgemeinen *Fortgang* der Erkenntnis, der Kultur und ihrer Institutionen in der Geschichte der Menschheit bewirkt sein, der sich mit keiner allgemeinen Kategorie der ästhetischen Bildung mehr fassen läßt. So wäre die Erkenntnis der individuellen Vollkommenheit antiker und moderner Kunst das letztmögliche Wort in dem berühmten Streit, den aus Herders Sicht nur mangelnde historische Einsicht wieder aufleben lassen konnte?

Herders Stellungnahme läßt indes am Ende eine Frage offen, die er am Anfang selbst stellte: wenn die Poesie »mit jeder Zeit, unter einem andern Himmelsstrich auch ihre Gestalt und Farbe verändern muß; welches ist das Gesetz dieser Veränderung? geht sie ins Bessere oder Schlechtere über?‹ (p. 5/6) Solange der Unterschied zwischen antiker und moderner Poesie nicht wieder historisch vermittelt, die nach Zeiten und Nationen gesonderten Geschichten der Künste nicht wieder unter das *Gesetz* einer geschichtlichen Kontinuität gebracht werden können, muß auch der von Herder schließlich apostrophierte *Fortgang* der Poesie zum Ziel der verwirklichten Humanität (p. 140) eine bloße Überzeugung bleiben. Wenn das *Gesetz dieser Veränderung* nicht erkennbar wird, kann auch die Richtung und das Ziel der gegenwärtigen Poesie, die unter diesem Gesetz begann, nicht schlüssig bestimmt werden. Darum hat Friedrich Schlegel in seiner Rezension an Herders Betrachtungen vor allem auszusetzen, daß hier »dieser interessante Kampf des Alten und des Neuen, in welchem die beiden Hauptteile der Geschichte der Menschheit sich begegnen und scheiden – man könnte ihn einen bürgerlichen Krieg im Reiche der Bildung nennen – [...] nur aus seinen äußern Veranlassungen erklärt (wird): aus seinen innern Gründen könnte es auch erst dann geschehen, wenn die Begriffe des Antiken und Modernen schon fixiert und aus der menschlichen Natur selbst herausgeleitet wären; Begriffe, die hier erst aufgesucht werden«[11]. Die Lösung dieser Aufgabe ist – folgt man H.-D. Webers Interpretation – in Schlegels Rezension schon vorgezeichnet: Fr. Schlegel setzt die historischen Einsichten Herders

11 *Kritische Ausgabe*, ed. E. Behler, München/Paderborn/Wien 1958 ff., Bd. II, p. 48.

in kategoriale Unterschiede der neueren Dichtkunst um und gewinnt dabei aus den eschatologischen Zügen der christlichen Poesie die bewußt gewollte Progressivität als Grundbestimmung des Modernen.[12] Das Bewußtsein historischer Progression kennzeichnet aber auch Schillers Begriff der modernen Kunst. Wie damit der von der *Querelle* hinterlassene Gegensatz von natürlicher und künstlicher Bildung überwunden und die historischen Individuationen der antiken und der modernen Kunst wieder in die Einheit eines geschichtlichen wie ästhetischen Zusammenhangs eingebracht werden konnten – auf diese bei Herder offen gebliebenen Fragen antworten Schlegel und Schiller in ihren programmatischen Schriften, die mit ihrer Problemstellung und Form der Argumentation unverkennbar den Fragehorizont des in Frankreich längst verjährten Streits wieder aktualisieren.

III.

Schlegels Aufsatz *Über das Studium der griechischen Poesie* hat in seiner strengen Antithetik wieder die durch Perrault und die *Querelle* beliebt gewordene literarische Form einer ›Parallele‹; aber auch Schillers Abhandlung erscheint auf langen Strecken noch als eine »Vergleichung zwischen alten und modernen Dichtern« (437). Schlegel bezeichnet seine Abhandlung in der Vorrede als einen »Versuch, den langen Streit der einseitigen Freunde der alten und der neuen Dichter zu schlichten, und im Gebiet des Schönen durch eine scharfe Grenzbestimmung die Eintracht zwischen der natürlichen und der künstlichen Bildung wieder herzustellen« (203). Er knüpft an die alten Positionen des Streites an und hebt ihre Einseitigkeit hervor: die »Anmaßung der Korrektheit« (161), mit der »ältere französische und englische Kritiker« (gemeint sind die *Modernes)* innere Widersprüche an antiken Kunstwerken »herausrechnen« (161) oder die Simplizität der griechischen Sitten

12 Op. cit. (s. Anm. 8), pp. 131–141, zusammenfassend p. 141: »Man sieht, wohin der Weg geht: Eine wirkliche Überwindung der *Querelle* ist erst dann gegeben, wenn der Funktionszusammenhang von Kritik und poetischer Produktion zur Erkenntnis kommt; denn erst der ihrer Progressivität bewußten Kunst und dem seiner Historizität bewußten Schöpfungsvermögen schließt sich die Geschichte zur sinnvollen Einheit zusammen.«

vom Standpunkt der höheren Sittlichkeit eines verfeinerten Jahrhunderts abkanzeln wollten (144). Er tadelt aber auch das Vorurteil der *Anciens*, die glaubten, daß die schöne Kunst nur einmal, in der griechischen Frühzeit, blühte, so daß der prosaischen späteren Zeit nur die Nachahmung der Antike übrig bleibe (86–7). Er glaubt, den »Sinn der bisherigen Kunstgeschichte« neu erfaßt und eine Aussicht für die künftige gefunden zu haben, durch die »der Streit der antiken und modernen ästhetischen Bildung« überhaupt wegfalle (185).

Desgleichen will Schiller die »Verschiedenheit des Weges [...] zeigen, auf welchem alte und moderne, naive und sentimentalische Dichter zu dem nehmlichen Ziele gehen« (458). Auch er setzt seine »Vergleichung« kritisch gegen frühere Parallelen ab: »Denn freylich, wenn man den Gattungsbegriff der Poesie zuvor einseitig aus den alten Poeten abstrahirt hat, so ist nichts leichter, aber auch nichts trivialer, als die modernen gegen sie herabzusetzen« (439). Damit ist nicht allein das Verfahren der *Anciens*, sondern indirekt auch das umgekehrte Verfahren der *Modernes* getroffen. Denn die Gegenpartei hatte in uneingestandener Abhängigkeit vom gleichen Kanon des klassizistischen Geschmacks die Überlegenheit der modernen über die alten Dichter daran erweisen wollen, daß die alten Dichter häufiger gegen die Normen der »doctrine classique« verstießen als die modernen. Wie Schlegel setzt auch Schiller die aus der *Querelle* gewonnenen Einsichten als ein nicht mehr rückgängig zu machendes historisches Fazit voraus, wie an der Übernahme einzelner Urteile und allgemeiner Erkenntnisse sichtbar wird, die von der Ästhetik des 18. Jahrhunderts übernommen und weitergetragen wurden. Dazu gehört das von Schiller angeführte Argument der Überlegenheit moderner Dichter in den »Schilderungen der weiblichen Natur, des Verhältnisses zwischen beyden Geschlechtern und der Liebe«[13], das Schlegel in der umgekehrten Absicht aufgreift, seine »einzigen gültigen objektiven Prinzipien des ästhetischen Tadels« (145) zu entwickeln und einer neuen Apologie der griechischen Poesie zugrunde zu legen (151). Dazu gehört auch der »hohe Vorzug, den die bildene Kunst des Alterthums über die der neueren Zeiten behauptet«, während es sich in anderen Kunstarten verschieden verhält, Malerei und Musik im Gang ihrer

13 Op. cit. p. 478; vgl. Perrault, *Parallèle* ..., II pp. 29–38, 128–137.

Entwicklung »schon freyeres Feld« haben (Schlegel, 128) und der modernen Dichtung als einer »Kunst des Unendlichen« keine Grenze des Erreichbaren festgesetzt werden kann.[14] Dem liegt die den *Anciens* und den *Modernes* gemeinsame Erkenntnis voraus, daß den einzelnen Kunstarten ein verschieden langer Weg zur Vollkommenheit eigen ist und daß die Schönen Künste unter einem anderen Gesetz der Entwicklung stehen als der Fortschritt der Wissenschaften.[15] Hinter diesen und anderen, noch zu behandelnden Anknüpfungspunkten tritt in beiden Schriften vor allem aber die Einsicht in die historische Verschiedenheit und damit Unvergleichbarkeit der antiken und der modernen Kunst als Endergebnis der französischen *Querelle* heraus, das der literarischen Tradition in Deutschland durch Herder und Winckelmann auf verschiedene Weise, als individualisierende Betrachtung der Dichtung nach Nationen und Zeiten und als stilgeschichtliche, das Wesen der Kunst des Altertums in ihrer historischen Entfaltung aufsuchende Darstellung, vermittelt worden war.

Die historische Unterscheidung des Antiken und des Modernen erscheint bei Schiller wie bei Schlegel unter neuen Vorzeichen. Im 18. Jahrhundert hatte sich eine Umwertung des literarischen Kanons vollzogen, so daß für die deutsche Aneignung der Antike nunmehr Hellas an die Stelle Roms getreten war. Mit der wachsenden historischen Ferne zwischen griechischer und moderner Poesie, naturhafter Ursprünglichkeit und naturferner Reflexion steigerte sich der historische Gegensatz in das Bewußtsein einer Entzweiung von natürlicher und künstlicher Bildung. Diese Entzweiung weist insofern auf die französische *Querelle* zurück, als Perrault das Prinzip der *Inventio* auf der planmäßigen Künstlichkeit technischer Fortschritte der Neuzeit begründet und über die *Imitatio naturae*, d. h. die bloß die Natur nachahmende oder ihr Werk vollendende Leistung der antiken Künste gestellt hatte.[16] Die Frage, ob die Entzweiung

14 Schiller, p. 440, und Schlegel, p. 128.

15 Vgl. Perrault, Einl. p. 43–47.

16 Vgl. ib., p. 49. – Wie aus der Zweiteilung von natürlicher und künstlicher Bildung Schlegels Gattungstheorie, die alle Dichtarten der Naturpoesie, den Roman allein als umfassende und progressive Gattung der modernen Poesie zuweist, hervorging und die Historisierung des Formbegriffs einleitete, hat P. Szondi unlängst gezeigt, cf. *La théorie des genres poétiques chez F. Schlegel*, in: *Critique*, mars 1968, pp. 264–292.

zwischen natürlicher und künstlicher Bildung nicht in einer höheren geschichtlichen Anschauung aufzuheben sei, mußte das Ungenügen an den einseitigen Lösungen Herders und Winckelmanns noch verschärfen und einen neuen Versuch herausfordern, »den langen Streit der einseitigen Freunde der alten und der neuen Dichter zu schlichten« (203). Daß diese Absicht Schlegels von Schiller geteilt wurde, auch wenn in seiner Schrift das Interesse an einer typologischen Theorie der Dichtarten die historische Problematik immer wieder überdeckt, spricht er selbst einmal in der Frage aus, »ob sich also [...] eine Koalition des alten Dichtercharakters mit dem modernen gedenken lasse, welche, wenn sie wirklich stattfände, als der höchste Gipfel aller Kunst zu betrachten sein würde« (Bd. 21, 287). In dieser »Koalition« lag Schillers Lösung des alten Streites indes nicht. Seine Antwort auf die neugefaßten Fragen der *Querelle* stellte vielmehr die Lösung Schlegels von vornherein in Frage. Schiller, von dem Schlegel sagte, er scheine als Künstler »durch seinen ursprünglichen Haß aller Schranken vom klassischen Altertum am weitesten entfernt« (196), zog in seiner Lösung Konsequenzen, die sich aus der Sicht eines *Moderne* ergaben, während Schlegel als Schüler Winckelmanns zunächst den Standpunkt eines *Ancien* vertrat und weiterentwickelte. So kehrt hier unter veränderten historischen Vorzeichen die Polemik der französischen *Querelle* in neuer Position und Gegenposition wieder. Sie steht bei Schlegel wie bei Schiller unter dem Anspruch, ein Dilemma gelöst zu haben, das sich während dieser Jahre auch bei Friedrich August Wolf, dem Begründer der klassischen Philologie in Deutschland, als ein Konflikt zwischen dem Griechenglauben des Weimarer Klassizismus und den Forderungen des neuen geschichtlichen Denkens abzeichnet.[17] Es ist das Dilemma des deutschen Klassizismus, das daraus entsprang, daß man im Wettstreit mit den »Franzosen« die deutsche Literatur noch auf dem Weg einer »An-

17 Wie M. Fuhrmann in seinem Gedächtnisartikel auf Friedrich August Wolf (*DVJs* 33, 1959, pp. 187–236) darlegte. Wolfs *Prolegomena ad Homerum* von 1795 »zeigen den Trieb nach Erforschung der geschichtlichen Wahrheit in offenem Konflikt mit den Bedürfnissen unbedingt normativen Wertens« (ib. 206/7); in seiner *Darstellung der Altertumswissenschaft von 1807* sind beide Tendenzen zu einem gewissen Ausgleich oder Schwebezustand gelangt, »der schon durch die nächste auf Wolf folgende Forschergeneration aufgehoben werden sollte« (ib. 231).

näherung zum Antiken« zur nationalen Klassik führen zu können glaubte (Schlegel, p. 196), obwohl man nach der französischen *Querelle* längst begonnen hatte, die klassische Antike mit Herder und Winckelmann schon historisch, in der »absoluten Verschiedenheit des Antiken und des Modernen« zu sehen.[18] Hier tritt eine fundamentale Verschiedenheit in der Konstituierung der deutschen und der französischen Klassik zu Tage: während der Klassizismus des *Siècle de Louis XIV* unter der fraglosen Geltung des Prinzips der *imitation des anciens* begann und in einer *Querelle* endete, die den Übergang von der normativen zur historischen Auffassung der Antike vollzog, begann der Weimarer Klassizismus mit dem gegen die Aufklärung geführten Versuch, aus dem historischen Gegenbild der Antike wieder ein idealisches, allein der Nachahmung würdiges Vorbild zu machen. Die gleichzeitigen Abhandlungen Schlegels und Schillers bringen die Aporie dieses Versuchs ans Licht und versuchen auf verschiedene Weise, aber beide in der Konsequenz des geschichtlichen Denkens der Aufklärung, den deutschen Klassizismus aus seinem inneren Widerspruch herauszuführen.

IV.

Wenn wir das historische Verhältnis zwischen der *Querelle* am Scheitelpunkt der französischen Klassik und dem neuen Streit der *Anciens* und der *Modernes* an der Schwelle zwischen deutscher Klassik und Romantik in Beziehungen von Frage und Antwort brachten, liegt darin eine methodische Vorentscheidung und notwendige Abgrenzung für die folgende Untersuchung. Sie muß davon absehen, historische Filiationen aufzuweisen, in denen die Ergebnisse der *Querelle* – ihre neue Sicht auf die Antike, ihre Unterscheidung zwischen dem zeitlos und dem zeithaft Schönen, ihre Einsicht in die qualitative Verschiedenheit geschichtlicher Epochen, ihr neues System der fünf schönen Künste, ihr differenzierter Begriff vom Fortschritt der Menschheitsgeschichte, ihre Ansätze zur Genieästhetik und zu einer Kanonbildung der modernen Literatur und Kunst – aus

18 Vgl. die Würdigung Winckelmanns in Fr. Schlegels *Athenäumfragmenten*, in: *Kritische Schriften*, hrsg. von W. Rasch, München 1956, p. 9.

Frankreich nach Deutschland gelangt sind. Da diese Filiationen vielfach noch durch Konventionen und Vorurteile der nationalen Literaturhistorie verdeckt sind, wären dafür eingehendere Untersuchungen erforderlich. Hier sei nur an einige Lücken der Forschung erinnert, die zwischen den scheinbar autochthonen Entwicklungen der französischen und der deutschen Literatur klaffen: zwischen Lessing und Diderot, wenn man an die Rezeptionsstufen der aristotelischen Poetik oder an die französischen Diskussionen über Nachahmung und Illusion, das Kunstschöne und das Naturwahre seit Du Bos und Batteux denkt, die in der deutschen Rezeption zum vollen Gegensatz von Natur und Kunst entfaltet wurden und zur Subjektivierung der Ästhetik durch die kantische Kritik führten; zwischen Herder und dem geschichtlichen Denken der französischen Aufklärung, das in der historischen Auffassung des Altertums, der Kulturepochen und *esprits des nations* dem Historismus der ›deutschen Bewegung‹ vorangegangen war; zwischen Winckelmann und der französischen Ästhetik des frühen 18. Jahrhunderts, die den Hintergrund bildet, vor dem – wie unlängst Peter Szondi und Martin Fontius zeigten[19] – die *Gedanken über die Nachahmung der griechischen Werke in der Malerei und Bildhauerkunst* (1755) entstanden sind.
Diese für die Bildungsgeschichte der deutschen Klassik so entscheidende Schrift ist in der Tat auch ein wichtiges Bindeglied zwischen der französischen und der deutschen *Querelle* und als Zeugnis für die deutsche Rezeption der Diskussion über Antike und Moderne neu zu würdigen, die in Frankreich von Perrault und Bayle, Madame Dacier, Du Bos und anderen (von Winckelman exzerpierten!) Autoren geführt wurde.[20]

19 P. Szondi, *Antike und Moderne bei Winckelmann*, Vortrag im Hessischen Rundfunk, I. Programm, vom 21. Sept. 1965. Das dort Mitgeteilte sind Ergebnisse noch nicht abgeschlossener Forschungen, auf die ich mich dank des mir zur Verfügung gestellten Manuskriptes im f. stützen konnte. – Inzwischen hat M. Fontius mit seiner Abhandlung: *Winckelmann und die französische Aufklärung* (Akad.-Verlag, Berlin 1968) die besagte Lücke zu einem guten Teil geschlossen. Seine Untersuchungen lassen keinen Zweifel mehr übrig, daß Winckelmann sein ästhetisches Weltbild neben Bellori vor allem dem französischen Klassizismus und den Antrieb zur Kunstgeschichtsschreibung der *Querelle* und Voltaire verdankt.

20 Die erwähnten Exzerpte Winckelmanns sind in den Jahren 1749–1754 in Dresden entstanden und gehören zu den sog. »Pariser Manuskripten«. Ihr Inventar ist verzeichnet bei A. Tibal, *Inventaire des manuscrits de*

Die Einsicht in die historische, durch Zeit, Ort und Institutionen bedingte Einmaligkeit der griechischen Kunst, die Winckelmann zu seiner Konzeption der Kunstgeschichte als Stilgeschichte weiter führte, war mit seinem Bekenntnis zum Nachahmungsprinzip des französischen Klassizismus an sich nicht mehr zu vereinen. Der aufklärerische Historismus schloß die »Nachahmung der Alten« auch in der Formulierung La Bruyères: *on ne saurait [...] rencontrer le parfait, et s'il se peut, surpasser les anciens que par leur imitation,* die Winckelmann vor Augen stand, unwiderruflich aus. Daß er gleichwohl an der Überzeugung festhielt, die Nachahmung der Alten sei »der einzige Weg für uns, groß, ja, wenn es möglich ist, unnachahmlich zu werden«[21], macht den inneren Widerspruch seiner klassizistischen Position aus, der vor allem in seinem zwiespältigen Verhältnis zur Kunst der Moderne deutlich hervortritt. Doch hat gerade sein negatives Urteil, daß der antiken Kunst das »Ganze, das Vollkommene in der Natur« gegeben war, während sich die moderne Kunst mit dem »Getheilten in unserer Natur« begnügen müsse, eine Unterscheidung vorbereitet, die späteren Bestimmungen der Eigenart des Modernen zugrunde liegen, in Schlegels Begriff des »Chemischen«, Zergliederten, »Interessanten« wiederkehren und mit Schillers Begriff des »Sentimentalischen« erstmals positive Bedeutung erlangen wird.[22]

Winckelmann déposés à la Bibliothèque Nationale, Paris 1911. Dort findet sich für unseren Zusammenhang: *Parallèle des Anciens et des Modernes,* par M. Perrault (vol. LXII, 26 v°; vol. LXXII, 171 v°) – Batteux, *Les Beaux-Arts réduits à un même principe* (ib., 46 v°) – Montesquieu, *L'esprit des lois* (vol. LXIX, 39 à 40 v°) – Préface de Mme Dacier à sa traduction d'Homère (vol. LXXII, 82 v°) – Vitruve de Perrault (ib., 98) – Lettre de M. Huet (ib., 147) – Dictionnaire de Bayle (ib., 176 à 191) – Du Bos, *Réflexions critiques sur la poésie et la peinture* (ib., 192). Siehe dazu Gottfried Baumecker, *Winckelmann in seinen Dresdner Schriften,* Berlin, 1933. Diese stattliche Liste spricht für sich selbst und stellt außer Frage, daß sich Winckelmann in den Jahren vor seinen *Gedanken zur Nachahmung ...* mit den Argumenten und Ergebnissen der *Querelle* vertraut gemacht hat. Perrault ist dort übrigens selbst angeführt, siehe Johann Joachim Winckelmann, *Kunsttheoretische Schriften,* Baden-Baden/Strasbourg 1962 (*Studien zur deutschen Kunstgeschichte,* Bd. 330), I, p. 60: »Mich wundert, daß Perrault nicht auch aus geschnittenen Steinen Beweise zur Behauptung der Vorzüge der neueren Künstler über die Alten genommen hat.«

21 Op. cit., p. 3.

22 Op. cit., p. 14. Nicht allein die Einführung des ›Geteilten‹ als Begriff

Die Wahrnehmung des Widerspruchs zwischen aufklärerischem Historismus und klassizistischer Ästhetik, mit dem Winckelmanns Kunstauffassung behaftet war und über den die nächste Generation in ihrer Griechenbegeisterung zunächst hinweggetragen wurde, ist der latente Ausgangspunkt der Versuche Schillers und Schlegels, das Verhältnis von Antike und Moderne neu zu bestimmen. Ihre Schriften aktualisieren damit wieder den Horizont der Fragen und Lösungen, die 100 Jahre zuvor in der *Querelle* gestellt und gefunden wurden. Liest man sie in dieser Sicht, so wird an ihnen eine Kontinuität sichtbar, die über faktisch aufweisbare literarhistorische Filiationen hinausreicht, weil sie in der Schicht der Probleme liegt, die sich in den Zeugnissen von 1795/97 gleichermaßen geltend machen wie in denen der Jahre 1687 bis 1697. Angesichts der strukturellen Analogie und Vollständigkeit, in der diese Probleme hier wie dort erscheinen, kann historische Erkenntnis auch von einem Verfahren erwartet werden, das durch funktionale Interpretation zweier Schnittpunkte einen geschichtlichen Sinnwandel zu erfassen sucht, den die genetische Interpretation am Leitfaden der historischen Filiationen festzustellen pflegt. Der doppelte Schnitt durch den Anfangs- und Endpunkt einer Problemgeschichte muß Veränderungen in der ereignishaften Kontinuität auch am historischen Ergebnis ablesbar machen. Das setzt voraus, daß der immanente Begründungszusammenhang im synchronischen System aufgedeckt, die »umbesetzten Stellen« erkannt und die veränderten Bedingungen der historischen Situation berücksichtigt werden, die zur Wahrnehmung unerledigter Probleme führten, das Ungenügen an vorhandenen Lösungen motiviert und zur neuen Artikulation der Fragen und Antworten getrieben haben.[23]

der modernen Natur, sondern auch die Behandlung von Problemen wie Mannigfaltigkeit, Karikatur, Farbe kennzeichnen im *Sendschreiben* nach P. Szondi (s. Anm. 19) Ansätze einer antiklassizistischen Ästhetik, mit denen Winckelmann die Grenzen seines Kunstideals selbst überschritt. – M. Fontius erinnert in diesem Zusammenhang an die Vorgeschichte des *Geteilten in unserer Natur* in der französischen Diskussion um die *simplicité* (op. cit., Anm. 45), bewertet die *Geschichte der Kunst* als eine »Rückkehr zur Geschichte« (p. 19) und versucht andererseits, Winckelmanns Idealisierung der griechischen Kunst aus seiner politischen, d. h. republikanischen Position (»Bei ihm zum erstenmal werden Freiheit und Kunst als unzertrennbare Einheit gesehen«, p. 14) zu erklären.

23 Ich schließe mich hier der Auffassung von Problemgeschichte und von

Bei diesem Ansatz einer neuen Interpretation muß ich davon absehen, daß die beiden Schriften Schillers und Schlegels in Absicht und Anlage primär aus der Situation der deutschen Literatur von 1795 heraus entstanden sind, von der Ästhetik und Philosophie des deutschen Idealismus beeinflußt waren und schließlich auch von dem persönlichen Entwicklungsgang der beiden Autoren Zeugnis ablegen. Was in dieser Hinsicht im Vordergrund ihrer Aktualität stand, liegt in einer anderen Schicht historischer Bedeutung, die nicht in der geschichtlichen Perspektive des hier untersuchten Problems aufgehen muß, vielmehr von ihr durchschnitten wird. Dabei kann möglicherweise ein anderes Licht auf die »Spaltung der deutschen Bewegung« fallen und vielleicht einen Anstoß geben, nach weiteren Zusammenhängen zwischen europäischer Aufklärung und deutscher Frühromantik zu suchen. Die merkwürdige Affinität der gleichzeitig und doch unabhängig voneinander entstandenen Schriften jedenfalls läßt sich aus dem fernen, hinter der deutschen Aktualität von 1795/97 verborgenen Fragehorizont der französischen *Querelle* einfacher erklären als durch eine Symbolik des gleichen prägenden Moments.[24] Dementsprechend

funktonialer Interpretation an, wie sie Hans Blumenberg in *Epochenschwelle und Rezeption, Philosophische Rundschau 6* (1958) p. 101 sq., entwickelt hat.

24 An diese Erklärung ist – soweit ich sehe – von germanistischer Seite offenbar noch nicht gedacht worden. Doch sind in den letzten Jahren einige Arbeiten erschienen, die Schillers Denken wieder näher an die Frühromantik heranrücken und an diesem Punkt meinen Befund aus anderen Blickrichtungen bestätigen können: R. Brinkmann, *Romantische Dichtungstheorie in Friedrich Schlegels Frühschriften und Schillers Begriffe des Naiven und Sentimentalischen* (DVJs 32, 1958, pp. 344–371); W. Rasch, *Schein, Spiel und Kunst in der Anschauung Schillers (Wirkendes Wort* 10, 1960); A. Doppler, *Schiller und die Frühromantik (Jb. des Wiener Goethe-Vereins* 64, 1960, 71–91); siehe dazu auch W. Paulsen, *Friedrich Schiller 1955–1959 (Jb. der Dt. Schillergesellschaft* 6, 1962, 446 f.). Doppler geht davon aus, daß Schiller und der Schlegelkreis sich »nicht zufällig in fast gleicher Weise mit dem Genie Goethes auseinandergesetzt haben« (73), zeigt das ›Romantische‹ in Schillers klassischer Periode und kann sich dabei auf Zeugnisse Goethes stützen, der Schiller für einen ›Romantiker‹ gehalten habe, weil er wie Schlegel und Novalis in der Kunst »transzendierte« (80). Rasch geht von den Grundbegriffen des Scheins und Spiels aus, die bei Schlegel wie bei Schiller die notwendige Voraussetzung der Kultur seien, und zeigt, wie Schiller in den *Ästhetischen Briefen* die Grenze der klassischen Ästhetik zur Romantik damit überschritten habe, daß er die Freisetzung der Phantasie von der Bindung an die Gegensätzlichkeit der Naturform forderte (7, 12).

wäre der Ausgangspunkt der deutschen, von Schiller und Schlegel wieder aufgenommenen *Querelle* etwa mit den folgenden, neu artikulierten Fragen zu umgrenzen:
Wie ist die Verschiedenartigkeit antiker und moderner Dichtung zu bestimmen, wenn man beide Epochen nach ihrem eigenen Recht beurteilen, d. h. sie – mit Schiller zu sprechen – nicht unter einem »einseitig abstrahierten Gattungsbegriff der Poesie« gegeneinander herabsetzen will? Wenn derart aber »entgegengesetzte Dinge in gleicher Dignität stehen, gleiche Rechte haben sollen«[25], gibt es dann statt der hinfällig gewordenen klassischen Norm zeitloser Vollkommenheit noch einen »gemeinschaftlichen höhern Begriff« (Schiller, 439), ein transzendentales Prinzip der »objektiven Philosophie der Kunst« (Schlegel, 153), die es gestatten, die individuelle Vollkommenheit antiker und moderner Kunst aus ihrer Sonderung wieder in die Einheit einer höheren Anschauung zu bringen? Und wie läßt sich das neugefaßte Verhältnis von Antike und

Paulsen führt die Affinität der beiden Schriften Schillers und Schlegels auf das gemeinsame Erbe der Aufklärung (Theorie der Perfektibilität) zurück. Brinkmann findet, »daß ohne Schiller die Ausbildung der romantischen Dichtungstheorie gar nicht denkbar ist« (344), worauf ich noch zurückkomme (siehe Anm. 37), und führt die Affinität der beiden Schriften auf den bedingenden Moment eines Epochenwandels zurück (370). – Immer noch unüberholt erscheinen mir diesen Einzelansätzen gegenüber die beiden Aufsätze, in denen Arthur O. Lovejoy schon 1916 und 1920 die Affinitäten von Fr. Schlegels und Schillers Dichtungstheorien der Jahre 1790–1797 genetisch klargestellt hat (*The meaning of ›romantic‹ in early German Romanticism* und *Schiller and the Genesis of German Romanticism*, jetzt in *Essais in the History of Ideas*, Baltimore 1948, pp. 183–227. L. wies nach, daß Schlegels Begriff der ›romantischen Dichtung‹ als Nebenprodukt seines Versuchs entstand, antike und moderne Kunst zu scheiden: was Schlegel vor 1797 als das »eigentümliche Moderne« oder »Interessante« negativ bewertete, wurde nach 1797 die romantische Poesie. Nach L. war das Hauptmotiv dieses Umschlags bei Schlegel das Erscheinen von Schillers Schrift *Über naive und sentimentalische Dichtung*: »What Schiller did for Schlegel [. . .] was not so much to suggest him new arguments as to give him, by example, the courage to follow through, even to a revolutionary conclusion, an argument which had already been suggested to him by an analogy from the ethics of Kant and the metaphysics of Fichte. That conclusion consisted in the thesis which may be defined as the generating and generic element in the Romantic doctrine – the thesis, namely of the intrinsic superiority of a *Kunst des Unendlichen* over a *Kunst der Begrenzung*« (p. 220).

25 In dieser Formulierung erscheint das Dilemma etwas später bei A. W. Schlegel, *Vorlesungen über schöne Literatur und Kunst* (1801/2), zit. nach *Meisterwerke deutscher Literaturkritik*, H. Mayer, Berlin [2]1956, I, p. 623.

Moderne in das Geschichtsbild der Aufklärung einfügen, das historische Eigenrecht der beiden Kunstepochen mit der Theorie der Perfektibilität vereinen, d. h. mit dem »Satz der Vernunft von der notwendigen unendlichen Vervollkommnung der Menschheit«, auf den sich Schlegel (94) beruft und der gleichermaßen Schillers geschichtsphilosophische Grundüberzeugung enthält?

V.

»Das Schöne ist also nicht das Ideal der modernen Poesie und von dem Interessanten wesentlich verschieden« (208): in diesem lapidaren Satz faßt Schlegel das Ergebnis seines Versuches zusammen, antike und moderne Poesie jenseits der einseitigen Standpunkte von *Anciens* und *Modernes* in ihrer »absoluten Verschiedenheit«[26] zu erfassen. Hält man sich allein an das so formulierte Ergebnis, so scheint es, daß Schlegel mit seiner »scharfen Grenzbestimmung« (203) zwischen der natürlichen und der künstlichen Bildung den Bruch mit der antiken Tradition vollendet und im Grunde schon jene ästhetische Revolution vollzogen hat, die er erst von der Zukunft erwartete. Denn seine verschiedenen Prinzipien der antiken und der modernen Poesie, das *Schöne* und das *Interessante*, führen in der Tat einen großen Schritt über die neuen Positionen der *Querelle* hinaus, wie sie in Deutschland Winckelmann oder Lessing einerseits und Herder andererseits in ihrer verschiedenen Einstellung zum klassischen Begriff des Schönen vertraten. Die *Querelle* der französischen Klassik war bei den *Anciens* wie bei den *Modernes*, bei Perrault wie bei Boileau, noch von einer gemeinsamen Norm des zeitlos und naturhaft Schönen (*beauté universelle et absolue*) ausgegangen. Der Streit über das Prinzip der *imitation des anciens* hatte dann aber dazu geführt, an der antiken Literatur das zeitlose Schöne (*beau universel*) vom zeitbedingt Schönen (*beau relatif*) zu unterscheiden: man erkannte in der Kritik und Apologie Homers, daß die archaischen Sitten des antiken Epos nicht nach den klassizistischen Normen der *bienséance* beurteilt werden konnten, sondern ei-

26 Siehe dazu Anm. 18.

nem anderen Geschmack entsprächen, also auch auf andere Weise als schön gelten müßten.[27] Die gemeinsame Entdeckung der *Anciens* und der *Modernes*, daß es ein doppeltes Maß des Schönen gibt, löste den anfänglichen Streitpunkt auf und leitete die historische Erkenntnis der antiken wie der modernen Kunst ein. Auf dem damit beschrittenen Weg ist Winckelmann in seiner *Geschichte der Kunst des Altertums* von der individuellen zur idealischen Schönheit gelangt und hat andererseits Herder, an die französische Wiederentdeckung des Mittelalters anknüpfend[28], die Dichtung der neuen christlichen Völker in ihrer individuellen Schönheit zu beschreiben begonnen. Ordnet man Fr. Schlegel in diese Entwicklung ein, so zeigt seine Programmschrift den entscheidenden Schritt, daß nun die moderne Dichtung zum ersten Mal überhaupt vom überkommenen Kanon des Schönen abgelöst wird, an den sie selbst für die fortschrittlichsten, doch immer noch im klassizistischen Geschmack befangenen *Modernes* nach wie vor gebunden war.

Schlegels Versuch, die verlorene Einheit des ästhetischen Urteils gegen das doppelte Maß des Schönen wieder herzustellen, setzt die »Trennung des Objektiven und des Lokalen in der griechischen Poesie« voraus (165,172). Mit dem *Lokalen* ist sowohl die »nationale Subjektivität« (165) wie auch das Archaische der Sitten und ihr späterer Verfall, mithin das *beau relatif* gemeint, das als ein unangemessenes, »modernisierendes« Verständnis der Antike ganz aus der Betrachtung auszuschließen sei. Andererseits wird das Prinzip der modernen Dichtung im absoluten Gegensatz zur reinen Schönheit, d. h. zum *Objektiven* der griechischen Poesie entwickelt, mithin durch den völligen Ausschluß des zeitlos und naturhaft Schönen (*beau universel*) definiert. Vom Ausgang der *Querelle* her gesehen erscheinen Schlegels neue Bestimmungen des Antiken und des Modernen zunächst als eine grandiose Vereinfachung der Antinomie des zeitlos und des zeithaft Schönen: das *Objektive* als Prinzip der griechischen Poesie nimmt die *beauté universelle et absolue* auf, die allein der antiken Kunst zugesprochen wird; das *Interessante* als Prinzip der neueren Dichtung weist auf die *beauté particulière et relative* zurück und bestimmt allein den verschiedenen Charakter der modernen Kunst. Verfolgt

27 Vgl. Perrault, Einl. pp. 54–60.
28 Besonders an De la Curne de Sainte-Palaye, s. o. S. 42/48 f.

man aber im Gang der Argumentation, wie weit es Schlegel mit seiner Trennung des Interessanten vom Schönen gelungen ist, antike und moderne Kunst in ihrer »absoluten Verschiedenheit« zu beschreiben, so zeigt sich, daß der im Folgeverhältnis von natürlicher und künstlicher Bildung aufgehobene Widerspruch zwischen dem *beau universel* und dem *beau relatif* in den Analysen und Urteilen seiner neuen ›Parallele‹ auf andere Weise wiederkehrt. Das Interessante büßt in Schlegels Darstellung der modernen Poesie seinen Charakter als ein selbständiges Prinzip mehr und mehr ein, um sich am Ende als ein defizienter, übergänglicher, die Rückwendung vorbereitender Modus des Schönen zu erweisen, während andererseits das in die vollendete Vergangenheit verwiesene Schöne der griechischen Poesie schließlich schon gar nicht mehr als reine, vom Lokalen abgelöste Schönheit, sondern als das Objektive einer vollständigen »Naturgeschichte der Kunst und des Geschmacks« erscheint, die in dieser Vollständigkeit auch die »Unvollkommenheit der früheren und die Entartung der späteren Stufen« (153) mit einschließen soll.
Schlegels Prinzip des *Interessanten* erkennt zwar der modernen Poesie schon ein selbständiges Ideal zu. Doch es ist einer impliziten Kritik der Modernität, nicht dem geschichtlichen Selbstbewußtsein und Fortschrittsdenken der Aufklärung entsprungen. Die neue Kategorie des ästhetischen Urteils tritt allmählich aus der Analyse dessen heraus, »was der Poesie unseres Zeitalters fehlt« (45). Deren Bild ersteht aus Stichworten wie »unbefriedigte Sehnsucht« (45), »zerrissenes Gemüt« (45), »Gesetzlosigkeit des Ganzen« (53), richtet sich gegen das »totale Übergewicht des Charakteristischen, Individuellen und Interessanten« (58) und findet erst in der Erklärung ihres Ursprungs und letzten Ziels einen Ansatz, die Kritik in positive Aspekte der modernen, d. h. »künstlichen Bildung« umzukehren. Hier ergeben sich die wesentlichen Einsichten in die Eigenart der modernen Poesie: ihr Ursprung in einer »künstlichen universellen Religion« (66), ihre spätere Entwicklung unter »dirigierenden Begriffen«, d. h. unter dem Primat der Theorie (Renaissance, französische Klassik), ihr Gipfel in Shakespeare, dessen Größe erst an den »Gesetzen der charakteristischen Poesie und philosophischen Kunst« ganz zu ermessen sei (80). Schlegels Bestimmungen der künstlichen Bil-

dung – sieht man sie unter dem progressiven Aspekt – führen einerseits zu dem berühmten Versuch einer ersten Theorie des Häßlichen (80, 146 ff.), erweitern die Grenzen des Schönen durch die »darstellende«, »idealische« Kunst (72) und machen Phänomene wie das Neue, Piquante und Frappante, schließlich sogar das »Choquante (sey es abentheuerlich, ekelhaft oder gräßlich)« diskussionswürdig (84). Sie erhalten andererseits mit dem Prinzip des Interessanten dann aber einen gemeinsamen Nenner, der es erlaubt, die »durchgängige Richtung der modernen Poesie« doch wieder dem griechischen Urbild ästhetischer Vollendung botmäßig zu machen (84). Zwar weist die Bestimmung des Interessanten als einer »subjektiven ästhetischen Kraft« (204) schon auf eine Ästhetik der Subjektivität vor und scheint der Begriff des originellen Individuums, »welches ein größeres Quantum von intellektuellem Gehalt und ästhetischer Energie enthält« (82), der Ästhetik der Naturnachahmung bereits die Produktion des Kunstwerks als einen Akt der Freiheit (89) entgegenzusetzen. Doch Schlegel nimmt diesen Schritt mit dem Argument wieder zurück, daß das Interessante ja nur einen Komparativ, nicht den Superlativ eines »höchst Interessanten« (82) kenne und deshalb eine vollständige Befriedigung fordere, die außerhalb seiner gelegen sei, d. h. einem interesselosen Wohlgefallen entspringen müsse: »Nur das Allgemeingültige, Beharrliche und Nothwendige – das Objektive kann diese große Lücke ausfüllen; nur das Schöne kann diese heiße Sehnsucht stillen.« (83)

So ist Fr. Schlegel bei seiner Explikation des Interessanten als des Prinzips der modernen Kunst auf halbem Weg wieder zum Kunstideal des Klassizismus zurückgekehrt. Dabei rückten ihm aber das höchste Schöne, zu dem die Kunst der Moderne durch eine »vollkommne ästhetische Gesetzgebung« wieder zurückkehren soll, und sein griechisches Urbild immer weiter auseinander. Denn Schlegels Explikation des *Objektiven* führt Schritt für Schritt den Prozeß zu Ende, in welchem die Kunst der Antike während der Aufklärung vom nachahmbaren Vorbild in das vollkommene Gegenbild einer anderen, historisch fernen Vergangenheit umgewandelt wurde. Das Bild der griechischen Poesie im Studium-Aufsatz ist durch eine Preisgabe all der Züge gewonnen, die dem 18. Jahrhundert die Kunst der Antike »interessant« machten.

Der Reduktion auf jenes Schöne, das allein Gegenstand eines interesselosen Wohlgefallens sein kann, fiel mit dem »Lokalen« – wie schon bemerkt – die nationale Subjektivität, aber auch das »Individuelle« der einzelnen Dichter und die ganze griechische Kunsttheorie anheim (165). Zum »Lokalen«, nur historisch Interessanten, gehörten für Schlegel aber auch ganze Dichtarten wie die didaktischen Gedichte (165f.) oder die Idylle (173) und sogar das griechische Epos: »Diese unreife Dichtart ist nur in dem Zeitalter an ihrer Stelle, wo es noch keine gebildete Geschichte und kein vollkommenes Drama gibt.« (166) Schon in den anfänglichen Ausführungen über Homer korrigierte Schlegel die Homerbewunderung seiner Zeitgenossen, indem er ihr die folgenden Züge als uneigentliche Ruhmestitel Homers absprach: »Die treue Wahrheit, die ursprüngliche Kraft, die einfache Anmuth, die reizende Natürlichkeit sind Vorzüge, welche der Griechische Barde vielleicht mit einem oder dem anderen seiner Indischen oder Celtischen Brüder theilt.« (111) In diesen poetologischen Katalog ist der ganze Prozeß eingegangen, in dem von der *Querelle* bis zu Winckelmann das Archaische der homerischen Welt entdeckt und in immer wieder neuen Stilisationen der *simplicité* und *naïveté* ausgelegt worden war. Schlegel setzt hier das bisherige Verständnis der Antike – und damit in gewisser Hinsicht auch Winckelmanns Kanon der »edlen Einfalt und stillen Größe«, in dem der genannte, begriffsgeschichtlich noch nicht zureichend beschriebene Prozeß gipfelte – außer Kraft. Wahrhaft griechisch sind nach Schlegel an der Poesie Homers allein die »Vollständigkeit seiner Ansicht der ganzen menschlichen Natur«, das damit erreichte »glücklichste Ebenmaß« und »vollkommene Gleichgewicht« (111). Schlegels Kritik enthüllt das Antikebild des Klassizismus seines Jahrhunderts als eine unbemerkt gebliebene Modernisation oder Übertragung des Interessanten (154). Denn so werde nur der Kontrast zu der eigenen Welt, nicht das objektiv Schöne gesucht und genossen: »[...] ein unzufriedener Bürger unseres Jahrhunderts kann leicht in der Griechischen Ansicht jener reizenden Einfalt, Freyheit und Innigkeit alles zu finden glauben, was er entbehren muß. Eine solche Werthersche Ansicht des ehrwürdigen Dichters ist kein reiner Genuß des Schönen, keine reine Würdigung der Kunst.« (176)

Ist aber Fr. Schlegel mit dieser Kritik, die das Antike-Bild aus allem Gegenwartsbezug herauslösen will, nicht selbst in einer »Wertherschen Ansicht«, d. h. in dem Zirkel verblieben, den er an anderer Stelle auf die Formel brachte: »Jeder hat noch in den Alten gefunden, was er brauchte oder wünschte, vorzüglich sich selbst?«[29] Sieht man auf die Züge, die Schlegel als die höchste Gestalt der griechischen Dichtung rühmt: »Hier ist auch nicht die leiseste Erinnerung an Arbeit, Kunst und Bedürfnis« (133), so scheint es, als ob sein Bild der »reinen Griechheit« (177) letztlich auch nur dem Kontrast zur künstlichen Bildung der Moderne entsprungen sei. Denn konnte die vollkommene Objektivität und reine Schönheit der Antike nicht überhaupt erst von der interessierten Subjektivität der Moderne, als ein Postulat der Ästhetik des interesselosen Wohlgefallens, entdeckt werden?

VI.

Es ist schwer zu entscheiden, ob Schlegel im Studium-Aufsatz schon den Zirkel sah, in dem er sich mit seiner Konzeption des objektiv Schönen bewegte. Dieser Zirkel wird durch die folgende Argumentationskette verdeckt, die ihm ermöglichte, die erst ausgeschlossenen Formen des »Lokalen« wieder in die Vollkommenheit des griechischen Urbilds zurückzubringen. Wie im Homerischen Epos erst die »Vollständigkeit« und Darstellung der »ganzen menschlichen Natur« jene charakteristischen Züge ausmachen, »welche dem Griechen allein eigen sind« (111), so soll auch die griechische Poesie im ganzen den Gipfel der Idealität nicht schon durch die Vollkommenheit einzelner Dichter und Dichtarten, sondern erst durch die »Objektivität der ganzen Masse« (165), durch den »Geist des Ganzen« (177) erreichen. Insofern sie im »vollständigen Stufengang des Geschmacks« ihre Stelle haben (143), erlangen auch die lokalen Formen der noch »unreifen Dichtart« Epos und die künstlichen oder virtuosen Hervorbringungen der Spätzeit das Exemplarische des höchsten Vorbilds: »Denn eine vollständige Naturgeschichte der Kunst und des Geschmacks umfaßt im

29 *Athenäum-Fragmente*, in: *Kritische Schriften*, hrsg. von W. Rasch, München 1956, p. 44.

vollendeten Kreislauf der allmählichen Entwicklung auch die Unvollkommenheit der früheren und die Entartung der späteren Stufen, in deren steten und nothwendigen Kette kein Glied übersprungen werden kann.« (153)

Dieser Begriff einer *Naturgeschichte der Kunst* ist in verschiedener Hinsicht denkwürdig. Im Unterschied zum bloßen Ereignisablauf der Historie zeichnet sich die geschichtliche Erscheinung der griechischen Kunst durch einen vollständigen und damit notwendigen Verlauf aus: im Bereich der Kunst kann das Geschichtliche sich naturhaft vollenden. Im Stufengang der so verstandenen Naturgeschichte der Kunst erlangen die mangelhaften, noch unausgeprägten oder wieder entarteten Erscheinungen neue Bedeutung: das an sich Unvollkommene kann im vollendeten Kreislauf exemplarisch werden, also indirekt am Vollkommenen teilhaben. Daraus folgt, daß dem Zeitalter der natürlichen Bildung auch eine naturhafte Form der Geschichte entspricht.

Damit hat Fr. Schlegel die durch den Ausgang der *Querelle* gesetzte Antinomie zwischen dem zeitlos und dem zeithaft Schönen aufgehoben und für die postulierte objektive ästhetische Theorie das einzigartige Beispiel einer »vollkommenen Anschauung« (105) zurückgewonnen! Doch geschah dies um den Preis einer unvermerkten Bedeutungsverschiebung: aus der Vollkommenheit als einer Bestimmung der reinen Schönheit antiker *Kunst* ist nunmehr ein spezifischer Charakter der vollendeten *Geschichte* dieser Kunst geworden. Nicht mehr als Inbegriff zeitlos vollkommener, jederzeit nachahmbarer Kunst, sondern als einmaliges Beispiel und »gesetzgebende Anschauung« (153) einer in sich vollkommenen Geschichte soll die Antike hinfort das höchste ästhetische Urbild sein!

Die damit erreichte Position, die in ihrer noch nicht gesehenen Konsequenz letztlich schon auf den berühmten Satz der Hegelschen Ästhetik vorweist, daß »die Kunst nach der Seite ihrer höchsten Bestimmung für uns ein Vergangenes ist und bleibt«[30], steht nun aber offensichtlich im Widerspruch zu Schlegels Absicht, die Nachahmung der Griechen als das »einzige Mittel« zu erweisen, »echte schöne Dichtkunst wiederherzustellen« (164). Die Erfüllung dieser Absicht erforderte nach solchen Prämissen notwendigermaßen ein zyklisches Geschichts-

30 Ed. Bassenge, Berlin 1955, p. 57.

bild. Doch ein solches widersprach Schlegels mehrfach geäußerter Überzeugung von der »nothwendigen unendlichen Vervollkommnung der Menschheit« (94, 100 ff.). Dieser Widerspruch tritt in der Abhandlung verschiedentlich zutage und erklärt, warum Schlegel das Verhältnis der natürlichen zur künstlichen Bildung nicht bruchlos zu einer neuen Geschichtsphilosophie der Kunst zusammenfügen konnte.

Schlegels Darstellung vom »Gang der ästhetischen Kultur« (185) gerät dort in Schwierigkeiten, wo sie die Übergänge von der antiken zur modernen Kultur und von dieser zu dem erwarteten ›dritten Zeitalter‹ historisch begreifen will. Wenn nach Schlegel die Praxis immer schon der Theorie voranging, die Natur immer erst auf die Kunst folgen kann (62), läge nichts näher, als den Übergang von der natürlichen zur künstlichen Bildung im Sinne des Fortschreitens zu einer nächsten Stufe zu erklären. Gerade dies sucht Schlegel aber zu vermeiden, um der Antike die Dignität einer vollständigen, nicht weiter zu vervollkommnenden Bildung zu wahren. Darum sieht er sich genötigt, den Übergang zur Moderne durch ein merkwürdiges, historisch nicht erläutertes Argument zu erklären: »Die Natur wird das lenkende Prinzip der Bildung bleiben, bis sie dies Recht verloren hat, und wahrscheinlich wird nur ein unglücklicher Mißbrauch ihrer Macht den Menschen dahin vermögen, sie ihres Amtes zu entsetzen« (62). Hier muß man noch annehmen, daß die Menschheit auf dem Wege der Natur immer hätte weiterschreiten können, wenn sie nicht der Moment einer »verunglückten natürlichen Bildung«, mithin ein zufälliges Ereignis in dieser Entwicklung gestört hätte. Das Ende der natürlichen Bildung in einem solchen Mißgeschick bringt ein Moment der Diskontinuität in den Geschichtsablauf, das Schlegel benötigt, um die moderne Bildung wieder aus einem eigenen, »künstlichen Ursprung« (63) hervorgehen zu lassen. Doch diese Hilfskonstruktion paßt offensichtlich nicht mehr zu der später entwickelten Anschauung, die griechische Bildung sei als ein »in sich vollendetes Ganzes« zu sehen, »welches durch bloß innre Entwicklung einen höchsten Gipfel erreichte, und in einem völligen Kreislauf auch wieder in sich selbst zurücksank« (138). Jetzt soll die natürliche Bildung der Antike nicht mehr durch ein bloßes Mißgeschick aufgehört, sondern ihr natürliches Ende gefunden haben. Also müßte man nun auch annehmen, daß der weitere Gang der ästhetischen Kultur unter demselben Gesetz eines zyklischen Geschichtsverlaufes steht. Doch das zyklische Prinzip, auf dem Schlegel die Vollkommenheit der antiken Bildung begründet, will er gerade für die moderne Bildung nicht gelten lassen: »diese Voraussetzung beruht auf einem bloßen Mißverständnis, auf dessen tiefliegenden Quell wir in der Folge stoßen werden« (100/1). Die Folge ist aber nur, daß die Uhren der Antike und der Neuzeit bei Schlegel offensichtlich verschieden gehen: sein Prinzip der alten Geschichte ist der natürliche Kreislauf, sein Prinzip der neuen eine – man weiß nicht wie – eingetretene Progression, die unumkehrbar ins Unendliche fortschreitet.[31]

Daß diese Lösung der Frage, wie die Verschiedenheit des Antiken und des Modernen auf entgegengesetzten Prinzipien von gleicher Dignität zu begründen sei, um den Preis der Einheit des Geschichtsprozesses erkauft war, kommt auch in den Schwierigkeiten zum Vorschein, in die sich Schlegel bei der Wende zum zukünftigen dritten Zeitalter der Poesie gebracht sieht. Die künstliche Bildung der Moderne kann die natürliche Bildung der Antike nicht fortsetzen oder wiederholen, weil sie unter dem anderen Prinzip des steten Fortschreitens ihren Anfang und Verlauf nahm. Wie soll sie dann aber »nach dem Beispiel der klassischen Poesie zum Objektiven und Schönen gelangen?« (209) Die postulierte Rückkehr zum höchsten, von den Griechen verwirklichten Ideal widerspricht der »erhabnen Bestimmung der modernen Poesie«: der »endlosen Annäherung« an ihr höchstes Ziel (85). Wenn sie aber nicht in den Kreislauf zurückfallen darf, in dem sich die natürliche Bildung vollendet hat, wie soll sie dann aus ihrer bisherigen Progression heraustreten, um die geforderte »Rückkehr von entarteter Kunst zur echten« (85) zu vollziehen? An dieser Stelle hilft sich Schlegel wiederum mit dem Moment eines kontingenten Übergangs: der »günstigen Katastrophe« einer ästhetischen Revolution (85). Er sieht nun aber selbst ein, daß er sich

31 Zur Genesis dieses Widerspruchs siehe Lovejoy, der davon ausgeht, daß Schlegel hier Kants Philosophie weiterentwickelt habe, insofern in der Erklärung der Geschichte das System des Kreislaufs mehr den Forderungen der theoretischen Vernunft, das System der unendlichen Fortschreitung hingegen mehr den Forderungen der praktischen Vernunft genüge, welche letzteren Schlegel (wie auch Schiller) aus der Ethik in die Ästhetik übertrug (a.a.O. p. 211–12).

in innere Widersprüche verstrickte, die »ihre Möglichkeit zweifelhaft machen«[32]. Das Geständnis: »Mag die Hoffnung noch so gering, die Auflösung noch so schwer sein: der Versuch ist notwendig!« (86) besiegelt die Aporie einer Konzeption, die den Streit der antiken und der modernen ästhetischen Bildung nur *gegen* den Gang der bisherigen Geschichte zu lösen, den gesuchten »Standpunkt der absoluten Identität des Antiken und Modernen« nur in einem zukünftigen Konvergenzpunkt natürlicher und künstlicher Bildung zu postulieren wußte.

Sieht man von dieser utopischen Lösung ab, so bleibt als Ergebnis von Schlegels neuer ›Parallele‹, daß sie antike und moderne Kunst zwar zum ersten Mal in ihrem eigenen Recht nach den Prinzipien des Objektiven und des Interessanten bestimmte, dabei aber die natürliche Bildung der Antike weiter als je von der künstlichen Bildung der Moderne in die Vergangenheit abgerückt hat. Denn die Vollkommenheit, die Schlegel an der Kunst der Antike entdeckte, ist die vollendete Vergangenheit des »klassischen Altertums«, das nunmehr als eine in sich vollkommene Geschichte exemplarisch wird, während die Kunst der Moderne, dem entgegengesetzten Prinzip der Perfektibilität folgend, nicht mehr – wie die natürliche Bildung – »in sich selbst zurücksinken kann« (93), sondern ihre höchste Bestimmung in einer unvollendbaren Progression in die Zukunft finden soll. Der Widerspruch, in dem Schlegel als *Ancien* befangen blieb, war indes nicht unlösbar. Das erhellt aus der Abhandlung Schillers, die gleichfalls von der Perfektion der Antike und der Perfektibilität der Moderne ausging, die so begründete Verschiedenheit vom Standpunkt eines *Moderne* aus aber in einem »gemeinschaftlichen höhern Begriff« zu versöhnen wußte.

32 »Das äußerste, was die strebende Kraft vermag, ist: sich diesem unerreichbaren Ziele immer mehr zu nähern. Und auch diese endlose Annäherung scheint nicht ohne innere Widersprüche zu seyn, die ihre Möglichkeit zweifelhaft machen. Die Rückkehr von entarteter Kunst zur echten, vom verderbten Geschmack zum richtigen scheint nur ein plötzlicher Sprung seyn zu können, der sich mit dem steten Fortschreiten, durch welches sich jede Fertigkeit zu entwickeln pflegt, nicht wohl vereinigen läßt. Denn das Objektive ist unveränderlich und beharrlich: sollte also die Kunst und der Geschmack je Objektivität erreichen, so müßte die ästhetische Bildung gleichsam fixiert werden. Ein absoluter Stillstand der ästhetischen Bildung läßt sich gar nicht denken. Die moderne Poesie wird sich also immer verändern.« (85)

VII.

»Keinem Vernünftigen kann es einfallen, in demjenigen, worin Homer groß ist, irgend einen Neuern ihm an die Seite stellen zu wollen [...]. Eben so wenig aber wird irgend ein alter Dichter und am wenigsten Homer in demjenigen, was den modernen Dichter charakteristisch auszeichnet, die Vergleichung mit demselben aushalten können.« (439/40) Wie Schlegel geht auch Schiller – das Ergebnis der *Querelle* aufnehmend – davon aus, daß antike und moderne Dichtung, jede in ihrer Art, als vollkommen anzusehen und darin unvergleichbar sei. Da das Beispiel der einen gegen die andere »nichts beweisen kann«, wie Schiller an anderer Stelle noch schärfer formuliert (478, Anm.), folgt daraus auch für ihn die neue, bei Winckelmann und Herder offen gebliebene Frage nach einem gemeinschaftlichen höheren Begriff, der die verlorene ästhetische und historische Einheit des Antiken und des Modernen wiederherstellen konnte. Schlegel suchte die Einheit des ästhetischen Urteils auf dem Begriff des Schönen als Gegenstand des interesselosen Wohlgefallens zu begründen, dem er das Interessante am Ende als »Vorbereitung des Schönen« wieder unterordnen wollte. Von Schillers Standpunkt aus gesehen hatte diese Lösung den Makel, daß der Gegensatz des Antiken und des Modernen zwar im objektiv Schönen formal aufgehoben war, die inhaltlichen Bestimmungen aber noch verrieten, daß auch Schlegel »den Gattungsbegriff der Poesie zuvor einseitig aus den alten Poeten abstrahiert« (439) und darum dem Interessanten als dem Prinzip der neueren Dichter letztlich doch nicht die gleiche Dignität zuerkannt hatte. Schiller, der die Verschiedenheit des Antiken und des Modernen wie Schlegel der Antinomie von Natur und Kunst unterordnete, gab ihr mit seinem Begriffspaar des *Naiven* und des *Sentimentalischen* nun aber eine Auslegung, die den Gegensatz der natürlichen und der künstlichen Bildung nicht mehr erst in einem utopischen Konvergenzpunkt der Zukunft, sondern schon im Gang der geschichtlichen Entwicklung der Menschheit vermitteln konnte.

Die moderne Poesie setzt hier nicht – wie bei Schlegel – durch einen historischen Zufall an einem Punkt außerhalb des vollkommenen Kreislaufs der antiken Poesie ein. Sie hat vielmehr in der Vollendung der natürlichen Bildung die notwendige

Bedingung ihres Ursprungs. Mehr noch: die »natürliche und die künstliche ästhetische Bildung greifen ineinander«[33], denn die inhaltlichen Bestimmungen der letzteren sind allesamt von dem Bewußtsein geprägt, daß die Vollkommenheit der naiven Dichter der Antike für die sentimentalischen Dichter der Moderne für immer verloren ist, aber auch nicht mehr ihr erstrebenswertes Ziel sein kann. Für ihr Verhältnis zur Antike gilt, was auch unser Verhältnis zu Gegenständen der einfachen Natur, zu Denkmälern der alten Zeit oder zum Naiven der Kindheit bestimmt: »Was ihren Charakter ausmacht, ist gerade das, was dem unsrigen zu seiner Vollendung mangelt; was uns von ihnen unterscheidet, ist gerade das, was ihnen selbst zur Göttlichkeit fehlt. Wir sind frey, und sie sind nothwendig; wir wechseln, sie bleiben eins.« (415) Antike und Moderne, natürliche und künstliche Bildung, die für das ästhetische Urteil gleichermaßen vollkommen und unvergleichbar erscheinen, treten in dieser Auslegung Schillers aus ihrem unvermittelten Gegensatz heraus. Sein neues Begriffspaar setzt sie in ein Bedingungsverhältnis, das die Wahrnehmung der verlorenen Naivität zum Seinsgrund des Bewußtseins der Modernität, den Verlust der antiken Natürlichkeit zum Ursprung der Künstlichkeit moderner Bildung macht.

Nicht das objektiv Schöne der griechischen Dichtung an sich selbst, vielmehr daß ihre naturhafte Vollkommenheit für uns unwiederbringlich verloren ist, begründet das, was sie uns zum Ideal werden läßt. Arkadien als Inbegriff dieser vollkommen natürlichen Welt ist für Schiller erst im Aspekt des Nicht-Mehr, der für immer verlorenen »Simplizität« (418, Anm.) das Urbild des Naiven. Die eigene Epoche finde gerade am Naiven, d. h. in der Empfindung, »daß die Natur mit der Kunst im Kontraste stehe und sie beschäme« (413), und der daraus folgenden Erkenntnis eines nicht zu behebenden Mangels das sentimentalische Bewußtsein ihrer geschichtlichen Mündigkeit. So kann unter den Bestimmungen des Naiven und des Sentimentalischen die antike und die moderne Bildung in gleicher Dignität stehen, ihre Entgegensetzung aber auch als ein historisches Folgeverhältnis gesehen und unter einen gemeinsamen, höheren Begriff subsumiert werden. Dieser Begriff, der es

33 Das Zitat ist der Ausführung entnommen, in der Fr. Schlegel (204/5) selbst zusammenfaßt, worin Schiller über seine Position hinausgelangt sei.

Schiller ermöglicht, den Gegensatz des Antiken und des Modernen aus Schlegels Aporie zwischen dem vollendeten Kreislauf der antiken und der unvollendbaren Progression der modernen Bildung herauszuführen, ist die Philosophie der Geschichte: »Dieser Weg, den die neueren Dichter gehen, ist übrigens derselbe, den der Mensch überhaupt sowohl im Einzelnen als im Ganzen einschlagen muß. Die Natur macht ihn mit sich Eins, die Kunst trennt und entzweyet ihn, durch das Ideal kehrt er zur Einheit zurück. Weil aber das Ideal ein unendliches ist, das er niemals erreicht, so kann der kultivirte Mensch in *seiner* Art niemals vollkommen werden, wie doch der natürliche Mensch es in der seinigen zu werden vermag. Er müßte also dem letzteren an Vollkommenheit unendlich nachstehen, wenn bloß auf das Verhältnis, in welchem beide zu ihrer Art und zu ihrem Maximum stehen, geachtet wird. Vergleicht man hingegen die Arten selbst mit einander, so zeigt sich, daß das Ziel, zu welchem der Mensch durch Kultur *strebt*, demjenigen, welches er durch Natur *erreicht*, unendlich vorzuziehen ist.« (438) Schillers Begriffspaar hat vor dem Schlegels den Vorzug, daß es den Gegensatz des Antiken und des Modernen geschichtsphilosophisch versöhnt, indem es dem Naiven und dem Sentimentalischen in Ansehung ihrer Eigenart gleiche Rechte zugestehen, in Rücksicht auf das »letzte Ziel der Menschheit« (438) aber dem Sentimentalischen als dem Prinzip der Moderne den Vorrang einräumen kann. Erweist sich darin ihre geschichtsphilosophische Legitimität, so ist nun zu fragen, ob Schillers Begriffe in gleichem Maße wie Schlegels ästhetische Kategorien dazu geeignet sind, die Eigenart und Leistung der antiken und der modernen Kunst zu bestimmen.

Gerade an diesem Punkt hat Schlegel in seiner nachträglichen Vorrede gegen Schillers Darlegungen Bedenken erhoben. Zunächst gesteht er freimütig zu, daß ihm Schillers Schrift über die Grenzen der klassischen und der interessanten Poesie und insbesondere über den historischen Ursprung der modernen Poesie »ein neues Licht gegeben« habe. Dann aber setzt er an Schillers Begriff des Sentimentalischen aus, daß »nicht jede poetische Äußerung des Strebens nach dem Unendlichen sentimental«, aber auch nicht schon jede sentimentalische Stimmung poetisch sei (»Nur durch das Charakteristische, d. h. die Darstellung des Individuellen wird die sentimentalische Stimmung zur Poesie«, 207/8). Diese Einwände laufen letztlich darauf hinaus, daß Schillers Begriffe ein moralisches Interesse an der Realität des Idealen voraussetzen, ursprünglich also keine rein ästhetischen Kategorien seien und darum von sich aus auch kein spezifisches Merkmal des Schönen beibringen könnten. In der Tat stellt Schiller gleich eingangs fest, daß die Empfindung des Naiven »kein ästhetisches, sondern ein moralisches Wohlgefallen (an der Natur) ist; denn es wird durch eine Idee vermittelt, nicht unmittelbar durch Betrachtung erzeugt; auch richtet es sich ganz und gar nicht nach der Schönheit der Formen« (414). Aus unserer Perspektive ergibt sich daraus zunächst einmal, daß auch Schiller in seiner »Parallele« das Prinzip der modernen Kunst vom klassischen Kanon des Schönen abgesetzt hat. In dieser Hinsicht bezeichnen das Sentimentalische bei Schiller und das Interessante bei Schlegel gemeinsam und gleichzeitig die neue Position der schon eingetretenen »ästhetischen Revolution«. Wie aber ließen sich danach die Prinzipien einer »poetischen Gesetzgebung« entwickeln? Diese Aufgabe wurde Schlegel durch die Rückbindung des Interessanten an das Maß des objektiv Schönen erleichtert, während gerade hier die Schwierigkeiten Schillers begannen. Wie sollte ein neuer Kanon der modernen Dichtkunst ohne das klassische Richtmaß des Schönen begründet, von der Empfindungsweise des Sentimentalischen aus entwickelt und in Dichtungsarten gegliedert werden? Und wie konnten andererseits mit dem Begriff des Naiven Eigenart und Grenzen der antiken Dichtkunst bestimmt werden, wo doch die Wahrnehmung des Naiven der antiken Dichter schon ein sentimentalisches Interesse an ihnen voraussetzte? Drohte Schillers Bild der naiven Dichter nicht unvermeidlich in jene »Werthersche Ansicht« Homers zurückzufallen, die Schlegel als unangemessene Modernisierung enthüllt hatte?

Schiller war sich dieser Gefahr offenbar bewußt. Das zeigt sein Versuch, das von ihm beschriebene sentimentalische Interesse am Naiven der Natur und der alten Dichter von dem nur affektierten »sentimentalischen Geschmack zu unsern Zeiten« (415), andererseits aber auch von dem verschiedenen Gefühl der Natur, das die Alten selbst hatten, zu unterscheiden. Die erste Abgrenzung richtet sich an den »empfindsamen Freund der Natur« und zielt schon hier auf Rousseau, über dem später noch eigens der Stab gebrochen wird[34]: »Jene Natur, die du dem Vernunftlosen beneidest, ist keiner Achtung, keiner Sehnsucht werth. Sie liegt hinter dir, sie muß ewig hinter dir liegen.« (428) Schillers Absage an den Rousseauismus seines Jahrhunderts, der »die Kunst lieber gar nicht anfangen lassen, als ihre Vollendung erwarten will« (452), setzt dem idyllischen Bild der antiken Simplizität ein nicht weniger deutliches Ende, als es zur gleichen Zeit auch Schlegel tat. Denn mit der naiven Schönheit, Ruhe und Einfalt, die unsere moderne Empfindsamkeit in der Natur sucht und bei den Alten zu finden glaubt, haben wir das, was uns von ihnen trennt, nur scheinbar aufgehoben: »Das Gefühl, von dem hier die Rede ist, ist also nicht das, was die Alten hatten; es ist vielmehr einerlei mit demjenigen, welches wir für die Alten haben. Sie empfanden natürlich; wir empfinden das Natürliche.« (431) Schiller bringt dafür das gleiche Beispiel wie Schlegel: den jungen Werther, der Zuflucht bei Homer suchte und den die gelesene Szene zweifellos mit einem ganz anderen Gefühl erfüllt habe als Homer, der sie schuf. Was aber mag das Naive der Alten nun wohl abgesehen von uns und jenseits der »Wertherschen Ansicht« gewesen sein? Worauf gründet sich überhaupt die Erwartung, das »ganz andere Gefühl« Homers oder auch Schlegels »reine Griechheit« lasse sich im Abstand der Zeit noch ergründen?

VIII.

Dieser letzten Frage, die in die Aporie des Historismus führen würde, ist Schiller – wie schon Schlegel – offensichtlich ausgewichen. Schillers Explikation der antiken Dichtung behält den Begriff des Naiven bei, obschon es in der Konsequenz seiner Abgrenzung gelegen hätte, vom Naiven nur noch als derjenigen Ansicht des Gegenstandes zu sprechen, die sich für die sentimentalische Einstellung ergibt. Aus der Kritik an der falschen Empfindsamkeit seines Jahrhunderts, die nach der Glückseligkeit der einfachen Natur zurückverlange, statt über den Verlust ihrer Vollkommenheit zu trauern (428), geht ein

34 Die explizite Kritik Schillers an Rousseau findet sich in der Behandlung der Elegie (451/2); weitere Abschnitte in der Kritik der sentimentalischen Idylle (468, 472) könnten auch auf ihn gemünzt sein.

neues Antikebild hervor, das in seiner Strenge dem Schlegels recht nahe kommt, ja als Ergänzung der Bestimmung des Objektiven aus der Perspektive des produzierenden Künstlers gelesen werden kann. Der antike Dichter lehre uns die Natur »aus der ersten Hand zu verstehen« (433). Seine wahre Vollkommenheit, die ihn vor dem neueren Dichter auszeichnet, beruhe auf seiner »Liebe für das Objekt« (429), das er im höchsten Grade genau und treu zu beschreiben wisse, weil es »ihn gänzlich besitzt« (433). Was uns in naiver Dichtung zunächst befremdet, nämlich »daß der Poet sich hier gar nirgends fassen läßt« (433), erweist sich gerade als Vorzug der antiken Dichter, die uns durch »sinnliche Wahrheit« und »lebendige Gegenwart« zu rühren vermögen (438), die noch Natur sind, wo wir die verlorene suchen (432).

Das Prinzip der »absoluten Darstellung« (470), das den Vorrang der Griechen auf ihrem eigenen Felde, der naiven Dichtung, begründet, zeigt andererseits aber auch die Grenze ihres Vermögens und gibt den Grund an, der sie nach Schiller im Gang der ästhetischen Kultur »auf einer niedrigeren Stufe festhielt« (478, Anm.). Da der naive Dichter von seinem Objekt abhängt, kann ihm die »gemeine Natur« gefährlich werden und sind die Dichtungen der Alten nur schön, »soweit die Natur in ihnen und außer ihnen schön ist« (ib.). Schiller führt dafür als Beispiel die Schilderungen der weiblichen Natur und des Verhältnisses zwischen den beiden Geschlechtern an, bei denen es sich zeige, daß das Werk der alten Dichter »mit der äußern Empfindung geendigt« war. Sie hätten es noch nicht verstanden, »durch eine sentimentalische Operation aus einem beschränkten Objekt ein unendliches zu machen« (ib.). Dieses Argument steht am Ende der langen Diskussion, die seit der *Querelle d'Homère* über die Mängel der griechischen Poesie geführt wurde. Noch Fr. Schlegel hatte im gleichen Zusammenhang die »kindliche Sinnlichkeit des epischen Zeitalters«, die »nicht selten bittre und gräßliche Härte der älteren Tragödie«, die »üppige Ausschweifung gegen das Ende des lyrischen Zeitalters« als Unvollkommenheiten, ja »wirkliche Fehler« der griechischen Poesie angesehen (151). Auch wenn er diese Mängel dann wieder durch seine »vollständige Naturgeschichte der Kunst und des Geschmacks« historisch rechtfertigte, fanden die archaische und die hellenistische Phase der griechischen Dichtkunst damit doch noch keine ästhetische Würdigung. Schiller war als *Moderne* in dieser Hinsicht dem *Ancien* Schlegel voraus. Er brachte die *Querelle d'Homère* auf eine neue Stufe der ästhetischen Reflexion, indem er das Unvollkommene der antiken Dichter nicht mehr auf die frühe Stufe und andere Welt ihrer Sitten, sondern auf die Grenze zurückführte, die dem naiven Dichter durch seine Beschränkung auf die Nachahmung der Natur gezogen sei. Somit verdankt auch die Dichtkunst der Modernen ihre Überlegenheit in Themen wie dem der Liebe nicht eigentlich der »günstigen Veranlassung« ihrer höheren Zivilisation und Bildungsgeschichte (so Schlegel, 154), sondern der Freiheit des sentimentalischen Dichters, »über die Natur hinaus in das Idealische« zu gehen (478, Anm.). Während das naive Genie in Abhängigkeit von der Erfahrung steht, seine Stärke in der »absoluten Darstellung« seines Gegenstandes hat, aber über diesen Gegenstand nicht hinausgelangt, fängt das sentimentalische Genie »seine Operation erst da an, wo jenes die seinige beschließt; seine Stärke besteht darin, einen mangelhaften Gegenstand aus sich selbst heraus zu ergänzen, und sich durch eigene Macht aus einem begrenzten Zustand in einen Zustand der Freyheit zu versetzen« (476). Die Nachahmung der Natur ist das Maß, aber auch die Grenze der Vollkommenheit antiker Kunst; der Vorrang moderner Kunst beginnt dort, wo sie am Mangel ihrer historischen Wirklichkeit die eigene Möglichkeit begreift, die Beschränkung auf die schöne Natur zu durchbrechen und den mangelhaften, an sich selbst sogar gleichgültigen (470) Gegenstand durch Behandlung poetisch zu machen.

Die neue Grenzziehung zwischen natürlicher und künstlicher Bildung führt an diesem Punkt unzweifelhaft über die moralischen Implikationen des Sentimentalischen hinaus. Schiller gelangt hier zum Ansatz einer »poetischen Gesetzgebung« (467, Anm.), die Eigenart und Leistung der – vom Jahre 1797 aus gesehen – zukünftigen modernen Kunst unter einem Aspekt vorzeichnet, der in Schlegels Bestimmungen der interessanten Poesie fehlte. Die Bedeutung des Sentimentalischen erschöpft sich keineswegs im Typischen der drei Dichtungsarten Satire, Elegie und Idylle, deren Beschreibung Schillers Abhandlung so viel Raum gibt. Nicht als drei »Gedichtarten«, wie sie unter diesem Namen, aber unter anderen Bedingungen auch schon in der Antike gepflegt wurden[35], sollen hier Satire, Elegie und Idylle verstanden werden, sondern als eine »dreyfache Empfindungsweise und Dichtungsweise«, die »außerhalb der Grenzen naiver Dichtung« liege und demnach eine Grenzüberschreitung voraussetzt, die Schiller »für eine ächte Art (nicht bloß Abart) und für eine Erweiterung der wahren Dichtkunst zu halten geneigt ist« (466, Anm.). Die sentimentalische Poesie erweitert die wahre, d. h. klassische Dichtkunst, indem sie die Naturnachahmung aufgibt und sich aus der naiven Bindung an das Objekt löst. Sie wird eben dadurch zum Prinzip der modernen Dichtkunst. Die drei sentimentalischen Dichtungsarten setzen voraus, daß der moderne Dichter – im Unterschied zum antiken – zu seinem Gegenstand »nicht nur ein einziges Verhältnis haben kann«, sondern selbst die Wahl der Behandlung trifft (440). Die Rührung, in die er uns versetzt, ist nicht auf seinen Gegenstand, sondern nur auf die Reflexion über den Eindruck gegründet, »den die Gegenstände auf ihn machen« (441). Er kann, indem er die Natur durch die Idee ergänzt, »durch eine sentimentalische Operation aus einem beschränkten Objekt ein unendliches machen«, und er kann schließlich, wie Schiller an Klopstock zeigt, es der Tonkunst nachtun, die »bloß einen bestimmten Zustand des Gemüths hervorbringt, ohne dazu eines bestimmten Gegenstandes nöthig zu haben« (456, Anm.).

IX.

Gewiß sehen wir diese äußersten Positionen in Schillers Theorie des Sentimentalischen heute, nachdem wir gewohnt sind, die Kunst der Moderne mit Kategorien der Reflexion und Entgegenständlichung zu begreifen, in einem schärferen Licht.

35 Zwar sagt Schiller zunächst über Horaz, man könne ihn »als den wahren Stifter dieser sentimentalischen Dichtungsart nennen« (432), doch dieses Urteil wird später wieder eingeschränkt: »soviel lehrt doch die Erfahrung, daß unter den Händen sentimentalischer Dichter (auch der vorzüglichsten) keine einzige Gedichtart ganz das geblieben ist, was sie bey den alten gewesen, und daß unter den alten Namen öfters sehr neue Gattungen sind ausgeführt worden« (467, Anm.). Die historische Zuordnung des Naiven zur Antike, des Sentimentalischen zur Moderne setzt sich immer wieder durch, vgl. auch p. 435: »Dichter von dieser naiven Gattung sind in einem künstlichen Weltalter nicht so recht mehr an ihrer Stelle.«

Auch ist gar nicht zu verkennen, daß »Entgegenständlichung« bei Schiller eine »sentimentalische Operation« meint, die er noch dem Ausdruck von Ideen dienstbar machen wollte. Und ebensowenig ist zu bestreiten, daß das zweistufige Geschichtsschema und ästhetische Kategorienpaar des Naiven und des Sentimentalischen in Schillers Schrift auf eine widersprüchliche Weise wieder durch eine dritte Stufe überhöht wird – durch das *Ideal*, das der sentimentalische Mensch immer nur erstreben, aber nie erreichen kann (438) und das am Ende doch die idealisch-zukünftige Idylle vom Elysium noch erfüllen soll. Das sind Grenzen, die der Modernität der »sentimentalischen Operation« und der in neue Rechte eingesetzten Reflexion ursprünglich im Horizont der idealistischen Philosophie und Dichtungstheorie Schillers gezogen waren.[36]

Das Erkennen solcher Grenzen darf indes nicht den Blick davor verschließen, welche weiterreichende Bedeutung die Schillerschen Bestimmungen des Sentimentalischen bei dem von Schiller nicht mitvollzogenen Schritt zur Modernität der romantischen Dichtungstheorie erlangen konnten. Mit diesem Schritt, der die – von Schlegel und Schiller geteilte – Erwartung einer zukünftigen Idealpoesie überholte und damit eine dritte Stufe im Gang der ästhetischen Bildung als zurückgelassene Utopie entbehrlich machte, wird das Sentimentalische von der Reflexion auf das Ideal frei und kann nun dem neu sich artikulierenden Selbstverständnis der Romantik als kategoriale Bestimmung und Legitimation zu Gebote stehen. In der Tat weist das Sentimentalische in Schillers Dichtungstheorie ja bereits drei kapitale Bestimmungen auf, die es auf kaum unterscheidbare Weise dem »Romantischen« nahekommen lassen: als »Kunst des Unendlichen« hat das Sentimentalische mit dem Romantischen nicht allein die Progressivität der Universalpoesie gemein, sondern auch die doppelte Bestimmung,

36 Siehe dazu D. Henrich, *Der Begriff der Schönheit in Schillers Ästhetik* (*Zs. für philos. Forschung* 11, 1957, pp. 527–47), der zeigt, wie sich Schiller mit seinem neuen Begriff des Schönen als »Freiheit in der Erscheinung« zwar von Kants *Kritik der Urteilskraft* löst, indem er das Ästhetische mit dem Sittlichen verbindet, dabei aber in Schwierigkeiten gerät (»Schiller versucht, die im Kantischen System nicht einbezogene Vergegenständlichung der Subjektivität mit Hilfe der Begriffe von Kants Subjektivitätstheorie zu erfassen«, 539) und davor haltmacht, die beiden Phänomene des Schönen und des Erhabenen in eines zusammenzudenken.

sowohl ein Verhältnis zur Natur (als Empfindung des verlorenen Einklangs mit dem Ganzen der Welt), als auch ein Verhältnis zum zeitlich Fernen (als Sehnsucht nach der Simplizität der Kindheit oder der Antike) zu bedeuten. Im Kreis dieser Bestimmungen des Sentimentalischen, mit denen Schiller der neuen, seit 1798 artikulierten Dichtungstheorie offensichtlich den Weg bereitet hat, fehlt zum vollen Begriff des Romantischen allein noch das *Interessante* – jenes Prinzip der »subjektiven ästhetischen Kraft«, das Schlegel an Bestimmungen des Charakteristischen, Individuellen und Originalen erläutert, als Prinzip der modernen Poesie aber noch negativ bewertet hatte, weil diese ja »nicht einmal Ansprüche auf Objektivität« mache (204).[37] Schlegels Kritik an Schiller: »Nur durch das Charakteristische, d. h. die Darstellung des Individuellen wird die sentimentale Stimmung zur Poesie« (208) erlangt darum erst vom Standpunkt der Romantik aus ihr volles Recht. Diesen Standpunkt aber konnte Schlegel erst erreichen, nachdem ihm Schillers Abhandlung – wie er selbst gesteht – über die »Grenzen des Gebiets der klassischen Poesie« wie über die »ursprüng-

37 Die Aufwertung des ›Interessanten‹ zu einer positiven Bestimmung in Schlegels romantischer Dichtungstheorie hat R. Brinkmann (s. Anm. 24) durch den Nachweis, daß diese Wendung schon in Ansätzen der Frühschriften präformiert sei, in eine entwicklungsgeschichtliche Konsequenz zu stellen versucht (in Ergänzung älterer Thesen von A. O. Lovejoy, vgl. p. 348). Die Parallelität der Denkrichtung Schillers mit dem Schlegelkreis kommt dabei zu kurz, weil B. in dem Bestreben, Schlegel die Priorität in der Konzeption einer Dichtungstheorie der Moderne zuzuschreiben, Schillers Kategorien nurmehr typologisch auffaßt, sie in die »Zeitlosigkeit der Klassik« zurückstellt (p. 361) und damit der Geschichtsphilosophie Schillers so wenig gerecht wird wie seiner Rechtfertigung der modernen Poesie durch den Begriff des Sentimentalischen. So richtig es ist, daß Schlegel sich nicht von heute auf morgen vom Gräkomanen zum Romantiker bekehrt hat, bleibt doch in Brinkmanns Darstellung unerklärt, wie die im Studium-Aufsatz noch negativen Bestimmungen des Interessanten ohne eine neue Wendung Schlegels in positive Bestimmungen der romantischen Kunst oder progressiven Universalpoesie umgesetzt werden konnten. Wenn aber der wesentliche Anstoß zu dieser Wendung – wie Lovejoy wahrscheinlich machte, dessen These an diesem Punkt aus meiner problemgeschichtlichen Perspektive nur bestätigt werden kann – die Provokation durch Schillers Schrift gewesen ist, muß man bezweifeln, daß Schlegel im Studium-Aufsatz »viel mehr Geschichtsphilosoph als Schiller« war (so Brinkmann, 361). Er ist es vermutlich erst geworden, nachdem ihm Schillers Abhandlung gezeigt hatte, wie der im Studium-Aufsatz manifeste Widerspruch zwischen der vollendeten Naturgeschichte der antiken und der unendlichen Progression der modernen Kunst historisch zu vermitteln war.

liche Künstlichkeit der modernen Poesie« ein »neues Licht« gegeben hatte (204/5).

In der geschichtlichen Konsequenz der *Querelle des anciens et des modernes* gesehen, als ein neuer Versuch, »den langen Streit der einseitigen Freunde der alten und der neuen Dichter zu schlichten«, erscheint Schillers Schrift *Über naive und sentimentalische Dichtung* bereits als ein erster Akt jener »ästhetischen Revolution«, die von der ersten Generation der Romantiker, von Friedrich Schlegel und Novalis, unmittelbar danach vollzogen wurde.

Insofern muß es dem Romanisten am Schluß seiner vorwitzigen Grenzüberschreitung als ein Paradoxon der deutschen Literaturgeschichte erscheinen, daß die große historische Wende zur Romantik gerade von der Position eines *Ancien* aus, der im Interessanten als seinem Prinzip der modernen Literatur nurmehr eine »vorübergehende Krise des Geschmacks« sah und an eine Annäherung an die Antike als die »große Bestimmung der Deutschen Dichtkunst« glaubte (197), von Friedrich Schlegel eingeleitet wurde, während andererseits Friedrich Schiller, der die Antinomie zwischen der natürlichen Bildung der Antike und der künstlichen Bildung der Moderne von der Position eines *Moderne* aus progressiv im Geiste der Aufklärung löste, in den Parnaß des rückwärtsgewandten Weimarer Klassizismus eingegangen ist.[38]

38 Meine synchronische Untersuchung erhielt inzwischen durch die Konstanzer Dissertation von H.-D. Weber, *Friedrich Schlegels ›Transzendentalpoesie‹ und das Verhältnis von Kritik und Dichtung im 18. Jahrhundert* (siehe Anm. 8 und 12) ein diachronisches Seitenstück. In der Perspektive dieser Arbeit, die Schlegels Begründung der autonomen Kritik funktionsgeschichtlich als epochale Replik auf die Probleme der philosophischen Ästhetik des 18. Jhs. auslegt (»Es bedurfte der völligen Entwertung aller aus einer philosophischen Ästhetik sich herleitenden Bestimmungen der Kunst, um zu einer positiven Kategorisierung der als modern sich verstehenden Kunst durchzudringen«, p. 228), fällt auch auf die Problemstellung der *Querelle* seit ihrer Aufnahme durch die deutsche Kritik ein neues Licht. Der veränderte Fragenhorizont zeigt sich vor allem darin an, daß die Vorbildlichkeit der Griechen in der deutschen Diskussion das in der *Querelle* noch nicht gesehene Problem aufwirft, »wie die in der metaphysischen Bestimmung fraglos gegebene Objektivität des Schönen nunmehr im Modus der Subjektivität in der Kunst zur Geltung gebracht werden kann« (p. 107). Auch Herder gelangt dort über die von der *Querelle* hinterlassene nationale und epochale Relativierung des Schönen hinaus, wo er im Rückgang auf die biblische Hermeneutik eine Theorie des Schönen entwickelt, die seinen universalen Sinn

wieder gegen den historischen Relativismus ins Recht setzt: das Schöne, das nicht mehr als ein metaphysisch Bestimmbares und substantiell Nachahmbares vorgegeben ist, kann als die überhistorische Quintessenz historischer Manifestationen im hermeneutischen Prozeß der Kritik wieder versammelt und zur Anschauungsform des Kenners und Kritikers werden (p. 123). Das in Herders Genie-Lehre fehlende gegenseitige Begründungsverhältnis von kritischer Reflexion und produktivem Selbstverständnis der Kunst wird sodann für Fr. Schlegel zum Movens, mit einer neuen Funktionsbestimmung der Kritik zugleich die ästhetische Legitimation der »progressiven« modernen Kunst zu gewinnen, »indem diese sich die kritische Erkenntnis ihrer historischen Veränderbarkeit zur Bestimmung werden läßt und so die Kritik zum Strukturelement der Kunst selbst wird« (p. 124). Der Studium-Aufsatz erscheint in dieser Perspektive als eine Durchgangsposition, in der die positive Kategorisierung der modernen Kunst noch nicht geleistet ist. Daß sie Schlegel erst leisten konnte, als ihm Schillers geschichtsphilosophische Lösung der Antinomie von Antike und Moderne, naturhafter Vollkommenheit der naiven und unvollendbarer Progression der sentimentalischen Kunst vor Augen stand, ist meine Sicht auf die frühromantische Lösung der *Querelle*. Demgegenüber geht H.-D. Weber von dem Ungenügen Schlegels an der nicht spezifisch ästhetischen Kategorie des Sentimentalischen aus, sucht Schlegels nächsten Schritt in der formalen Aufhebung des *Objektiven* im *Romantischen* zu fassen (p. 174) und verfolgt die daraus entstehenden Konsequenzen und Aporien des rein ästhetischen Begriffs einer romantischen Kunst bis zum notwendigen Scheitern der ›neuen Mythologie‹. Ob in dieser Sicht das von mir apostrophierte Paradoxon der deutschen Literaturgeschichte schon gelöst ist, steht dahin und könnte mutmaßlich nur durch eine Wiederaufnahme der *Querelle* gelöst werden.

Das Ende der Kunstperiode – Aspekte der literarischen Revolution bei Heine, Hugo und Stendhal

Le génie poétique est mort, mais le génie du soupçon est venu au monde.

I.

Der zum Motto erhobene Satz findet sich im Vorwort der *Souvenirs d'Egotisme*, die Stendhal 1832 als Konsul in Civita Vecchia niederzuschreiben begann, aber schon nach 14 Tagen wieder abbrach.[1] Der Satz steht ziemlich unvermittelt im Kontext. Stendhals lapidare Feststellung ist nicht zureichend motiviert, so daß sie die Form eines selbständigen Aperçu gewinnt. Sie muß in dem übergreifenden historischen Kontext verstanden werden, der auch Stendhals autobiographischem Fragment erst Zeugniswert und literarischen Rang verleiht. Zeugniswert durch die provozierende Absicht der *Souvenirs d'Egotisme*, die als eine »gegen den Strich« geschriebene Selbstdarstellung den Abbau der romantischen Subjektivität ankündigen. Ferner durch ihre unliterarische Schreibart, in der sich ein epochaler Bedeutungswandel von Poesie und Prosa, Imagination und Aktualismus geltend macht. Schließlich durch die Leistung dieser Schreibart, die als literarische Form der Zeitbewegung die dichterische Existenz mitten in Geschichte und Politik hinein und sie damit zugleich in Frage stellt. Der Satz: *le génie poétique est mort, mais le génie du soupçon est venu au monde*, ist also nicht allein gegen die Dichter der Romantik gerichtet, die mit Vigny die Vereinsamung des dichterischen Genius in der Gesellschaft beklagten.[2] Stendhal sieht in dieser

1 Stendhal, *Souvenirs d'Egotisme*, nouvelle éd. revue, établie et commentée par H. Martineau, Paris (Le Divan) 1950. Im Text wird im übrigen nach folgenden Ausgaben zitiert: Hugo, *La Préface de Cromwell*, ed. Lommatzsch und Wagner, Berlin 1920 (Romanische Texte, Nr. 3), Hegel, *Ästhetik*, ed. F. Bassenge, Berlin 1955; Heine, *Sämtliche Werke*, ed. Elster (Meyers Klassiker Ausgaben), Bd. 3: *Reisebilder*, Bd. 5: *Französische Zustände*, Leipzig und Wien, o. J.

2 So kommentiert Martineau (p. 139) diese Stelle.

Klage bereits das Symptom einer noch nicht voll erkannten epochalen Wende, nach welcher der »Geist der Poesie« tot und der »Geist des Zweifels« an seine Stelle getreten sei. Denn seine Überzeugung, daß es nunmehr eines Gegengiftes bedürfe, um seine Selbstdarstellung gegen den Vorwurf der Eitelkeit zu rechtfertigen *(Je suis profondément convaincu que le seul antidote qui puisse faire oublier au lecteur les éternels Je que l'auteur va écrire, c'est une parfaite sincérité*, p. 7), entspringt nicht allein aus der noch romantisch formulierten Erkenntnis, daß sich die privilegierten Augenblicke der romantischen Existenz nicht mehr aussprechen oder beschreiben lassen.[3] Wenn Stendhal die *moments heureux que j'ai rencontrés* überspringen und gerade *les choses humiliantes* erzählen will, *sans les sauver par des préfaces infinies* (p. 7), steht hinter seiner Abneigung gegen die romantische Form der Ichaussprache *(Je sens, depuis un mois que j'y pense, une répugnance réelle à écrire uniquement pour parler de moi, du nombre de mes chemises, de mes accidents d'amour-propre*, p. 6) die allgemeinere Erfahrung einer neuen Zeit: die Abdankung der Imagination.

Das Experiment, sein *petit mémoire* (p. 5) in einer Art von Wette gegen die persönliche Eitelkeit ausdrücklich gegen die konventionelle Form romantischer Ichaussprache zu schreiben, hatte ein anderes Projekt verdrängt, das Stendhal mehr zu Herzen ging: *Toute la disposition de mon cœur était d'écrire un livre d'imagination sur une intrigue d'amour arrivée à Dresde, en août 1813* (p. 6). Der Druck alltäglicher Pflichten habe bei ihm die Imagination zum Erlöschen gebracht? *Cette petite contrariété éteint net l'imagination en moi. Quand je reprends ma fiction, je suis dégouté de ce que je pensais* (p. 6). Hinter dem *génie du soupçon* verbirgt sich eine Erfahrung der gegenwärtigen Zeit, die der fiktiven Welt der Poesie ihre selbstverständliche Geltung streitig macht.[4] Die Feststellung: *le génie poétique est mort* zielt offenbar sowohl gegen die Selbstaussprache der romantischen Subjektivität wie gegen die Imagination und den Geniebegriff der Romantik – gegen Prinzipien einer zu Ende

3 *Je craignais de déflorer les moments heureux que j'ai rencontrés, en les décrivant, en les anatomisant. Or, c'est ce que je ne ferai point, je sauterai le bonheur.* (p. 7, mit Anm. 10)

4 In demselben Sinne, nun aber gegen die fiktive Welt des konventionellen Romans gewendet, findet sich *soupçon* im Titel der Essay-Sammlung *L'Ere du Soupçon* von Nathalie Sarraute.

gegangenen Kunstperiode, mit der für Stendhal die Möglichkeit der Poesie überhaupt in Frage gestellt ist. Die Poesie hat für den Verfasser der *Souvenirs d'Egotisme* ihr Eigenrecht als genuine Form der Selbsterkenntnis eingebüßt (*Je ne me connais point moi-même et c'est ce qui quelquefois, la nuit quand j'y pense, me désole.* p. 7). Neben die klassische Frage der Selbsterkenntnis: *Suis-je bon, méchant, spirituel, bête?* (ib.) tritt sogleich die Frage nach der Position dieses Ichs im stürmischen Gang einer revolutionären Zeit: *Ai-je su tirer un bon parti des hasards au milieu desquels m'a jeté et la toutepuissance de Napoléon (que toujours j'adorai) en 1810, et la chute que nous fîmes dans la boue en 1814, et notre effort pour en sortir en 1830?* Das dichterische Subjekt erkennt sich als Objekt der Geschichte. Die literarisch gewordene Forderung: »Erkenne dich selbst« ist durch das Einvernehmen von dichterischer Subjektivität und Natur nicht mehr erfüllbar: sie hat ihr neues Maß in der Bewältigung geschichtlicher Erfahrung. Läßt sich eine Selbstdarstellung, die zugleich Zeitdarstellung zu sein beansprucht, ohne poetische Verklärung schreiben? Gibt es eine Schreibart, die diesem Anspruch gegen die poetischen Konventionen der literarischen Tradition gerecht wird?

II.

Diese Fragen werden nicht allein am Ausgangspunkt von Stendhals *Souvenirs d'Egotisme* greifbar. Sie bestimmen noch ausdrücklicher die literarische Position seines Zeitgenossen Heinrich Heine. Und sie kennzeichnen eine allgemeine Tendenz der europäischen Literatur im Vormärz, deren Situation mit der Schulbezeichnung *Das Junge Deutschland* und ihren außerdeutschen Entsprechungen eher verdeckt als beschrieben ist. Die literaturhistorische Forschung hat der Blickzwang der Nationalliteraturen und ihrer vermeintlich autochthonen Entwicklungsgesetze bisher gehindert, die übergreifenden Tendenzen dieser neuen literarischen Epoche zu untersuchen. Das gilt vor allem für die Würdigung der jungdeutschen Gruppe, die lange Zeit in so tiefem Mißkredit stand, daß sonst entgegengesetzte Lager der Kritik in dem Verdikt zusammentrafen: »man könnte sogar das Junge Deutschland aus der

Geschichte der deutschen Literatur streichen, ohne ihren roten Faden zu verletzen«.[5] Ein erster Ansatz zu der nach 1945 einsetzenden, aber oft noch zaghaften Rehabilitierung der Jungdeutschen[6] findet sich in der Betrachtung, die Werner Krauss der deutschen Geisteswelt im Vormärz gewidmet hat, um aus ihr heraus den Weg des jungen Karl Marx zu beschreiben.[7] Dort werden epochale Züge hervorgehoben, die den jungdeutschen Literaten wie – trotz ihrer Verfeindung – den junghegelianischen Philosophen, Heine und Börne wie Marx, gemeinsam waren: das Bewußtsein einer Zeitenwende, die mit der Julirevolution und dem Tod Hegels (1831) und Goethes (1832) sinnfällig wurde; die »Revolution des Stils« und Ausbildung der auch von Marx virtuos gehandhabten jungdeutschen Prosa; die neue »Literatur der Bewegung«; die Abkehr von der Romantik und von der Philosophie des Idealismus. In dieser Sicht gewinnt auch die oft als nur epigonenhaft abgetane Insurrektion gegen Goethe und die Weimarer Klassik ihr historisches Profil. Im Widerspruch zu der »selbstgenugsamen Würde einer Klassik, die nur in der Freiheit des Spiels den Menschen ernst zu nehmen gedachte«, formiert sich das *Junge Deutschland* mit dem legitimen Anspruch, »unsere Literatur

5 Franz Mehring, in seiner Rezension des Buches von Houbens, zitiert bei W. Dietze (s. Anm. 6), p. 6.

6 Literaturhinweise bei J. Hermand (ed.), *Das Junge Deutschland – Texte und Dokumente*, Stuttgart 1966. Besondere Erwähnung verdient W. Dietze, *Junges Deutschland und deutsche Klassik*, Berlin [3]1962 *(Neue Beiträge zur Literaturwissenschaft*, Bd. 6). Dieser gründliche Versuch, den historischen Standort des Jungen Deutschland neu festzulegen, geht m. E. noch nicht weit genug, weil er nur die spezifisch deutsche Entwicklung, nicht aber den allgemein europäischen Prozeß im Blick hat. Gelegentlich schlägt der Ansatz der Rechtfertigung wieder in metahistorische Urteile und Kritik ex eventu um. So z. B. p. 115: »Das jungdeutsche Fortschrittsdenken erwies sich der Größe seiner Aufgabe nicht gewachsen und versagte vor ihr, weil es ihm nicht gelang, objektiv-historische Maßstäbe zu finden.« Wie hätte sich denn der Protest gegen die überlebte Autorität der klassischen Ästhetik und gegen das Bildungsmonopol des Weimarer Neuhumanismus unter »objektiv-historischen Maßstäben« vollziehen sollen? Wie kann man der Insurrektion der Jungdeutschen vorwerfen, daß es ihnen »nur« um eine ästhetische Revolution ging (p. 207), wenn man andererseits feststellen muß, »daß die jungdeutsche Bewegung, die das Neue sucht, für die Verwirklichung ihrer Absichten im Deutschland der dreißiger Jahre noch keine qualitativ neue Klassengrundlage finden konnte«? (p. 208)

7 *Karl Marx im Vormärz*, in: *Dt. Zeitschrift für Philos.*, 1 (1953) pp. 429 bis 460.

aus ihrem ästhetischen Zustand (zu entbinden), während die Junghegelianer den Hegel'schen Weltgeist in die Bewegung des vorwärtsstürmenden Zeitgeistes zu reißen suchten«.[8] Der Aufstand der Jungdeutschen war nicht nur eine ästhetische Revolution. W. Krauss hat gegenüber dem wohlfeilen, ex post erhobenen Argument mangelnder politischer Entschiedenheit und demokratisch-revolutionärer Konsequenz zu Recht auf die eigentliche, der historischen Stunde gemäße politische Sendung des jungdeutschen Journalismus hingewiesen: dem deutschen Publikum das fortgeschrittene Wissen Frankreichs zu vermitteln. Hier wie in Heines *Französischen Zuständen* und später in den *Deutsch-Französischen Jahrbüchern* von Ruge und Marx ging es immer wieder um dasselbe Ziel: »Die politische Praxis der Franzosen sollte sich in der deutschen Philosophie verankern.«[9]

Aber auch die ästhetische Revolution der Jungdeutschen ist mit ihrer Traditionsfeindschaft und ihren modernistischen Ansprüchen nur erst negativ beschrieben. Die Kehrseite ihrer schockierenden Negation liegt in einer neuen, nicht mehr nur deutschen Tendenz, die klassische Schranke zwischen Kunst und Politik, Dichtung und Zeitbewegung zu durchbrechen – in der Erkenntnis, die Börne mit revolutionären Schriftstellern diesseits und jenseits des Rheins teilte: *Die Poesie der Zeit ist in die Geschichte eingetreten. Sie fliegt nach einem anderen Rhythmus als dem sechsfüßigen, und Wahrheit und Dichtung heißt jetzt die Biographie der Menschheit.*[10]

Die literarische Position Heinrich Heines ist – wie Wolfgang Preisendanz zeigte – in besonderem Maße durch sein Bewußtsein vom *Ende der Kunstperiode, die bei der Wiege Goethes anfing und bei seinem Sarge aufhören wird*, bestimmt.[11] Diese berühmte, zum ersten Mal 1828 in der Auseinandersetzung mit Wolfgang Menzel ausgesprochene Prognose hat nicht nur das bevorstehende Ende der Goethezeit als einer unter anderen literarischen Epochen im Blick. Heine sieht in dieser Zäsur vielmehr das Ende der bisher geltenden Idee der Kunst, d. h.

8 Ib., p. 430.
9 Ib., p. 431.
10 Zitiert bei Dietze, op. cit. p. 204.
11 *Der Funktionsübergang von Dichtung und Publizistik bei Heine*, in: *Die nicht mehr schönen Künste – Grenzphänomene des Ästhetischen*, ed. H. R. Jauß, München 1968 *(Poetik und Hermeneutik III)*, pp. 343–74.

der klassisch-philosophischen, von Baumgarten begründeten und von Hegel beschlossenen Ästhetik. Diese Kunstperiode sei bestimmt »durch einen Kunstbegriff, für den die Kunst *eine unabhängige zweite Welt* sei, *zwecklos wie der Weltbau selber*, nur um ihrer selbst willen da und ohne Bezug auf die Ansprüche der *ersten wirklichen Welt*«[12]. Das Revolutionäre von Heines Theorie liegt also darin, daß der Angriff auf den klassischen Kunstbegriff bis zur Grenze des Ästhetischen geführt wird und mit der Forderung, die jetzige Kunst müsse den *Widerspruch mit der Gegenwart* aufheben und sich selbst in die *Zeitbewegung* stellen[13], den Kanon des Ästhetischen zu sprengen beginnt. Dieses Prinzip steht am Ursprung der von Heine zu neuer Geltung gebrachten, für die europäische Literatur im Vormärz charakteristischen Genres des Feuilletons, Essays, Briefs und vor allem der »Reisebilder« – jener literarischen Formen der »Zeitbewegung«, deren Leistung man verkennt, wenn man sie als bloße Vehikel publizistischer Absichten ansieht. Denn Heines neue Schreibart gibt schon eine konkrete Vorstellung jener neuen Kunst, die im Einklang mit der neuen Zeit *nicht aus der verblichenen Vergangenheit ihre Symbolik zu borgen braucht*[14], sondern alle zur Sprache gebrachte Wirklichkeit auf das Subjekt bezieht und in solcher Vermittlung sich sonst ausschließende Momente wie Dichtung und Agitation vereint: »die ideologische Reflexion kann zur Funktion poetischer Imagination, die poetische Imagination zur Funktion ideologischer Reflexion werden«.[15]

Die literarische Erhebung gegen die Ästhetik der klassisch-romantischen Kunstperiode hat in Deutschland einen dritten historischen Ausgangspunkt in Hegels Philosophie der Kunst: den berühmten Satz aus den Vorlesungen über Ästhetik, daß die Kunst *in unserem heutigen Leben [...] nicht mehr als die*

12 Ib., p. 345.

13 *Die jetzige Kunst muß zugrunde gehen, weil ihr Prinzip noch im abgelebten, alten Regime, in der heiligen römischen Reichsvergangenheit wurzelt. Deshalb, wie alle welken Überreste dieser Vergangenheit, steht sie im unerquicklichsten Widerspruch mit der Gegenwart. Dieser Widerspruch und nicht die Zeitbewegung selbst ist der Kunst so schädlich; im Gegenteil, diese Zeitbewegung müßte ihr sogar gedeihlich werden* [...]. (*Französische Maler*, 1831).

14 Ib.

15 W. Preisendanz, op. cit. p. 631.

höchste Weise gelte, *in welcher die Wahrheit sich Existenz verschafft* (p. 139). Dieser Satz ist nicht nur eine spekulative Folgerung aus der Hegelschen Philosophie des absoluten Geistes, sondern auch eine historische These. Denn Hegel geht hier – wie Willi Oelmüller zeigte – von ganz bestimmten geschichtlichen Erfahrungen aus, die erklären, warum die Kunst in ihrer höchsten Bestimmung, als Form der Gegenwart des Absoluten, von nun an der Vergangenheit angehören müsse.[16] Solche Erfahrungen sind einmal der durch die bürgerliche industrielle Gesellschaft und den modernen Staat geprägte Weltzustand, zum anderen die ihm vorausliegende geschichtliche Verwandlung der Welt durch das Christentum und der erst dadurch ermöglichte Stand der Subjektivität und schließlich das Scheitern der romantischen Kunst und ihrer Genieästhetik.[17] Der gegenwärtige Weltzustand ist in seiner Totalität mit Mitteln der Kunst nicht mehr darzustellen, da die Unendlichkeit seines Gehalts *das immer beschränkte Kunstgefäß bestimmter Individualität zersprengen* müßte. *Und wollte man auch die Volksgeister in ihrer Allgemeinheit ergreifen und in dieser Substantialität agieren lassen, so würde auch dies nur eine [. . .] Reihe geben, deren Individuen außerdem nur, indischen Inkarnationen gleich, einen Schein des Daseins hätten, dessen Erdichtung vor der Wahrheit des in der wirklichen Geschichte realisierten Weltgeistes erblassen müßte.* (p. 958/9) Hegels Satz vom Ende der Kunst konstatiert den Übergang in eine moderne Welt, in der die von unmittelbaren religiösen, sittlichen oder geistigen Zwecken freigesetzte Kunst zwar auch noch ein Organon der Wahrheit sein kann, »aber sie sagt nicht das Ganze aus, und sie sagt es nicht auf höchste Weise aus«.[18] Der historische Befund des Hegelschen Satzes vom Ende der Kunst ist die Einsicht, daß die Kunst nach dem Zuendegehen der Kunstperiode »nicht nur hinter anderen Bewußtseinsweisen zurückgetreten (ist), mit denen sie sich in Übereinstimmung setzen muß. Sie ist auch ihrem Gehalte nach partial geworden«.[19] Versteht man den Hegelschen Satz

16 *Hegels Satz vom Ende der Kunst und das Problem der Philosophie der Kunst nach Hegel*, in: *Philos. Jahrbuch* 73 (1965) pp. 75–94.
17 Ib., p. 79–84.
18 W. Oelmüller, op. cit. p. 89.
19 D. Henrich, *Kunst und Kunstphilosophie der Gegenwart (Überlegungen*

mit Dieter Henrich in dieser Konsequenz, so enthält er den Ansatz einer von Hegel nicht mehr ausgeführten Theorie der modernen Kunst, der es ermöglicht, Hegels *Ästhetik* in die Progression der Geschichte zurückzuholen und sie vom Ballast ihrer allzu kurzatmigen Prognosen über die Zukunft der Kunst im 19. Jahrhundert zu befreien. Dann lassen sich aus dem Grundgedanken vom partialen Charakter der neuesten Kunst Bestimmungen wie: Verzicht auf Utopie (d. h. auf Programme des Universalkunstwerks), Reflektiertheit der Form und freie Verfügbarkeit über historische Stilformen gewinnen, die es ermöglichen, Grundstrukturen der Kunst bis in unsere Gegenwart auf den Begriff zu bringen[20].

III.

Die These, daß Hegels Satz vom Vergangenheitscharakter der Kunst, Heines Äußerungen über das Ende der Kunstperiode und die gleichzeitige Insurrektion des »Jungen Deutschland« gegen die Klassik der Goethezeit eine über die deutsche Literatur im Vormärz hinausreichende Wende der Kunst im Emanzipationsprozeß der Geschichte angekündigt haben, muß im Blick auf Frankreich zunächst befremden. Zwar sahen die Literaten, die 1827 Victor Hugos *Préface de Cromwell* begeistert als Manifest ihrer Generation begrüßten, das Gebot der Stunde in der Forderung, die Revolution von 1789 nun auch im Bereich der Literatur nachzuholen: *Il y a aujourd'hui l'ancien régime littéraire comme l'ancien régime politique. Le dernier siècle pèse encore presque de tout point sur le nouveau.* (p. 60) Aber das literarische Ancien Régime in dieser neuen »Querelle des Anciens et des Modernes« war der von der politischen Revolution unangefochtene Klassizismus – eine verbrauchte, längst überfällige literarische Konvention, nicht aber – wie in Deutschland – der nicht mehr erreichbare Gipfel einer vollendeten Klassik, philosophischen Ästhetik und Kunstreligion. Was die französischen Romantiker von 1827 ihr literarisches Quatre-vingt-neuf nannten, war zu einem guten Teil – wie

mit Rücksicht auf Hegel), in: *Immanente Ästhetik – Ästhetische Reflexion*, ed. W. Iser, München 1966 *(Poetik und Hermeneutik II)*, p. 15.
20 Ib., p. 13 sqq.

es vor allem an der so lange verspäteten Shakespeare-Rezeption sichtbar wird – ein Nachholen dessen, was Friedrich Schlegel und die Frühromantik in Deutschland schon drei Jahrzehnte früher zum Programm ihrer *ästhetischen Revolution* erhoben hatten. Mit der epochalen Verspätung der romantischen Literaturrevolution in Frankreich traten ihre Ideen aber in einen anderen historischen Kontext.

Die Auflehnung gegen den Regelkanon des klassischen französischen Theaters, der in seiner Geschlossenheit den Inbegriff aller Doktrinen des Klassischen überhaupt vorstellen konnte, wird in der *Préface de Cromwell* mit Hilfe des seit A. W. Schlegel und Madame de Staël eingebürgerten Begriffspaars: *Le Classicisme* und *Le Romantisme* geführt. Diese Entgegensetzung ermöglichte es Hugo, die Kunst der klassisch-antiken und der christlich-modernen Ära als geschichtliche Epochen mit verschiedenen ästhetischen Prinzipien zu beschreiben und andererseits der französischen Klassik und ihrer bis zur Gegenwart nachwirkenden Kunstdoktrin nun gerade im Namen ihres Prinzips der *Imitation des Anciens* geschichtliche Ursprünglichkeit abzusprechen (vgl. p. 26, 36/37, 56). Mit den ästhetisch-geschichtsphilosophischen Kategorien des Klassischen und des Romantischen erbte Hugo aber auch die Schwierigkeit aller Romantiker, in diesem Rahmen die Position und den Zukunftshorizont der eigenen Gegenwart zu bestimmen. Wenn das Romantische die moderne Ära so bestimmen soll, daß es ihren christlichen Ursprung im Mittelalter wie die Gegenwart umgreift, erscheint die Modernität als eine Spätzeit, deren Gipfel bereits im Vergangenen liegt. Solange sich das Bewußtsein der Modernität noch mit dem Romantischen eins wußte, konnte es keinen neuen Anfang setzen, der nicht schon durch den fernen Ursprung der *temps modernes* und ihren poetischen Gipfel in Shakespeare (p. 22) vorbedingt war. Daher kommt es, daß die revolutionären und zukunftsweisenden Punkte der *Préface de Cromwell* von Hugo zunächst und weithin als schon vollbrachte Leistungen der Poesie im dritten, romantischen Zeitalter entwickelt wurden (obschon nicht selten in der verräterischen Form futurischer Wendungen: *la muse moderne verra ... la poésie fera un grand pas*, p. 13/14, cf. p. 19, 27). Das hat aber Hugos Zeitgenossen und Mitstreiter nicht gehindert, in seiner Schrift das Programm einer literarischen Revolution zu finden, Boileau endgültig entthront zu sehen und auf ein neues Drama als Gipfelform der Poesie (*la poésie complète*, p. 24) ihre Hoffnung zu setzen. Was erst nur als Rechtfertigung des neuen romantischen Theaters gedacht war, wuchs durch die Wirkung der *Préface* über die Absichten Hugos so weit hinaus, daß er seinen Sieg mit *Hernani* später selbst als Anbruch einer neuen Epoche der Literatur dem politischen Ereignis von 1830 gleichordnen konnte: *Il fallait donc que la révolution sociale se complétât pour que la révolution de l'art pût s'achever. Un jour, juillet 1830 ne sera pas moins une date littéraire qu'une date politique.*[21]

IV.

Hugos *Préface* von 1827 weist nicht geradlinig auf die Literaturtheorie und ästhetische Revolution der deutschen Frühromantik zurück. Ihre Geschichtsphilosophie der Weltliteratur zeigte vielmehr die Wandlungen an, die das Modell der ›drei Zeitalter der Kunst‹ im Durchgang durch Hegels Ästhetik erfahren hat. Dieses Modell verdrängt in der Kunstphilosophie des deutschen Idealismus bekanntlich ein zweistufiges Modell: die säkulare Tradition der ›Parallelen‹ von antiker und moderner Kunst. Die Vorbereitung und Nachwirkung dieser für die Geschichte der ästhetischen Theorie so bedeutungsvollen Wendung, die den Übergang von der normativen zur historischen Betrachtung der Künste vollendet hat, kann hier nicht dargestellt werden.[22] Für den Zusammenhang dieser Betrachtung ist vor allem wichtig, daß Hugo im ersten Teil seiner *Préface de Cromwell* unverkennbar, wenn auch in noch ungeklärter Filiation[23], nicht allein das dreistufige Modell der Hegelschen Geschichte der Kunst, sondern auch ein Hauptprinzip

21 Vorwort zu *Marion de Lorme* (1831); zum Widerspruch zwischen Victor Hugos rückwärtsgewandter Geschichtsphilosophie und der Revolution des romantischen Theaters kann im weiteren auf R. Warning, *Victor Hugo: Ruy Blas*, in: *Das französische Theater*, ed. J. v. Stackelberg, Düsseldorf 1968, bes. p. 140 sqq., verwiesen werden.

22 Auf die Geschichte der Theorie von den Zeitaltern der Poesie werde ich anderweitig zurückkommen.

23 Zu einer möglichen Filiation über Victor Cousin siehe Vf., *Romanische Forschungen* 72 (1960) pp. 167–171.

seiner Ästhetik aufgenommen hat: daß nämlich die Geschichte der Dichtung ineins die Entfaltung des Systems ihrer drei großen Gattungen sei.[24]

Der Dreistufigkeit der symbolischen, klassischen und romantischen Kunstform bei Hegel entspricht bei Hugo die Dreistufigkeit der Dichtungsgeschichte in den patriarchalischen *temps primitifs*, in den theokratischen *temps antiques* und in den liberalen *temps modernes*.[24a] In den drei Zeitaltern treten bei Hugo nacheinander als dominierende Dichtungsarten die Lyrik, das Epos und das Drama hervor (*L'ode chante l'éternité, l'épopée solennise l'historie, le drame peint la vie*). Dabei macht Hugo eigens darauf aufmerksam, daß es vor der Antike eine ältere Ordnung der Zivilisation und Stufe der Dichtung gegeben habe, *une autre ère, que les anciens appelaient fabuleuse, et qu'il serait plus exact d'appeler primitive* (p. 5) – Indiz jener Wiederentdeckung der Mythologie und der orientalischen Kulturen, die für Hegel der Anstoß war, dem zweistufigen Modell der ›Parallelen‹ die symbolische Kunstform vorzuordnen, so daß die klassische Kunstform die Mittelstellung gewinnen konnte! Andererseits ist bei Hugo wie bei Hegel die historische Zäsur zwischen dem zweiten und dem dritten Zeitalter der Poesie der Beginn der christlichen Ära, so daß das Mittelalter und die gegenwärtige Epoche unter den Begriff derselben Kunstform des *Romantischen* fallen.

Stimmen die Zuordnungen im ersten und zweiten Zeitalter im Umriß noch überein (*le Sublime*, die Symbolik der Erhabenheit, bestimmt auch bei Hugo die älteste Ära, *le Beau*, das klassische Ideal des Kunstschönen, die Ära der Antike), so tritt in der Bewertung des dritten Zeitalters, der Moderne, die bei Hegel wie bei Hugo durch die welthistorische Erscheinung des Christentums geprägt ist, ein verschiedenes Verhältnis zur gegenwärtigen Kunst zu Tage. Hegels Ästhetik bewahrt der klassischen Kunstform den Vorrang, und zwar auch noch dann, wenn man ihre Bestimmung der neuesten Kunst mit D. Henrich unter den Grundgedanken der Partialität und der Reflektiertheit der Form faßt. Das Maß der Vollkommenheit

24 Zum Folgenden siehe *Préface de Cromwell*, p. 5–22.

24a »Libéral« wird in der *Préface* noch nicht ausgesprochen; die bekannte Formel: *le romantisme, c'est le libéralisme en littérature* findet sich erst im Vorwort zu *Hernani* (1831).

ist und bleibt für ihn die im Spiegel der deutschen Klassik und ihres Begriffs der Individualität gesehene Kunst der Antike, deren »Norm und unerreichbare Muster« bekanntlich auch Marx nicht in Frage gestellt hat.[25] Die romantische Kunstform ist im Stufengang der Hegel'schen Geschichtsphilosophie nicht die progressive Aufhebung der klassischen, sondern ihre Auflösung im Prinzip der inneren Subjektivität. Sie bleibt auch noch in ihren für Hegel zeitgenössischen Erscheinungen auf den klassischen Begriff der idealen Einheit von Form und Inhalt bezogen – selbst dort, wo sie sich *gegen den bisher allein gültigen Gehalt* kehrt (p. 568). Insofern trifft Hegels Satz vom Ende der Kunst de facto nur das geschichtliche Ende einer epochalen und inhaltlich bestimmten, d. h. der klassischen Kunstform, die für ihn den Begriff der Kunst überhaupt ausmacht. Während Hegel darum die Kunst seiner Zeit im Aspekt des Scheiterns, als Ende der romantischen Kunstform sah und vom Epos in der Epoche der Volksgeister sagte, daß seine *Erdichtung vor der Wahrheit des in der wirklichen Geschichte realisierten Weltgeistes erblassen müßte* (p. 959), setzte Hugo die Kunst des beginnenden Zeitalters ausdrücklich in Gegensatz zur klassischen Kunstform und sprach ihr die Aufgabe zu, auf einer höheren Stufe, als *poésie complète* (p. 24), das einseitige klassische Ideal des Schönen zurückzulassen und die volle Wahrheit des Wirklichen, *le Réel*, zu erreichen (p. 27).

V.

Die Erwartung, die Hugo der literarischen Revolution von 1827 entgegenbrachte, artikuliert sich in einer antiklassischen Theorie der Literatur, die sich als notwendige Folge der bisher unterdrückten ›Poetik des Christentums‹ zu legitimieren sucht.[26] Der revolutionäre Aspekt der *Préface de Cromwell* liegt in ihrem Ansatz, die Literatur der Zukunft über die Grenzen der

25 Man denke an die bekannte Stelle in der *Einleitung zur Kritik der Politischen Ökonomie*, vgl. Karl Marx/Friedrich Engels, *Über Kunst und Literatur*, Berlin 1967, I, p. 125 (und Nachweise im Register).
26 Zu deren Vorgeschichte und Problematik sei auf die Diskussion in *Poetik und Hermeneutik III* (s. Anm. 11), bes. pp. 583–609, verwiesen.

klassischen Kunstform hinauszuführen, womit gefordert ist, den Vorrang der Ästhetik des Schönen zu negieren. In dieser neuen Phase der *Querelle des Anciens et des Modernes* wird der Kunst der Antike ihr Vorbildcharakter nicht mehr einfach mit den Argumenten der Fortschrittsidee oder des Historismus streitig gemacht. Nicht allein die Erkenntnis ihrer Zeitbedingtheit, ihres historischen Andersseins, hat ihre normsetzende Vorrangstellung hinfällig gemacht. Nun ist es der Kanon des Schönen selbst: die Monotonie der *beauté universelle* (p. 18), der im Namen der gottgeschaffenen, die *harmonie des contraires* umschließenden Welt der Prozeß gemacht wird. Die antike Kunst mußte die Natur verstümmeln, um ihre Vollkommenheit zu erreichen. Sie mußte das Ganze der Natur auf die eine Seite ihres für den Menschen schönen Anblicks reduzieren und damit das von Gott Geschaffene korrigieren: ihre Harmonie war durch Einseitigkeit und Unvollständigkeit erkauft (*c'est le moyen d'être harmonieux que d'être incomplet*, p. 13). Darum blieb es dem Christentum vorbehalten, die Dichtung zu ihrer vollen Wahrheit zu führen. Nachdem es eine neue Religion, eine neue Gesellschaft und ein neues Weltverständnis (*mélancolie*, d.h. Hugos Korrelat für Innerlichkeit, *esprit d'examen et de curiosité*) hervorgebracht hat (p. 12/13), ist es an der Zeit, nun endlich auch den genuin christlichen Dichtungsbegriff zu verwirklichen. Die zukünftige Dichtung wird dies leisten, wenn die moderne Muse die durch den klassischen Kanon des Naturschönen unterdrückte andere, unideale Seite der Natur in das Kunstwerk aufnimmt, wenn sie das Schöne mit dem Häßlichen, das Erhabene mit dem Grotesken, das Gute mit dem Bösen zusammenbringt – eine Aufgabe, die Hugo dem Drama als der höchsten Kunstgattung seines dritten Zeitalters zuweist: *La poésie née du christianisme, la poésie de notre temps est donc le drame; le caractère du drame est le réel; le réel résulte de la combinaison toute naturelle de deux types, le sublime et le grotesque, qui se croisent dans le drame, comme ils se croisent dans la vie et dans la création. Car la poésie vraie, la poésie complète, est dans l'harmonie des contraires* (p. 26).

Wir stehen hier vor dem französischen Geburtsakt des literarischen ›Realismus‹[27], der seine christliche Taufe und Abkunft

27 Zur Vorgeschichte (Schillers Realist, F. Schlegels Realismus der Poesie) der späteren Schul- und nachträglichen Epochenbezeichnung siehe R. Wellek,

aus der ›Poetik des Christentums‹ in der Folgezeit gründlich vergessen hat. *Le réel* als großer Vorwurf, der erst der Dichtung der *temps modernes* erreichbar sei, ist bei Hugo aus dem von der klassischen Poetik unterdrückten Prinzip der Stilmischung weiterentwickelt, das in der Deszendenz des christlichen Sermo humilis steht. Dieser Ursprung des literarischen Realismus wird aber erst dadurch unübersehbar, daß dasselbe Prinzip in einem fast gleichzeitig (1826) und völlig unabhängig entstandenen Werk von Hugos Zeitgenossen Heinrich Heine ebenfalls im Mittelpunkt einer für Deutschland revolutionären Literaturtheorie steht: in dem für die Schreibart der *Reisebilder* zentralen Kapitel XI von *Ideen – Das Buch Le Grand*. Dieses Kapitel, das den Satz *du sublime au ridicule il n'y a qu'un pas* kommentiert, entspricht Hugos Darlegungen über die gegensätzliche Harmonie des *sublime et grotesque* so auffällig, daß man von einem historischen Seitenstück oder besser von zwei gleichzeitigen Aspekten einer Epochenwende im allgemeinen Emanzipationsprozeß der Literatur reden kann. Denn hier wie dort wird die revolutionäre Forderung erhoben, daß die jetzt zeitgemäße Literatur eine vollständigere Wirklichkeit darstellen müsse als die verklärende, einseitig im Schönen oder Erhabenen, im Tragischen oder Heiteren verbleibende Kunst der hinabgegangenen klassischen Literaturperiode.

VI.

Diese Gleichzeitigkeit erscheint weniger zufällig und mystisch, wenn man die von der Komparatistik genährte Vorstellung aufgibt, daß an diesem Punkt eben einmal die sonst eigenge-

The concept of Realism in literary scholarship, in: *Neophilologus* 45 (1961) 1–20. Der früheste, aber noch ganz isolierte Beleg fällt interessanterweise in das Vorjahr der *Préface de Cromwell*: *Cette doctrine littéraire qui gagne tous les jours du terrain et qui enduisait à une fidèle imitation non pas des chefs-d'œuvres de l'art mais des originaux qui nous offre la nature, pourrait fort bien s'appeler le réalisme: ce serait suivant quelques apparences, la littérature du XIXe siècle, la littérature du vrai* (*Mercure de France*, vol. 13, 1826; zit. bei Wellek). Hier ist *réalisme* zwar von der *imitation des anciens*, nicht aber von der klassischen *imitation de la nature* abgesetzt (wie bald danach bei Victor Hugo). Den letzten Stand der Diskussion repräsentiert W. Preisendanz, *Das Problem der Realität in der Dichtung*, in: *Bogawus*, Heft 9/1968, pp. 3–9.

setzlichen Entwicklungen der deutschen und französischen Nationalliteratur konvergierten. Statt dessen soll hier der übergreifende historische Prozeß der literarischen Evolution in den Blick genommen werden, demgegenüber Heines und Hugos Theorien primär als Antworten auf die Forderung des gleichen historischen Augenblicks zu verstehen und nur sekundär von der Eigenart ihrer verschiedenen Nationalliteraturen bedingt sind. Eine Analyse der beiden Positionen mit dem allgemeinen Prozeß der literarischen Revolution als ›tertium comparationis‹ wird ihren Unterschied dort zeigen, wo in Hugos Programm die konservative Rückversicherung einsetzt, die romantische Bewegung in Frankreich sich teilt und Stendhal – wiederum analog zu Heine – die fällige Absetzung des Modernen vom Romantischen vollzieht.

VII.

Für Hugo ist das Groteske der Schlüsselbegriff, um die *différence fondamentale qui sépare ... l'art moderne de l'art antique* (p. 14) zu begründen. Sein Wortgebrauch weist unverkennbar auf die Poetik der deutschen Romantik zurück; die antithetische Funktion des Grotesken kommt Formulierungen in den Athenäumsfragmenten (75, 305, 389, 396, 424) Friedrich Schlegels noch am nächsten[28], an den in der *Préface* auch das gelegentliche Ausspielen des *Charakteristischen* gegen das Schöne (p. 42) von ferne erinnert. Auf welche Weise auch immer das Wort zu Hugo gelangt ist, er hat es zu einem neuen poetischen Begriff ausgeprägt, der einen Wendepunkt in der Wortgeschichte wie in der Dichtungstheorie bedeutet. Denn *grotesque* hat für Hugo weder den in der französischen Tradition herausgebildeten Sinn, daß etwas durch seine äußere Erscheinung bizarr, burlesk, karikaturhaft, extravagant und damit *ridicule* wirkt[29], noch meint es jenen Aspekt des Unheim-

28 Nach W. Kayser, *Das Groteske in Malerei und Dichtung*, 1960 (rororo, 107), p. 40.

29 Die einschlägigen Belegstellen finden sich bei P. Knaak, *Über den Gebrauch des Wortes grotesque*, Diss. Greifswald 1913, der die Ausgangsbedeutung wie folgt zusammenfaßt: »Schon früh wird angedeutet, was wesentlich für den ästhetischen Charakter des Grotesken [...] ist, nämlich die willkürlich spielerische, daher phantastische Zusammenstellung von heterogenen, in der Natur nirgends zu einer Einheit verbundenen Einzelheiten.« (p. 10)

lichen, Abgründigen, jene »Verkehrung der unsere Tagwelt ordnenden Kategorien«, unter die W. Kayser das Wesen des Grotesken überhaupt fassen wollte – mit nicht überzeugenden Gründen.[30] Denn dieser modernisierenden Deutung stehen auch in der deutschen Tradition bis hinein in die Romantik zahlreiche Belege entgegen, die den von der Etymologie bedingten Aspekt des Spielerisch-Heiteren, Unbeschwert-Phantastischen bewahren (die in Grotten wiederentdeckte antike Ornamentik war nicht abbildhaft oder ›welthaltig‹, sondern gewollt naturwidrig). *Le Grotesque* steht bei Hugo nicht mehr unter dem Vorzeichen einer »Realität des Irrealen«[31], aus welcher der Effekt des Unheimlichen wie der des Lächerlichen hervorgehen kann, sondern bezeichnet das Häßliche in seiner verkannten, für Hugo spezifisch christlichen Realität. Spezifisch christlich, weil das Häßliche hier nicht mehr – wie in der antiken Kunsttheorie – ein bloßes *Gegenbild* des Schönen und Guten sein, sondern *selbständig* neben das Schöne treten soll, um in der Vielfalt seiner Aspekte (*Dans la pensée des modernes [...] le grotesque a un rôle immense. Il y est partout; d'une part, il crée le difforme et l'horrible; de l'autre, le comique et le bouffon*, p. 16) die Totalität der gottgeschaffenen Natur zu repräsentieren.[32] *Grotesque* in diesem neuen Wortsinn setzt sich – auch wenn Hugo diese Unterscheidung in der *Préface* nicht konsequent durchführte – von *laid* als dem gegenbildlich Häßlichen der klassischen Kunstperiode ab. Sein Gegenpol ist das Erhabene (*le sublime*), nicht das Schöne.[33] Denn das Schöne, die einseitig verklärte Natur der Klassik, harmoniert nur mit dem Menschen und seiner *organisation*; es bleibt ein zwar harmonisches und vollständiges, aber beschränktes Ganzes,

30 Op. cit. p. 142, zur Kritik der Kayser'schen These siehe W. Preisendanz, *Humor als dichterische Einbildungskraft*, München 1963, p. 285 sqq., und L. B. Jennings, *The ludicrous demon*, Berkeley/Los Angeles 1963.

31 Definition von L. Spitzer in seiner Rezension von W. Kayser, *Göttinger gelehrte Anzeigen*, 212 (1958) p. 104.

32 Zum Ursprung dieser Argumentation siehe Vf., *Die klassische und die christliche Rechtfertigung des Häßlichen in mittelalterlicher Literatur*, in: *Poetik und Hermeneutik* III (s. Anm. 11), bes. p. 156 sqq.

33 Auch diese Opposition wird in der *Préface* und anderweitig nicht durchgehalten. Wie R. Warning zeigte (op. cit., p. 155 sqq.) wird die provokative Wahrheit des Grotesken, Charakteristischen, Individuellen immer wieder durch das Schöne aufgefangen, vor allem auch in der Umsetzung der Theorie Hugos in die Praxis seines Theaters und Romans.

während das an sich selbst unvollständige Groteske als ein *détail d'un grand ensemble qui nous échappe* stets über sich hinausweist und darum mit der ganzen Wirklichkeit der Schöpfung harmonieren kann (p. 19). Erreicht der Versuch Hugos, eine Theorie der modernen Dichtung jenseits der Ästhetik des Schönen zu begründen, damit seine progressive Spitze, so zeigt die nicht abgebaute Vorstellung einer Harmonie der gottgeschaffenen Welt aber auch schon die Grenze und Rückversicherung seiner revolutionären Literaturtheorie an. Das wird auch an der Reihe von Beispielen deutlich, die den Begriff der ›ganzen Wirklichkeit‹ in Geschichte und Drama erläutern sollen und in einigen Punkten geradezu mit Beispielen Heines konvergieren.[34]

Das Wirkliche, das in der klassischen Scheidung von Tragödie und Komödie verloren blieb und nun vom Drama, der *poésie complète* der Zukunft, gestaltet werden soll, wird in geschichtlichen Momenten faßbar, die durch scharfe Kontraste aus dem gewöhnlichen Lauf der Dinge herausragen. Solche Momente können in der Spannung zwischen dem Erhabenen und dem Alltäglichen entstehen, wie etwa in den Anekdoten vom Richter, der sein Urteil mit dem Satz beschließt: *À la mort, et allons dîner* (Voltaires *Socrate* entnommen), von Sokrates, der den Todesbecher trinkend, das Gespräch über die Unsterblichkeit der Seele unterbrach, damit dem Äskulap ein Hahn geopfert werde, oder von Cromwell, der mit der gleichen Hand, die das Todesurteil Karls I. unterschrieb, das Gesicht dessen mit Tinte besudelte, der ihm das königliche Haupt lachend überbrachte. Die Spannung solcher Momente kann auch daraus entspringen, daß in erhabenen Seelen *la bête humaine qui parodie leur intelligence* zum Vorschein kommt, wie im Falle des siegreichen Cäsar, der auf dem Triumphwagen in die Angst gerät, er werde umkippen. Die Reihe schließt wirkungsvoll mit einem Ausspruch, der diese Spannung im Moment des Umschlags faßt und an eine schicksalsschwere historische Stunde erinnert, Napoleons Wort zu der Wende von 1812: *Du sublime au ridicule il n'y a qu'un pas*.[35]

34 Zum folgenden vgl. *Préface*, p. 27–29.

35 Der Ausspruch wurde zum ersten Mal in der *Histoire de l'ambassade dans le grand-duché de Varsovie* von M. de Pradt (1812) zitiert, nach P. Grosclaude (ed.), *Victor Hugo: Préface de Cromwell,* in: *Classiques Larousse,* Paris o. J., p. 34.

Man versteht die Absicht dieser Beispiele falsch, wenn man in ihrem Spannungsbogen jenen nächtlichen, abgründigen, satanischen Weltanblick sucht, den W. Kayser hinter allen Manifestationen des Grotesken finden wollte. Er mußte denn auch zu unserem Text feststellen, daß Hugos Beispiele schon gar nicht mehr unter seine Formel: *mélange du sublime et du grotesque* fielen, weil die Furcht Cäsars vor dem Umwerfen oder Sokrates' Gedanke an den Hahn nur alltäglich und allzumenschlich, nicht aber ›grotesk‹ seien. Gleichwohl glaubte Kayser die Beispiele noch für seine Formel retten zu können, indem er aus ihrer Gegensätzlichkeit eine »besondere Art des Kontrastes« herauslas: »Es wird kein Erhabenes an sich und kein Groteskes an sich zu einem ›Schönen‹ oder ›Dramatischen‹ vereinigt, sondern grotesk ist gerade der nicht auflösbare, unheimliche, der nicht-sein-dürfende Kontrast. Es hat etwas Diabolisches, solche unvereinbare Gleichzeitigkeit wahrzunehmen und aufzudecken, denn es zerstört die Ordnungen und öffnet einen Abgrund da, wo wir sicher zu gehen meinten.«[36] Der Kontext der ganzen *Préface* läßt indes keinen Zweifel übrig, daß Hugos Begriff des Grotesken mit der individuellen Vielfalt des Häßlichen auch das Alltägliche und Allzumenschliche einschloß, dem er – wie auch vor der Beispielreihe wieder die bis zum Überdruß wiederholte Antithese von *âme* und *bête humaine* anzeigt – das Rein-Seelische (im einzelnen Menschen) und das Erhabene (in der Geschichte) gegenüberstellt. Was aus dieser Gegensätzlichkeit hervorgehen soll, ist mitnichten selbst wieder etwas Groteskes (denn grotesk ist ja schon der eine Gegenpol), sondern *le réel*: die erst in solchen unvereinbaren Gegensätzen authentische, ganze Wirklichkeit. Für uns unvereinbar – denn was uns an der geschichtlichen Welt widersprüchlich und unvollständig erscheint, verweist gerade durch seinen Kontrast auf die Harmonie der ganzen, der göttlichen Schöpfung. Das Wirkliche, das sich als ›gegensätzliche Harmonie‹ in der Erscheinung großer Personen und Ereignisse der Geschichte offenbart (p. 27) und das als solches höchster Gegenstand der Kunst ist, begreift für Hugo stets Ideales und Unideales, die verklärte und die ›positive‹ Wirklichkeit ein (*L'art, outre sa partie idéale, a une partie terrestre et positive*, p. 40). Der Ausspruch Napoleons zeigt als *cri d'angoisse* den Konvergenzpunkt von

36 Op. cit. p. 45.

Leben und Drama (p. 28); er erleuchtet zugleich den Sinn der Geschichte und die Aufgabe der zu schaffenden, ›realistischen‹ Kunst.

VIII.

Das Napoleonwort bildet auch den Ausgangspunkt des Kapitels der *Reisebilder*, in dem Heinrich Heine Betrachtungen über Leben und Bühne, Geschichte und Kunst anstellt und dabei die gleiche Richtung einschlägt wie Victor Hugo in seiner kurz danach entstandenen *Préface de Cromwell.* Dem *mélange du sublime et du grotesque* entspricht in einer nur wortgeschichtlichen, den gleichen Sachverhalt treffenden Variante die *Verbindung des Pathetischen mit dem Komischen.* Sie kennzeichnet gleichermaßen die großen Poeten, von denen Aristophanes, Goethe, Shakespeare genannt werden (auch Hugos Reihe der zwiegesichtigen Dichter gipfelt in Shakespeare und der Rolle seiner Narren), und ist gleichermaßen die Signatur der Weltgeschichte: *nach dem Abgang der Helden kommen die Clowns und Graziosos mit ihren Narrenkolben und Pritschen, nach den blutigen Revolutionsszenen und Kaiseraktionen kommen wieder herangewatschelt die dicken Bourbonen mit ihren alten abgestandenen Späßchen und zart-legitimen Bonmots.* (p. 166) Es fehlt auch nicht das Seitenstück zur Totalitätsvorstellung der Poetik des Christentums, denn auch bei Heine haben es die Dichter *dem großen Urpoeten abgesehen, der in seiner tausendaktigen Welttragödie den Humor aufs höchste zu treiben weiß* (ib.). Und beiden Dichtern ist die Gegenwartserfahrung gemeinsam, daß angesichts des nun eingetretenen Weltzustandes das Erhabene nicht mehr für sich genommen werden kann, wie es die überkommene Poetik hoher Dichtung glauben machen wollte: daß der unvorhersehbare und sich beschleunigende Geschichtsprozeß nicht mehr in einer reinen *Welttragödie* aufzugehen vermag, weil sich in deren *höchstes Pathos* stets komische Züge einschleichen.

In der Erkenntnis, daß die Wirklichkeit, auf die sich die neue Literatur öffnen muß, als Ganzes den alten Kanon poetischer Darstellungsmöglichkeiten übersteigt, findet die gemeinsame Position Heines und Hugos aber sogleich auch ihre Grenzen.

Denn in Heines Variation zum Thema ›die Welt als Bühne‹ ist das christlich-romantische Vertrauen, daß in der Geschichte wie in der Natur die providentielle Harmonie eines unsichtbaren Ganzen walte, schon abgebaut. Das veränderte Verständnis von Welt und Geschichte und die neue Erwartung an die Literatur artikulieren sich zwar bei beiden Dichtern in gleichlaufenden Bildern, Beispielen und Mustern einer nur noch in Widersprüchen zu fassenden und darzustellenden Wirklichkeit. Aber wo für Hugo die Antithese des Idealen und des ›Positiven‹ auf die christlich verbürgte Harmonie der ganzen Schöpfung verweist, bleiben das Pathetische und das ›Komische‹ für Heine am Ende widerspenstig nebeneinander bestehen, in so schneidenden, unaufhebbaren Gegensätzen wie dem des verzweifelnden Republikaners, *der sich wie Brutus das Messer ins Herz stieß* und *vielleicht zuvor daran gerochen (hat), ob auch kein Hering damit geschnitten worden.* (ib.) Dieses Nebeneinander des Erhabenen und des Lächerlichen charakterisiert nicht allein die Darstellung der napoleonischen und der Weltgeschichte in *Ideen – Das Buch Le Grand,* sondern auch einen ganz unverwechselbaren Aspekt der ›Schreibart‹ in den ganzen *Reisebildern.*[37] Es braucht hier nur an die bekannten Motive und Themen des romantischen Naturgefühls erinnert zu werden, die Heine in ihrer Erhabenheit mit dem prosaisch Lächerlichen kontrastiert, vom Mondaufgang auf dem Brocken über die Idee der Unsterblichkeit (*schöner Gedanke! wer hat dich zuerst erdacht? War es ein Nürnberger Spießbürger, der, mit weißer Nachtmütze auf dem Kopfe [...] vor seiner Haustüre saß,* p. 38) bis hin zum Grab des kleinen Wilhelm (*und lustig stieg er hinab auf das Brett, das über dem Bach lag, riß das*

37 Der Hugo'schen ›Harmonie des Gegensätzlichen‹ am nächsten kommt Heines Deutung der *Italienischen Reise*, an der zu bemerken sei, *wie jeder dasselbe (das Land Italien) mit subjektiven Augen ansieht, dieser mit Archenhölzern unmutigen Augen, die nur das Schlimme sehen, jener mit begeisterten Corinnaaugen, die überall nur das Herrliche sehen, während Goethe mit seinem klaren Griechenauge alles sieht, das Dunkle und das Helle, nirgends die Dinge mit seiner Gemütsstimmung koloriert und uns Land und Menschen schildert in den wahren Umrissen und wahren Farben, womit sie Gott umkleidet.* (p. 98/99) Hier fehlt auch nicht der Hinweis auf den Urheber der Harmonie, die das Dunkle und das Helle umgreift; doch gehört dieses Bild im Kontext bereits zu der Kunst späterer Zeiten, die die Zerrissenheit der gegenwärtigen Lebenserfahrung hinter sich gebracht haben wird.

Kätzchen aus dem Wasser, fiel aber selbst hinein, und als man ihn herauszog, war er naß und tot. Das Kätzchen hat noch lange Zeit gelebt, p. 144). Dann bestätigt es sich erneut, daß die Deutung der *Reisebilder* als nur ironische Auflösung der romantischen Idealität nicht ganz aufgeht.[37a] Denn dieser Prozeß führt nicht geradezu in die ästhetisch genießbare Desillusion, sondern vor die provozierende Erkenntnis einer Wirklichkeit, in der sich der Widerspruch zwischen den *Ideen* und der gewöhnlichen Welt, zwischen der erhabenen Szene vom Ende des Trommlers Le Grand und ihrem lächerlichen Kontrapost in der sie coupierenden Hühneraugenepisode, nicht in einer höheren Harmonie aufheben läßt. Der Weltzustand im beschleunigten Prozeß der nach- und schon wieder vorrevolutionären Geschichte ist Welttragödie und deren Negierung ineins, weshalb – in der Metaphorik Heines – der liebe Gott in seiner großen Loge schon nachrechnet, *daß dieses Theater sich nicht mehr lange halten kann* (p. 167).

IX.

Wie läßt sich der moderne Weltzustand, die geschichtlich-gesellschaftliche Wirklichkeit in der ›Zeitbewegung‹ literarisch darstellen? Wie kann der bisherige Kanon des Darstellbaren entgrenzt, die ›ganze Wirklichkeit‹ ohne die einseitige Verklärung des Schönen, Erhabenen, Tragischen sichtbar gemacht werden? Wie kann die klassische Schranke der naturnachahmenden, idealisierenden und damit rückwärtsgewandten Kunst durchbrochen und der Literatur eine führende Rolle im Emanzipationsprozeß der Menschheitsgeschichte zurückgegeben werden? Faßt man die Erwartungen und Forderungen der literarischen Revolutionäre um 1826/27 in diesen Fragen zusammen, so zeigen sich auch gleich die Gründe, warum Hugo im Vergleich zu Heine um eine Stufe in der literarischen Evo-

37a Das Ironische tritt gegenüber der Romantik bei Heine in die neue Funktion, als Signatur objektiver Zustände und Prozesse des individuellen, gesellschaftlichen und geschichtlichen Lebens zu erscheinen. Wie diese neue Erfahrung der Weltironie mit der Absage an die Philosophie der historischen Vernunft des von Heine sonst durchaus verehrten Hegel zusammenhängt, zeigt W. Preisendanz in seinem Beitrag *Ironie bei Heine* zu: *Ironie und Dichtung*, ed. A. Schaefer, München 1969.

lution zurückblieb. Das Programm der *Préface de Cromwell* zeigte nicht nur den Übergang in eine neue, vom klassischen Kunstideal emanzipierte Epoche der Literatur an, sondern stiftete auch Erwartungen, die sich nach dem mit *Hernani* (1830) errungenen Sieg als fehlgegangen erwiesen. Insbesondere scheiterte an der Praxis, was man sich in der Theorie vom Drama als der *poésie complète* der Zukunft versprach. Das Experiment des romantischen Theaters hinterließ in Frankreich bis zum endgültigen Bankrott der Gattung mit *Les Burgraves* (1843) eine schnell vergessene Kette historischer Stücke von provinzieller Rückständigkeit, während der im Programm nicht vorgesehene Prosaroman gegenläufig zu dem Poesie- und Ganzheitsbegriff Hugos sich der geschichtlichen Aktualität bemächtigte und Weltgeltung erlangte. Das Scheitern des romantischen Dramas enthüllt einerseits – wie R. Warning am Beispiel des *Ruy Blas* zeigte –, in welchem Maße Hugo selbst hinter seiner antiklassischen Theorie der Stilmischung zurück und einer moralisierenden Grundneigung verhaftet blieb, die sich in seiner Vulgärmetaphysik als kosmischer Antagonismus der *fatalité qui punit* und der *providence qui pardonne* niederschlug: »Denn im Werk selbst gewinnen die Figuren ihre dramatische Wirklichkeit nicht in der Öffnung ihres Geschicks auf die Bedingtheiten des Geschichtlichen, Alltäglichen und Trivialen, sondern umgekehrt in ihrem providentiellen Gehaltensein.«[38] Das Scheitern des romantischen Dramas zeigt andererseits, was an Hugos Theorie unerfüllbar, weil schon durch den allgemeinen Prozeß der literarischen Evolution überholt war: die Erwartung, der moderne Weltzustand lasse sich im Medium der Poesie als Totalität ergreifen und im Drama als universaler Dichtform in einer letzten ›gegensätzlichen Harmonie‹ vor Augen stellen. Das Scheitern dieser Erwartung bestätigt letztlich nur Hegels und Heines Diagnose der eigenen Zeit: daß mit dem ›Ende der Kunstperiode‹ die Kunst scheitern müsse, wenn sie glaube, den Zusammenhang der sich wandelnden Wirklichkeit noch *objektiv, episch und naiv* darstellen zu können.[39]

38 R. Warning, op. cit., p. 156.
39 *Die Poesie ist jetzt nicht mehr objektiv, episch und naiv, sondern subjektiv, lyrisch und reflektierend.* (H. Heine, *Zur Geschichte der Religion und Philosophie in Deutschland*, ed. Elster, IV, p. 204.)

X.

Von der utopischen Vorstellung des Dramas als *poésie complète* der Zukunft hat sich zu diesem Zeitpunkt indes Stendhal, der lange Zeit den Ehrgeiz hatte, der Molière seiner Epoche zu werden, bereits gelöst. Sein literarisches Programm in *Racine et Shakespeare* (1823/25), das den herkömmlichen Sinn von *romantique* völlig umkehrte, erhob das Aktuelle, gerade jetzt Schöne, morgen schon wieder Überholte und nur noch ›Klassische‹ – das für die Gegenwart Charakteristische, von dem sich in der Zeitbewegung unvorhersehbar ein immer wieder Neues absetzt, zur Norm der modernen Literatur. Das Romantische im Stendhal'schen Sinn transzendiert die gegenwärtige Welt nicht mehr zum Vergangenen und Fernen, noch hat es seinen Ursprung in der christlichen Zeitwende; es setzt sich vielmehr immer neu von aller Vergangenheit und damit zuletzt auch von sich selber ab: das Romantische von gestern endigt im Friedhof des Klassischen. Stendhals aktualistischer Begriff des Romantischen durchschlägt das in sich widersprüchliche Epochenbewußtsein der Romantiker und nimmt den neuen Begriff des *Modernen* vorweg, der später bei den Jungdeutschen der Identifizierung der Romantik mit der Moderne ein Ende bereiten wird.[40] Somit ist der in den Zwanziger Jahren herrschende, für Hegel wie für Hugo noch selbstverständliche Epochenbegriff der Romantik, der die eigene Gegenwart in das dritte Zeitalter der Kunstgeschichte einordnete, zum ersten Mal von Stendhal aufgehoben worden, der damit den späteren Kritikern der Hegel'schen Epocheneinteilung, Friedrich Th. Vischer, Feuerbach und Marx, voranging.[41]

Was der zum Aktualismus umgeprägte Begriff des Romantischen als ästhetische Norm für die literarische Praxis forderte, wird in Stendhals erstem Roman *Armance* (1827), der im Jahre der *Préface de Cromwell* erschien, noch nicht sichtbar. Der eigentlich revolutionäre Schritt liegt zwischen Stendhals erstem Roman und *Le Rouge et le Noir* (1830), seinem *Roman Nouveau*[42], in dem die Öffnung der Literatur auf die gesellschaft-

40 Siehe oben S. 51.

41 Dazu W. Oelmüller, Einl. zu F. Th. Vischer, *Über das Erhabene und Komische* ..., Frankfurt 1967, p. 17.

42 Vgl. die Briefstelle: *Les grands auteurs dramatiques ont épuisé toutes les*

lichen Zustände in der geschichtlichen Bewegung der Zeit auf eine Weise geleistet war, die seine ersten Leser schockiert hat.[43] An der *Armance* konnte die Kritik im *Globe* mit vollem Recht aussetzen, daß der bizarre Charakter des byronschen Helden (dessen Schlüssel – Impotenz – dem Leser vorenthalten blieb), die klischeereiche Handlung und die farblos konventionelle Beschreibung der Salons des Faubourg Saint-Germain weit hinter den Prätentionen des Autors zurückblieben. Das Vorwort zu *Armance* forderte bereits zeitentsprechende Charaktere anstelle der klassischen Helden *(il a mis des industriels et des privilégiés, dont il a fait la satire)* und Spiegelung des Geschehens aus der Sicht verschiedener Parteien (die spätere Theorie des ›wandernden Spiegels‹ kündigt sich hier in dem Vergleich an, der Gegenstand des Romans sei wie der Garten der Tuilerien, den die Tauben von oben anders sehen als die Spaziergänger unter den Bäumen). Doch diese Programmpunkte hat erst Stendhals *Chronique de 1830* erfüllt, die als Spiegel und Kritik des *état social* vor dem Ende der Restauration so zeitnahe war und empfunden wurde, daß sie von der Julirevolution um ein Kleines überholt, aber auch bestätigt zu sein schien.[44] *Le Rouge et le Noir* als Ereignis der literarischen Revolution des 19. Jahrhunderts setzt die Kritik einer herrschenden Gattung und einer bislang unbestrittenen Autorität, des historischen Romans und Sir Walter Scotts voraus. Diese Kritik taucht

positions dramatiques [. . .] il sera impossible de donner un drame nouveau! A cette époque qui est arrivée en France et en Angleterre, il sera encore possible de donner un roman nouveau, zit. bei C. Müller-Daehn, *Stendhal als Autor in der Rolle des Erzählers,* Diss. Heidelberg 1954, p. 4.

43 Zeugnisse dieser Publikumsreaktion hat J.-G. Prod'homme, *Vingt chefs-d'œuvre jugés par leurs contemporains,* Paris 1930, pp. 205–225, zusammengestellt. Vgl. etwa p. 200/01 *Je n'ai vu nulle part plus de rage anti-jésuitique et anti-bourgeoisie, que dans le livre de M. Stendhal. [. . .] Singulier plaisir que s'est donné cet écrivain de réunir en bloc toutes les criailleries, toutes les misères, toutes les dissimulations, tous les mensonges, toutes les superstitions, toutes les cruautés de notre état social;* oder p. 206: *Sa chronique est tout simplement une dénonciation en forme contre l'âme humaine, une sorte d'amphithéâtre où on le voit occuper à la disséquer pièce à pièce, pour mieux mettre en relief la lèpre morale dont il la croit rongée.*

44 *Vgl. ib. p. 221: Le Rouge et le Noir, commencé sous la Restauration, ne fut achevé que quatre mois après la révolution de juillet 1830; cela a pu nuire à son succès; car l'ouragan populaire avait renversé des choses et des idees que l'auteur bat en brèche.*

wiederum in epochaler Gleichzeitigkeit bei Stendhal und bei Heine auf, dessen neuer Schreibart in Frankreich der Verfasser verschiedener Reisebücher, Essays, Kunstkritiken und vor allem der *Souvenirs d'Egotisme* (1832) vielleicht am nächsten kommt. Von diesem eigentümlichen Selbstzeugnis und Augenzeugenbericht aus den Jahren der zu Ende gehenden Restaurationsepoche soll nun noch die Rede sein.

XI.

Stendhals *Souvenirs d'Egotisme* stellen das Kunstproblem seiner aktualistischen Theorie im Gang der Reflexion wie in der Form der Niederschrift ständig vor Augen. *Que penserai-je de ce que je me sens disposé à écrire en le relisant vers 1835, si je vis?* (p. 6) Diese gleich am Eingang aufgeworfene, mehrfach erneuerte und auf veränderte Erwartungen zukünftiger Leser bezogene Frage gibt dem Werk das unverwechselbare Gesicht.[45] Sie bestimmt seine inkonsistente Form[45a], legt die Grenzen zwischen dem fest, was aufzunehmen und was auszuschließen ist, und setzt die Bedingungen des Experiments: zu versuchen, gegen die literarischen und poetischen Konventionen des *examen de conscience* (p. 6) über sich selbst und zugleich über die Zeit von 1821 bis 1830 zu schreiben.
Gegen die literarische Konvention, denn die Tradition der Selbstdarstellung setzte selbst da, wo es um die Aufzeichnung des Übergänglichen und Sich-Verändernden in der Gedankenbewegung ging (wie bei Montaignes *je peins le passage*), das Urteil des beobachtenden Ichs als eine feste, äußerer Veränderung entzogene Instanz voraus. Für Stendhal ist Selbstdarstellung aber nicht allein durch das klassische Dilemma der *impudeur de parler de soi continuellement* (Pascals Kritik an Montaigne!), sondern ebensosehr durch die entmutigende Vorstellung erschwert: *que de choses hardies et que je n'avance qu'en tremblant seront de plats lieux communs dix ans après ma mort* (p. 102). Er glaubt der Gefahr, daß sein Buch schon nach

45 Vgl. dazu pp. 37 *(le lecteur, peut-être né ce matin dans la maison voisine)*, 38, 83/84, 87, 98, 102, 115.

45a Siehe dazu G. Genette, *Stendhal*, in: *Figures* II, Paris 1969, pp. 155 bis 193, bes. p. 172: *»Aucun des grands romans stendhaliens, même achevés, n'est absolument clos sur lui-même, autonome en sa genèse et sa signification.«*

zwei Jahren langweilen und dem Krämer als Einwickelpapier dienen könne (p. 84), am ehesten dann zu entgehen, wenn er in ›vollkommener Aufrichtigkeit‹ gerade das beschreibe, was der allgemeinen Erwartung widerspreche, auch wenn es seiner Eitelkeit schwerfalle (cf. p. 96: *Je suis comme une femme honnête qui se ferait fille...*) – eine Haltung von der er sich erhoffte, daß sie seine Leser die ständigen ›Ich‹ vergessen mache. Die Kennzeichnung dieser Haltung durch den provokativen Anglizismus *égotisme* ironisiert nicht allein die romantische Ichaussprache. Sie steht auch quer zu aller christlichen oder säkularisierten Form der Konfession und Gewissenserforschung. Die romantische Erwartung, Stendhals Erinnerungen brächten die *moments heureux que j'ai rencontrés* und deren ›Anatomie‹ (p. 7), wird schon eingangs zunichte gemacht: *Or, c'est ce que je ne ferai point, je sauterai le bonheur* (ib.). Obschon das poetische, konsistenzbildende Thema: Abschied von *Métilde* (Mathilde Dembrowski), Liebe aus der Ferne, Suche nach Heilung von diesem *spleen* (p. 67) und langsames Verebben der nicht alltäglichen Emotion zum Greifen nahe läge, bleibt es bei intermittierenden Andeutungen, aus denen – anders geschrieben – eine vortreffliche Fabel der Desillusionsromantik hätte werden können. Statt ihrer drängen sich zwischen den autobiographischen Zügen eine Fülle von Portraits, Blitzlichter auf Ereignisse, Schilderungen gesellschaftlicher Kreise, Anekdotisches, Urteile über historische Personen in einer mosaikartigen Reihung hervor, hinter der noch das Suchen der Erinnerungen spürbar bleibt. In Stendhals *Souvenirs d'Egotisme* wird, wie in Heines Reisebildern, *gegen* die Möglichkeiten einer poetischen Konsistenzbildung erzählt.[46] Das *examen de conscience* andererseits rechtfertigt die Einführung von *égotisme* als moderne Form der Selbstanalyse (cf. p. 81) vor allem dort, wo Stendhals Psychologie des Unidealen die Bedeutung der ›kleinen Nuancen‹ hervorkehrt. Bei ihm genüge eine Nuance mehr oder weniger, um sein Verhältnis zum Mitmenschen in Abscheu oder Ironie umschlagen zu lassen (p. 84). Der *égotisme abominable*, den man ihm vorwerfen könne (so führt Stendhal bei der Erwähnung seiner nervösen Reizbarkeit aus, p. 84), sei gerade durch seine Details gerechtfertigt. Denn solche Nuancen haben die höhere Wahrheit des Details. Sie haben

46 Dazu W. Preisendanz, op. cit. p. 356 sqq.

in der Psychologie die Funktion, die den *petits faits vrais* in der unabschließbaren Erfahrung der Lebenswirklichkeit zukommt. Insofern ist auch der *Egotisme* als moderne Form der Selbstanalyse ein Aspekt der aktualistischen Theorie Stendhals: in der verzeitlichten Erfahrung, wie sie der Zweifel am späteren eigenen Urteil von Anfang an bekundet, wird der Anspruch auf Erkenntnis des Ichs als eines bleibenden Wesens hinfällig (*on peut connaître tout, excepté soi-même*, p. 84) und gilt für Stendhals Gewissenserforschung nicht anders wie für seine Zeitdarstellung: *ma philosophie est du jour où j'écris.* (p. 38)

Das Bild der eigenen Zeit, die Stendhal von 1789 bis zum gegenwärtigen Jahr 1832 als *siècle de la Révolution* begreift (p. 57), ist darin dem Heines verwandt, daß auch in den *Souvenirs d'Egotisme* die Subjektivität sich als Bezugspunkt aller geschichtlichen Erfahrung mit darstellt. Das Politische und das Private, zeitkritische Urteile über die politischen Verhältnisse in Paris und melancholische Stimmungsbilder gehen ständig ineinander über. Das politische Bekenntnis zur Revolution etwa kleidet sich in die romantisch-ironische Form: Paris habe er immer verachtet, moralisch wie auch ›physisch‹, denn es ließ ihn die Berge seiner Heimat – *témoins des mouvements passionnés de mon cœur* – vermissen; erst vom 28. Juli 1830 an habe er begonnen, die Stadt zu lieben (p. 36). Eine konstante politische Haltung zeichnet sich kaum ab. Stendhal macht keinen Hehl aus seiner Verachtung des *Paris sali par les Bourbons* (p. 126), hält aber ebensowenig mit seinem Spott über die Liberalen, zu denen er sich selbst rechnet, zurück *(je trouvais les libéraux outrageusement niais,* 60). Er verstimmt eine Gesellschaft mit M. de Tracy durch den provozierenden Vorschlag, das Problem der Emigranten durch Zwangsansiedlung in den Pyrenäen zu lösen (p. 54). Er hat für die Verschwörer von 1821 nur die härtesten Worte (p. 22) und urteilt nicht weniger scharf über die italienischen Liberalen in den Pariser Salons (*je n'ai jamais rien connu de plus poétique et de plus absurde...*, p. 89), gesteht dann aber selbst eine höchst poetische Anwandlung politischer Romantik ein (p. 12): *J'entrai dans Paris que je trouvai pire que laid, insultant pour ma douleur, avec une seule idée: n'être pas deviné* (gemeint ist die *passion pour une femme que je n'ai pas eue*). *Au bout de huit jours en voyant l'absence politique je me dis: Profiter de ma douleur pour t L 18* (= tuer Louis XVIII). In seinen Portraits berühmter Zeitgenossen kann die subjektive Vermittlung zu einer Prosaisierung der historischen Größe führen. Das zeigt am schönsten die verschiedene Behandlung von M. de Lafayette bei Heine und Stendhal.

Heine, der Lafayette vor den Republikanern in Schutz nehmen will, rühmt ihn als den *reinsten Charakter der französischen Revolution*, stellt ihn neben Napoleon, um die *Größe beider Helden* zu betrachten, zeichnet liebevoll seine *Bonhomie*, seine Verehrung beim Landvolk und seine Rolle als Napoleon der *petite bourgeoisie*, und rückt die Poesie des großen Augenblicks, wenn der alte Mann mit dem silberweißen Kopf in der Deputiertenkammer *kampflustig wie ein Jüngling* das Wort ergreift, an das Ende, worauf noch ein stilmischender Schnörkel folgt: *Nur an Schläfrigkeit leidet er in dieser langweiligen Justemilieu-Zeit.* (V, 39–44) Stendhal schildert seine Begegnung im Salon von Mme de Tracy, bei der er die Bedeutung Lafayettes schon an seiner Erscheinung erkannt haben will (*Je sentais ... que M. de La Fayette était tout simplement un héros de Plutarque*, p. 42). Die moderne Parallele zum antiken Muster der Einfachheit historischer Größe fällt so aus, daß die einleitenden Sätze Hugos Beispielreihe des *sublime et grotesque* verlängern könnten: *Il vivait au jour le jour, sans trop d'esprit, faisant tout simplement, comme Epaminondas, la grande action qui se présentait. Et en attendant, malgré son âge ..., uniquement occupé de serrer par derrière le jupon de quelque jolie fille* (*vulgo ›prendre le cul‹* ..., p. 42). Stendhal läßt ihn die simple Ideologie der Garde nationale vorbringen, um gleich danach aber diejenigen zu schmähen, die in Lafayette nicht den *grand homme* erkannt hatten: *Pour moi, accoutumé à Napoléon et à Lord Byron, j'ajouterai à Lord Brougham, à Monti, à Canova, à Rossini, je reconnus sur-le-champ la grandeur chez M. de Lafayette et j'en suis resté là* (p. 43). Die Stelle gehört zu den Zeugnissen von Stendhals Selbstüberheblichkeit, der sich im Politischen wie im Literarischen nicht genug tun konnte, seine eigene Person mit einem Kanon von illustren Namen zu umgeben oder durch eine Reihe geistiger Ahnen zu legitimieren.[47]

47 Die Liste kehrt p. 102 mit Varianten wieder: le général Foy, Mme Pasta,

Von der sozialen Wirklichkeit fällt wenig in das Blickfeld der *Souvenirs d'Egotisme:* daß reiche Leute ungerecht und komisch werden, wenn sie über Delikte sprechen, die von Armen um des Geldes willen begangen werden (p. 113), die 18-Stunden-Arbeit des englischen Arbeiters, nur zynisch nebenbei registriert (p. 78), einmal aber auch eine bemerkenswertere Feststellung von seiner Englandreise: *Un jour l'on annonça qu'on pendrait huit pauvres diables. A mes yeux quand on pend un voleur ou un assassin en Angleterre, c'est l'aristocratie qui immole une victime à sa sûreté, car c'est elle qui l'a forcé à être scélérat, etc., etc. Cette vérité, si paradoxale aujourd'hui, sera peut-être un lieu commun quand on lira mes bavardages* (p. 87). An solchen Stellen artikuliert sich die Erfahrung der täglich schneller sich wandelnden Gegenwart, jener »Bewegungsstruktur der modernen Geschichte«[48], für die Stendhal einen schärferen Blick hat als die meisten seiner Zeitgenossen. Hier macht sich sein Ehrgeiz geltend, die Zeitbewegung zu überholen, aus dem Gegenwärtigen Züge hervorzukehren, die das treffen, worin sich gerade jetzt ein für die Zukunft Aktuelles anzeigt. Wie kann man ein Buch so schreiben, der Gegenwart durch gewisse Kühnheiten so weit voraus sein, daß dieses Buch erst für eine spätere Generation von Lesern aktuell wird? Genügt es, gewisse Nuancen des Lebens zu übertreiben, um einen erwartbaren Prozeß mit herbeizuführen (*... comme on sera bien plus détrompé des Kings, des nobles et des prêtres vers 1870 qu'aujourd'hui, il me vient la tentation d'outrer certains traits contre cette vermine de l'espèce humaine*, p. 125)? Aber bei

Lord Byron, Napoléon, M. de Tracy, Canova, verbunden mit dem Eingeständnis, daß nicht alle dieser *grands hommes*, die mit ihm zu reden geruhten, seine *âme remplie d'une rare bonté ... et un esprit enflammé et capable de les comprendre* erraten hätten. Die literarische Genealogie umfaßt Diderot (*Jacques le Fataliste*, p. 12), Destutt de Tracy (p. 31), Cabanis (p. 52), Shakespeare (p. 65/75), Kean (p. 77/99), Montesquieu (p. 84).

48 Dazu R. Koselleck, *Geschichtliche Prognose in Lorenz v. Steins Schrift zur preußischen Verfassung*, in: *Der Staat, Zs. für Staatslehre, öffentl. Recht und Verfassungsgesch.*, 4 (1965) pp. 469–481. Einer der Kronzeugen für die von K. seit 1789 aufgewiesene Erfahrung einer Beschleunigung der Geschichte ist Lorenz v. Stein selbst: *Die alten Zustände wurden umgestoßen*, schrieb er 1843, *neue treten auf, selbst durch Neueres bekämpft; ganze Gesetzgebungen wechseln, widersprechende Gestaltungen ziehen rasch vorüber; es ist, als ob die Geschichtsschreibung der Geschichte kaum mehr zu folgen imstande sei.* (zit. p. 472)

solchen Überlegungen kommen Stendhal immer wieder Zweifel. Was in zehn Jahren aktuell sein kann, muß es in zwanzig Jahren nach derselben Logik nicht wieder unaktuell werden? *Si je mets vingt, toutes les nuances de la vie seront changées, le lecteur ne verra plus que les masses. Et où diable sont les masses dans ces jeux de ma plume? C'est une chose à examiner.* (p. 115) Dieses Dilemma der aktualistischen Literaturtheorie zeigt zugleich das Ende einer Tradition der Moralistik an. Die Beschreibung der *mœurs de ce siècle*, von der La Bruyèreschen Form der ›Charaktere‹ in den Roman übernommen, war darauf gerichtet, gerade das Bleibende, die menschliche Natur immer Kennzeichnende, das zwar an der Besonderheit der Erscheinung Erkannte, aber über den Augenblick hinaus Gültige aufzuzeichnen. Nachdem in der literarischen Revolution des 19. Jahrhunderts die Geschichte in die Funktion eingetreten war, die bisher die Natur – dem Prinzip der Nachahmung gemäß – innehatte, wurde der moralistischen Tradition der Sittenbeschreibung der Boden entzogen. Die *nuances de la vie* in Stendhals aktualistischer Literaturtheorie sind auf Erfahrungen des geschichtlichen Wandels bezogen; die moderne Form der Zeit- und Gesellschaftsdarstellung setzt sich von der Wahrheit einer beschreibbaren, zeitlosen Natur des Menschen ab. Aus diesem Grund dürfte Stendhal wohl auch die Satire als eine überlebte Form angesehen haben[49]: in ihrer Bindung an Darstellung von Sitten oder Charakteren setzte sie den naturhaften Aspekt menschlicher Ordnungen und einen noch geschlossenen Horizont der Geschichte voraus. Und wenn bald danach Balzac dem Romancier die Aufgabe der *histoire des mœurs* zuweist, greift auch er nicht mehr unmittelbar auf die von Stendhal aufgegebene Tradition moralistischer Sittenbeschreibung zurück: die *Comédie Humaine* beansprucht gleichfalls die Aktualität der gegenwärtigen Geschichte, nun aber nicht mehr im chronologischen Gang der Zeit, sondern in einem grandiosen Querschnitt durch die Julimonarchie, der die *histoire des mœurs* in der gesellschaftlichen Ordnung und Umschichtung aufgehen und als eine zweite Natur erscheinen läßt.

49 Vgl. die Marginalie zu *Armance: holà! pas de satire! Laissons ce plat moyen aux petits littérateurs poussés par le Constitutionnel* (ed. G. Blin, Paris 1946, p. 314)

XII.

Stendhals aktualistische Literaturtheorie schließt in dem Maße, wie sie sich der Gegenwartsgeschichte bemächtigt, die Beschreibung als Form der klassischen Naturnachahmung, aber auch der modernen Geschichtsdarstellung à la Scott aus. Davon zeugt in den *Souvenirs d'Egotisme* das Fehlen der erwartbaren Beschreibungen von Landschaft[50], sozialer Umwelt, Salons, Personen, noch mehr aber der Rigorismus, mit dem Stendhal alle äußere Beschreibung von sich weist: *J'ai oublié de peindre ce salon, Sir Walter Scott et ses imitateurs eussent sagement commencé par là, mais moi, j'abhorre la description matérielle. L'ennui de la faire m'empêche de faire des romans.* (p. 45) Seine ausdrückliche Begründung: *Occupé du moral, la description du physique m'ennuie* (p. 11) gibt sich hier mit dem noch klassisch formulierten Gegensatz allzu lapidar, um auch den Hintergrund seiner Scott-Kritik deutlich zu machen. Diese nimmt im Werk Stendhals einen erheblichen Raum ein und hat bald nach dem Bekanntwerden von *Waverley* alle Phasen von anfänglicher Begeisterung (seit 1818) über beginnende Skepsis (um 1822–23) bis zu entschiedener Ablehnung (1827) durchlaufen.[51] Die Phase der Begeisterung charakterisiert eine Äußerung von 1820, Scott sei Byron sicher überlegen, denn man werde im Jahre 1890 an den Schulen gewiß Geschichte an Hand der Shakespeare'schen Stücke und der Scott'schen Romane unterrichten.[52] Der Umschlag in Kritik hatte sowohl ästhetische wie auch politische Gründe. In einem Brief an Lord Byron vom Juni 1823 warf Stendhal Scott politischen Opportunismus und Unehrenhaftigkeit vor; er sah in ihm von nun an einen Exponenten der politischen Ultras, dem nichts an sozialem

50 Bezeichnend ist bei der Erwähnung seiner Spaziergänge in London, daß der einzige beschreibende Satz sogleich auf ein literarisches Schema reduziert wird: *Il y avait là de petites maisons garnies de rosiers qui furent pour moi la véritable élégie. Ce fut la première fois que ce genre fade me toucha.* (p. 71)

51 Vgl. K. Maßmann, *Die Rezeption der historischen Romane Sir Walter Scotts in Frankreich* (1816–1832), Diss. Konstanz 1969; für Stendhal ergaben sich nicht weniger als 43 Zeugnisse.

52 *Ne trouvez-vous pas Scott bien supérieur à Byron? En 1890 l'on enseignera l'histoire dans les collègues avec les pièces historiques de Shakespeare, les romans de Scott et ceux des cent ou deux cents moutons qui vont l'imiter.* (*Corr.*, ed. le Divan, t. V., p. 383)

Fortschritt liege.[53] Daneben stehen erste Äußerungen der Kritik am Übermaß und an der Art des Beschreibens im Scott'schen Roman. Sie gehen aus von einem Ungenügen an der puritanischen Darstellung der Liebe und des emotionalen Lebens überhaupt, richten sich dann mehr und mehr auf das Mißverhältnis in der Beschreibung äußerer Zustände gegenüber inneren Vorgängen und stellen schließlich die Wahrheit der *couleur locale*, mithin das mimetische Prinzip des historischen Romans selbst in Frage.

Der Essay: *Walter Scott et la princesse de Clèves* vom Februar 1830 zieht das Fazit aus der Auseinandersetzung dieser Jahre.[54] Gemessen an der Leistung der Madame de Lafayette mache es sich Scott und die unübersehbare Schar seiner Nachahmer leicht: *L'habit et le collier de cuivre d'un serf du moyen âge sont plus faciles à décrire que les mouvements du cœur humain.* Auf die Beschreibung des Kostüms und der Pose einer Person, so subaltern sie auch sei, würden mindestens zwei Seiten, auf innere Vorgänge hingegen, die ungleich mühsamer aufzudecken seien, kaum einige Zeilen verwendet. Der vielgerühmte *mérite historique* solcher Beschreibungen der äußeren Welt könne nur Leute beeindrucken *qui ignorent l'histoire ou qui la savent mal*, denn gerade dieses historische Verdienst werde als erstes verwelken. Die Begründung dieser Prognose führt Stendhal zu einer Überlegung, die ungleich schärfer als das romantische Manifest der *Préface de Cromwell* hervorkehrt, warum für die moderne Dichtung das klassische Prinzip des *imitez la nature* zu einem *conseil vide de sens* geworden ist. Wenn Racine und Shakespeare das gleiche Motiv, Iphigenie in Aulis und die ähnliche Situation von Imogen im Waldgebirge bei Milford-Hafen (*Cymbeline*), auf die Bühne bringen, ergibt sich etwas nicht mehr Vergleichbares, obschon beide Dichter die ›Natur nachgeahmt‹ haben. Denn der eine wollte dem Hof des französischen Königs, der andere einem Publikum von Landedelleuten gefallen. Das Natürliche ist keine zeitlose Norm, denn es fällt bei der ›Nachahmung der Natur‹ ganz verschieden aus, je nach dem Geschmack des Publikums, das es aufnehmen soll. Die Norm des Naturwahren ist aber noch aus einem zweiten Grunde ein *beau mensonge:* hätte man

53 Nachweise bei K. Maßmann, op. cit. p. 94.

54 *Mél. de litt.*, ed. le Divan, t. III, pp. 305–311.

alles stenographiert, was in Aulis zum Fall Iphigenie gesprochen wurde, so wäre das meiste für uns völlig unverständlich, der verständliche Rest aber wahrscheinlich nur noch abscheuerregend. Die Wahrheit des Vergangenen bleibt auch der vermeintlich naturgetreuen Beschreibung Scotts entzogen.

Die geschichtliche Wirklichkeit, auf die sich moderne Dichtung öffnen soll, ist keine vorgegebene Natur, die man nur nachzuahmen brauchte. Die von Scott geprägte Form des historischen Romans vermag Geschichte nur in beschreibbaren Residuen, nicht in actu zu fassen; sie ergreift nur die von der geschichtlichen Bewegung hinterlassene, verdinglichte Welt, nicht die historischen Personen, Handlungen und Ereignisse in ihrer ursprünglichen Zeitbedingtheit. Darum tadelt Stendhal, daß bei Scott die Fabel einer *tragédie romantique* die auseinanderfallenden Elemente von Beschreibung und Handlung wieder zusammenhalten müsse.[55] Wo sich Scott einmal von der vergangenen Geschichte ab und der gegenwärtigen zuwandte, wurde die Beschränktheit seiner Methode auch sogleich offenkundig. Die einhellige Ablehnung seines 1827 erschienenen Napoleonbuches mit seiner konterrevolutionären Tendenz hatte in Frankreich aber nicht allein politische Motive. Sie zeigte auch den überschrittenen Höhepunkt einer literarischen Form an, die einem neuen Interesse an der Vergangenheitsgeschichte Bahn gebrochen und in den Zwanziger Jahren sogar der Historiographie entscheidende Anstöße gegeben hatte[56], nun aber vor der Gegenwartsgeschichte versagte. Der neue Roman, von dem sich Stendhal im Vertrauen auf eine Prognose M. de Tracys erwartete, daß man mit ihm allein jenes ›Wahre‹ der Geschichte erreichen könne, für das die Historie nicht ›detailliert genug‹ war[57], setzte die revolutionäre Abwendung von der herrschenden Autorität Sir Walter Scotts, von der vergangenen

55 Diese Kritik findet sich schon in *Racine et Shakespeare* (1823): *Qu'est-ce que les romans de Walter Scott? De la tragédie romantique entremêlée de longues descriptions.* (ed. P. Martineau, 1925, t. II, p. 218)

56 Dazu K. Maßmann, op. cit. pp 106–117, der die entscheidende Phase der durch Scott ausgelösten Wendung in der französischen Geschichtsschreibung durch A. Thierry, *Lettres sur l'Histoire de France* (1820), C. J. de Barante, *Préface de l'Histoire des Ducs de Bourgogne* (1824) und einen anonymen Essay: *De la nouvelle école historique* (1828, *Mercure de France,* t. XXIII, pp. 339–47) repräsentiert sieht. S. u. S. 221.

57 Notiz vom 24. Mai 1834, zit. bei G. Blin, *Stendhal et les problèmes du roman,* Paris 1954, p. 86.

Geschichte wie auch von dem klassischen Nachahmungsprinzip voraus: *M. de Stendhal, ennuyé de tout ce moyen âge, de l'ogive et de l'habillement du XVe siècle, osa raconter une aventure qui eut lieu en 1830 et laisser le lecteur dans une ignorance complète sur la forme de la robe que portent Mme de Rênal et Mlle de la Mole.*[58]

XIII.

Das gleiche Ereignis, das 1827 in Frankreich den Niedergang des Scott'schen Ruhms einleitete, hat auch Heinrich Heine zu Betrachtungen über den Vergangenheitscharakter des historischen Romans veranlaßt. Noch vor Erscheinen des angekündigten Scott'schen Napoleonbuches äußert er in den *Reisebildern* (*Die Nordsee*, 1826) die Befürchtung: *Alle Verehrer Scotts müssen für ihn zittern; denn ein solches Buch kann leicht der russische Feldzug (seines) Ruhmes werden.*[59] Diese eingetroffene Prognose stützt sich auf eine Erklärung der gesellschaftlichen Wirkung von Scotts Romanen, die *mehr durch ihr Thema als durch ihre poetische Kraft alle Herzen Europas bewegt haben.* Nicht allein das Wiedererwecken vergangener Zeiten und Sitten, in denen romantische Gemüter schwelgen konnten, vielmehr die *alten Bilder* der Nationalerinnerungen hätten die europäische Wirkung getan und Adel und Bürgertum zu einem Publikum vereint, daß Scotts Thema gleichermaßen bewegte: *der große Schmerz über den Verlust der National-Besonderheiten, die in der Allgemeinheit neuerer Kultur verlorengehen.* Für Heine ist der Scott'sche Roman die letzte, nicht mehr wiederholbare Evokation einer hinabgegangenen Zeit, seine Beliebtheit ein Zeichen des Unbehagens an einer Gegenwart, deren *weite, unerfreuliche Modernität* ihm schon durch eine Kluft von aller nationalen Vergangenheit und Besonderheit geschieden zu sein scheint. Die Französische Revolution und ihr Vollstrecker Napoleon haben die neue Zeit von ihrer Vergangenheit befreit; in diesem Manne (dessen intuitiver Verstand zugleich sein Talent begründe, *die Zeit, die Gegenwart zu verstehen*) spiegle sich diese neue Zeit so leuch-

58 *Mél. de litt.*, ed. le Divan, t. II, p. 349 (vom 18. 10. 1831).
59 Ed. Elster, III, pp. 115–121.

tend ab, *daß wir dadurch fast geblendet werden und unterdessen nimmermehr denken an die verschollene Vergangenheit und ihre verblichene Pracht.* Der Vergangenheitsdichtung des historischen Romans setzt Heine die letzten dreißig Jahre Weltgeschichte als *erlebte Literatur* entgegen. Die neue Zeit verlangt neue literarische Formen, von denen Ségurs Geschichte des Rußlandzugs einen Begriff gibt, weil dieses moderne Epos den Ton anzuschlagen wisse, der Sir Walter Scott versagt sei: *es ist ein Ton, dessen Klangfigur uns die Gegenwart gibt, ein Ton, der uns für eben diese Gegenwart begeistert.*

XIV.

Die vorstehende Betrachtung verfolgte eine methodologische Absicht. Sie sollte erläutern, daß der Zusammenhang einer Nationalliteratur nicht schon die ideale Form einer Geschichte der Literatur darstellt und daß es auch für das 19. Jahrhundert, in dem die Ideologie der Nationalliteraturen ihre höchsten Triumphe gefeiert hat, möglich sein muß, Literaturgeschichte als einen allgemeinen, über das Individuelle der Werke, Autoren und Nationen fortschreitenden Prozeß zu erfassen und zu beschreiben. Damit begab ich mich auf ein Gebiet, das die vergleichende Literaturwissenschaft als ihre eigenste Domäne ansieht. Sie müßte meinen Versuch wohl als eine Provokation ansehen, da ich mich nicht der komparatistischen Methode bediente. Wie sollte ich auch? Wo keine Einflüsse, Abhängigkeiten oder Wirkungen zwischen Erscheinungen verschiedener Nationalliteraturen auszumachen sind, läßt sich auch kein zweigliedriger Vergleich anstellen. Solange nicht ein historischer Parameter von größerer Allgemeinheit gefordert wird, vermag auch die vergleichende Literaturwissenschaft dem Blickzwang der romantischen Konzeption nicht zu entrinnen, Literatur sei darin geschichtlich, daß sie der Idee nationaler Individualitäten den höchsten Ausdruck verleihe. Denn nur der kann nicht umhin, aus dem Vergleich eine autonome Methode und metahistorische Kategorie zu machen, wer seine Vergleichsgegenstände für Entitäten hält, die unter eigenen Entwicklungsgesetzen stehen, also auch nur verglichen werden können, um das substantielle Anderssein und verschiedene

Wesen, in unserem Fall: das spezifische Deutsche oder Französische einer literarischen Erscheinung festzustellen. Die Komparatistik mußte erfunden werden, um die wesensverschiedenen Entitäten der Nationalliteraturen wieder zueinander in Beziehung zu bringen. Solche Beziehungen des reinen Vergleichs sind aber primär zeitlos; sie werden auch dadurch nicht schon verzeitlicht und historisch, daß man angelegentlich nach historischen oder klassenspezifischen Bedingungen für die national verschiedene Ausprägung von Themen, Werken, Gattungen und Stilen sucht.

Der Schritt, mit dem der Vergleich literarischer Erscheinungen verzeitlicht und aus der zum Selbstzweck erhobenen »Wechselwirkung«[60] in die Historie zurückgeholt werden kann, hebt ineins damit das Eigenrecht einer komparatistischen Methode auf – der hier versuchte Schritt, gleichzeitige Erscheinungen wie die kurz vor und nach der Julirevolution entstandenen programmatischen Schriften Heines, Hugos und Stendhals nicht einfach aneinander, im Blick auf ihre Individualität und auf ihre Stellung innerhalb verschiedener nationaler Literaturen, sondern an dem historischen Parameter eines übergreifenden Prozesses, im Blick auf die »Julirevolution der Literatur« zu messen und zu interpretieren. Gewiß haben die herausgehobenen Züge im Kontext der deutschen oder französischen Literatur noch andere Bedeutungsakzente und wurden die in der Antwort auf eine historische Situation erkannten Positionen um den Preis erkauft, daß spezifisch deutsche oder französische Eigenheiten dieser Autoren unerwähnt blieben. Doch dieser Preis scheint mir nicht zu hoch, wenn es sich bestätigt, daß zumindest die folgenden Erscheinungen nicht der deutschen oder der französischen Nationalliteratur allein eigentümlich, sondern Tendenzen einer literarischen Epochenwende waren, die sich früher oder später auch in anderen europäischen Literaturen Geltung verschafften: der Bruch mit dem Primat einer klassisch-humanistischen Ästhetik, die Hinwendung zur »Prosa

60 Zur Kritik der Komparatistik vgl. H. Friedrich, *Der Epochenbegriff im Licht der französischen Préromantisme-Forschung*, in: *Neue Jahrbücher für Wissenschaft und Jugendbildung*, 2 (1934), bes. p. 131: »Im Bilde der vergleichenden Literaturgeschichte wird die Literatur der Völker zu einem großen Motivmarkt, auf dem jeder beibringt, was er hat, und holt, was ihm beliebt; gewisse modische Strömungen bestimmen den Kurs und Preis einzelner Motivgruppen.«

des Lebens«, verbunden mit dem Zweifel am Daseinsrecht der Poesie überhaupt, die Ausbildung neuer literarischer Formen zwischen Dichtung und Publizistik, vor allem aber die Öffnung der Kunst auf die aktuelle Geschichte und Zeitbewegung.[61]

Der vorliegende Versuch verleugnet nicht, daß er methodisch nurmehr den ersten Anfang einer synchronischen Literaturbetrachtung zeigen kann und daß der gewählte zeitliche Schnittpunkt zudem eine subjektive Perspektive voraussetzt. Ich habe damit begonnen, die programmatischen Spitzenerscheinungen im Blick auf den allgemeinen Prozeß der literarischen Bewegung vor und nach 1830 zu interpretieren. Diese Analyse müßte erst im Blick auf das Verhältnis dieser Werke zu der sie umgebenden Literatur (auch Subliteratur) und ihrer gesellschaftlichen Wirkung (vor allem im Spiegel der Presse) vervollständigt werden, bevor der literarische Horizont der Julirevolution nach den Kategorien der Ungleichzeitigkeit des Gleichzeitigen und der Interferenz von Theorie und Praxis erstellt werden kann. Zur zweiten Einschränkung ist zu sagen, daß die Wahl eines Schnittpunkts im Prozeß der literarischen Bewegung notwendig subjektive, besser gesagt: zeitbedingte Momente einschließen muß, weil sich Literaturgeschichte vor der Gegenwart nur rechtfertigen kann, wenn sie an der dargestellten Vergangenheit die gegenwärtige Perspektive und damit den historischen Standort des Betrachters sichtbar macht. Für diesen hebt sich das vergangene Ereignis heute darum aus dem Fluß der Geschichte heraus, weil die Erwartungen und Forderungen der literarischen Revolutionäre von 1826/27 verschieden artikulierte und erfüllte Antworten auf eine Frage enthalten, die uns im Jahre 1970 erneut gestellt ist – die Frage nämlich, wie sich Literatur auf die »Zeitbewegung« öffnen, sie durchdringen und auch übersteigen kann, wenn sie dem – erneut prognostizierten – Ende der Kunstperiode entgehen will.

61 In diesen Beitrag sind Ergebnisse einer interdisziplinären Lehrveranstaltung des Fachbereichs Literaturwissenschaft der Universität Konstanz über: *Das Ende der Kunstperiode – Europäische Literatur zwischen 1830 und 1848* im Studienjahr 1967/68 eingegangen; den beteiligten Kollegen und Freunden, Wolfgang Preisendanz und Jurij Striedter, weiß ich mich umso mehr zu Dank verpflichtet, als ihr Anteil zu dem Vorstehenden in der Darstellung nicht eigens abgegrenzt werden konnte.

Literaturgeschichte als Provokation der Literaturwissenschaft

I.

Literaturgeschichte ist in unserer Zeit mehr und mehr, aber keineswegs unverdient in Verruf gekommen. Die Geschichte dieser ehrwürdigen Disziplin beschreibt in den letzten 150 Jahren unverkennbar den Weg eines stetigen Niedergangs. Ihre Gipfelleistungen gehören allesamt in das 19. Jahrhundert. Die Geschichte einer Nationalliteratur zu schreiben, galt zu Zeiten von Gervinus und Scherer, De Sanctis und Lanson als das krönende Lebenswerk des Philologen. Die Patriarchen der Disziplin sahen ihr höchstes Ziel darin, an der Geschichte der Dichtwerke die Idee der nationalen Individualität auf ihrem Wege zu sich selbst darzustellen. Dieser Höhenweg ist heute schon eine ferne Erinnerung. Die überkommene Form der Literaturgeschichte fristet im geistigen Leben unserer Gegenwart nur mehr ein kümmerliches Dasein. Sie hat sich in einer abbaureifen Examensforderung der staatlichen Prüfungsordnung erhalten. Als Pflichtpensum des Gymnasialunterrichts ist sie in Deutschland schon fast aufgegeben. Sonst sind Literaturgeschichten allenfalls noch in Bücherschränken des Bildungsbürgertums zu finden, das sie in Ermangelung eines besser geeigneten Wörterbuchs der Literatur vornehmlich aufschlägt, um literarische Quizfragen zu lösen.[1]

1 In dieser Kritik folge ich M. Wehrli, der zuletzt über *Sinn und Unsinn der Literaturgeschichte* schrieb (erschienen in der Literaturbeilage der *Neuen Zürcher Zeitung* vom 26. Februar 1967) und aus anderer Sicht gleichfalls die Rückkehr der Literaturwissenschaft zur Geschichte prognostizierte. – Von den jüngeren Arbeiten zum Problem der Literaturgeschichte (im folgenden nur mit Angabe der Jahreszahl zitiert) sind mir bekannt geworden: R. Jakobson, *Über den Realismus in der Kunst* (1921), in: *Texte der russischen Formalisten* I, ed. J. Striedter, München 1969, pp. 373 bis 391; W. Benjamin, *Literaturgeschichte und Literaturwissenschaft* (1931), in: *Angelus Novus*, Frankfurt 1966, pp. 450–456; R. Wellek, *The Theory of Literary History*, in: *Etudes dédiées au quatrième Congrès de linguistes. Travaux du Cercle Linguistique de Prague*, 1936, pp. 173–191; id., *Der Begriff der Evolution in der Literaturgeschichte*, in: *Grundbegriffe der Lite-*

In den Vorlesungsverzeichnissen ist die Literaturgeschichte offensichtlich im Schwinden. Man spricht längst kein Geheimnis mehr aus, wenn man feststellt, daß sich die Philologen meiner Generation geradezu etwas darauf zugute tun, die traditionelle Gesamt- oder Epochendarstellung ihrer Nationalliteratur durch Vorlesungen mit problemgeschichtlicher oder systematischer Fragestellung ersetzt zu haben. Die wissenschaftliche Produktion bietet ein entsprechendes Bild: kollektive Unternehmungen in Gestalt von Handbüchern, Enzyklopädien und – als jüngstem Ableger der sogenannten Buchbinder-Synthesen – von Interpretationsreihen haben die als unseriös und anmaßend geltenden Literaturgeschichten verdrängt. Bezeichnenderweise gehen solche pseudohistorische Sammelwerke selten auf die Initiative von Gelehrten, zumeist aber auf den Einfall eines rührigen Verlegers zurück. Die ernstgenommene Forschung hingegen findet ihren Niederschlag in Monographien der Fachzeitschriften und setzt den strengeren Maßstab literaturwissenschaftlicher Methoden der Stilistik, Rhetorik, Textphilologie, Semantik, Poetik, Morphologie, Wort-, Motiv- oder Gattungsgeschichte voraus. Gewiß sind auch heute noch die Fachzeitschriften der Philologie zu einem guten Teil mit Abhandlungen gefüllt, die sich mit einer literarhistorischen Fragestellung begnügen. Doch ihre Verfasser sehen sich einer doppelten Kritik ausgesetzt. Ihre Fragestellungen werden aus der Sicht benachbarter Disziplinen offen oder versteckt als Scheinprobleme qualifiziert, ihre Ergebnisse als rein antiquarisches Wissen abgetan. Die Kritik der Literaturtheorie verfährt kaum glimpflicher. Sie hat an der klassischen Literaturhistorie auszusetzen, daß sie nur vorgebe, eine Form der Geschichtsschreibung zu sein, in Wahrheit sich aber außerhalb der geschichtlichen Dimension bewege und dabei zugleich die von ihrem Gegenstand,

raturkritik, Stuttgart/Berlin/Köln/Mainz 1965; U. Leo, *Das Problem der Literaturgeschichte* (1939), in: *Sehen und Wirklichkeit bei Dante*, Frankfurt 1957; W. Krauss, *Literaturgeschichte als geschichtlicher Auftrag* (1950), in: *Studien und Aufsätze*, Berlin 1959, pp. 19–72; J. Storost, *Das Problem der Literaturgeschichte*, in: *Dante-Jahrbuch* 38 (1960), pp. 1–17; E. Trunz, *Literaturwissenschaft als Auslegung und als Geschichte der Dichtung*, in: *Festschrift J. Trier*, Meisenheim 1954; H. E. Hass, *Literatur und Geschichte*, in: *Neue deutsche Hefte* 5 (1958), pp. 307–318; R. Barthes, *Histoire ou littérature* (1960), in: *Literatur oder Geschichte*, Frankfurt 1969; F. Sengle, *Aufgaben der heutigen Literaturgeschichtsschreibung*, in: *Archiv für das Studium der neueren Sprachen* 200 (1964), S. 241–264.

der Literatur als einer der Künste, erforderte Begründung des ästhetischen Urteils verfehle.[2]

Diese Kritik soll erst noch verdeutlicht werden. Die Literaturgeschichte der üblichsten Form pflegt dem Dilemma einer bloß annalistischen Aufreihung von Fakten dadurch zu entgehen, daß sie ihr Material nach allgemeinen Tendenzen, Gattungen und »Sonstigem« ordnet, um in diesen Rubriken sodann die einzelnen Werke in chronologischer Reihe zu behandeln. Die Biographie der Autoren und die Würdigung ihres Gesamtwerks tauchen hier nach dem Motto: *und dann und wann ein weißer Elefant* exkursartig an einer zufälligen Stelle auf. Oder sie ordnet ihr Material unilinear nach der Chronologie großer Autoren und würdigt sie nach dem Schema von »Leben und Werke«; die kleineren Autoren haben hier das Nachsehen (sie werden in den Zwischenräumen angesiedelt), und auch die Entwicklung der Gattungen muß dabei unvermeidlich zerstückelt werden. Die zweite Form ist eher dem Kanon der Autoren des klassischen Altertums angemessen; die erste findet sich häufiger in den neueren Literaturen, die mit der zur Gegenwart hin wachsenden Schwierigkeit zu kämpfen haben, aus einer kaum übersehbaren Reihe von Autoren und Werken eine Auswahl treffen zu müssen.

Eine Beschreibung der Literatur, die einem schon sanktionierten Kanon folgt und Leben und Werk der Schriftsteller einfach in chronologischer Reihenfolge hintereinandersetzt, ist aber – wie schon Gervinus bemerkte – *keine Geschichte; es ist kaum das Gerippe zu einer Geschichte.*[3] Desgleichen würde kein Historiker eine Darstellung nach Gattungen für historisch halten, die, von Werk zu Werk Änderungen registrierend, die

2 So vor allem R. Wellek, 1936, 173-175, und id. in: R. Wellek – A. Warren, *Theorie der Literatur*, Berlin 1966, p. 229: »Die meisten führenden Literaturgeschichten sind entweder Kulturgeschichten oder Sammlungen kritischer Aufsätze. Die eine Art ist keine Geschichte der *Kunst*, die andere keine *Geschichte* der Kunst.«

3 Georg Gottfried Gervinus: *Schriften zur Literatur*, Berlin 1962, p. 4 (in einer Rezension von 1833 über jüngst erschienene Literaturgeschichten): *Diese Bücher mögen allerhand Verdienste haben, allein geschichtlich haben sie fast keine. Sie verfolgen chronologisch die verschiedenen Dichtungsarten, sie setzen in chronologischer Reihe die Schriftsteller hintereinander, wie andere die Büchertitel, und charakterisieren dann, wie es auch sei, Dichter und Dichtung. Das aber ist keine Geschichte; es ist kaum das Gerippe zu einer Geschichte.*

eigengesetzlichen Formen der Entwicklung von Lyrik, Drama und Roman verfolgt und das unerklärte Nebeneinander der literarischen Entwicklung lediglich mit einer allgemeinen, meist von der Historie erborgten Betrachtung über Zeitgeist und politische Tendenzen der Epoche umrahmt. Andererseits ist es nicht nur selten, sondern geradezu verpönt, daß ein Literarhistoriker über Werke vergangener Epochen Qualitätsurteile fällt. Er pflegt sich vielmehr auf das Objektivitätsideal der Historiographie zu berufen, die nur zu beschreiben habe, *wie es eigentlich gewesen.* Seine ästhetische Abstinenz hat gute Gründe. Denn Qualität und Rang eines literarischen Werks ergeben sich weder aus seinen biographischen oder historischen Entstehungsbedingungen noch allein aus seiner Stelle im Folgeverhältnis der Gattungsentwicklung, sondern aus den schwerer faßbaren Kriterien von Wirkung, Rezeption und Nachruhm. Und wenn der Literarhistoriker, dem Objektivitätsideal verpflichtet, sich auf die Darstellung einer abgeschlossenen Vergangenheit beschränkt, das Urteil über die Literatur seiner eigenen, noch unvollendeten Epoche dem dafür zuständigen Kritiker überläßt und sich an den gesicherten Kanon der »Meisterwerke« hält, bleibt er in seiner historischen Distanz meist ein bis zwei Generationen hinter der jüngsten Entwicklung der Literatur zurück. Er nimmt an der aktuellen Auseinandersetzung mit den literarischen Erscheinungen der Gegenwart bestenfalls als passiver Leser teil und wird damit in seiner Urteilsbildung zum Parasiten einer Kritik, die er im stillen als »unwissenschaftlich« verachtet. Was also soll heute noch ein historisches Studium der Literatur, das – um eine klassische Bestimmung des Interesses an der Geschichte, die Friedrich Schillers, aufzugreifen – dem *denkenden Betrachter* so wenig Belehrung, dem *tätigen Weltmann* keinerlei Muster zur Nachahmung, dem *Philosophen* keine wichtigen Aufschlüsse und dem Leser alles andere als eine *Quelle des edelsten Vergnügens* zu versprechen vermag?[4]

4 *Was heißt und zu welchem Ende studiert man Universalgeschichte?*, in: *Schillers Sämtliche Werke*, Säkularausgabe, Bd. XIII, p. 3.

II.

Zitate pflegen eine Autorität aufzurufen, um einen Schritt im Fortgang der wissenschaftlichen Reflexion zu sanktionieren. Sie können aber auch an eine alte Fragestellung erinnern, um darzutun, daß eine schon klassisch gewordene Antwort nicht mehr genügt, daß sie selbst wieder historisch geworden ist und von uns eine Erneuerung von Frage und Lösung erfordert. Schillers Antwort auf die Frage seiner Jenenser Antrittsrede vom 26. Mai 1789: *Was heißt und zu welchem Ende studiert man Universalgeschichte?* ist nicht nur repräsentativ für das Geschichtsverständnis des deutschen Idealismus, sondern auch erhellend für einen kritischen Rückblick auf die Geschichte unserer Disziplin. Denn sie zeigt die Erwartung, unter der die Literaturgeschichte des 19. Jahrhunderts im Wetteifer mit der allgemeinen Historiographie das Vermächtnis der idealistischen Geschichtsphilosophie zu erfüllen suchte. Sie läßt zugleich erkennen, warum das Erkenntnisideal der historischen Schule zu einer Krise führen und auch den Niedergang der Literaturgeschichte nach sich ziehen mußte.

Als Kronzeuge kann uns Gervinus dienen. Er hat nicht allein die erste wissenschaftliche Darstellung einer *Geschichte der poetischen Nationalliteratur der Deutschen* (1835–1842), sondern auch die erste (und einzige) Historik eines Philologen verfaßt.[5] Seine *Grundzüge der Historik* bauen den Leitgedanken der Schrift: *Über die Aufgabe des Geschichtsschreibers* von Wilhelm von Humboldt (1821) zu einer Theorie aus, mit der Gervinus an anderer Stelle auch die große Aufgabe einer Geschichte der schönen Literatur begründet hat. Der Literarhistoriker werde erst dann zum Geschichtsschreiber, wenn er in seinem Gegenstand forschend *die eine Grundidee* gefunden habe, *die gerade diese Reihe von Begebenheiten, die er sich zum Vorwurf nahm, durchdringt, in ihnen zur Erscheinung kommt, sie mit den Weltereignissen in Zusammenhang bringt.*[6] Diese leitende Idee, für Schiller noch das allgemeine teleologische Prinzip, das uns das weltgeschichtliche Fortschreiten der Menschheit begreifen läßt, erscheint schon bei Humboldt

5 Erstveröffentlichung 1837, unter dem Titel: *Grundzüge der Historik*, in: *Schriften* . . ., op. cit., pp. 49–103.
6 *Schriften* . . ., op. cit., S. 47.

in gesonderten Manifestationen der *Idee nationeller Individualität.*[7] Und wenn sich dann Gervinus diese *ideale Erklärungsweise* der Geschichte zu eigen macht, stellt er Humboldts *historische Idee*[8] unmerklich in den Dienst der nationalen Ideologie: eine Geschichte der deutschen Nationalliteratur habe zu zeigen, wie *die verständige Richtung, auf welche die Griechen die Menschheit geleitet hatten und der die Deutschen ihrer Eigentümlichkeit nach von je geneigt waren, von diesen mit freiem Bewußtsein wieder eingeschlagen wurde.*[9] Die universale Idee der aufgeklärten Geschichtsphilosophie zerfällt in die Vielheit der Geschichte nationaler Individualitäten und verengt sich schließlich auf den literarischen Mythus, daß gerade die Deutschen zur wahren Nachfolge der Griechen berufen seien – um jener Ideen willen, *die allein die Deutschen in ihrer Reinheit zu verwirklichen geschaffen waren.*[10]

Der am Beispiel von Gervinus sichtbar gemachte Prozeß ist nicht nur ein für die Geistesgeschichte des 19. Jahrhunderts typischer Vorgang. Er hat auch eine methodologische Implikation, die sich für die Literaturgeschichte wie für alle Historiographie ergab, als die historische Schule das teleologische Modell der idealistischen Geschichtsphilosophie in Verruf gebracht hatte. Wenn man die Lösung der Geschichtsphilosophie, den Gang der Ereignisse von einem *Ziel, einem idealen Höhepunkt* der Weltgeschichte aus zu begreifen, als unhistorisch verwarf,[11] wie war dann der Zusammenhang der nie als ein Ganzes gegebenen Geschichte zu verstehen und darzustellen? Damit wurde – wie H. G. Gadamer zeigte – das Ideal der Universalgeschichte zur Verlegenheit der historischen Forschung.[12] Der

7 *Über die Aufgabe des Geschichtsschreibers,* in: *Werke in fünf Bänden,* ed. A. Flitner und K. Giel, Darmstadt 1960, Bd. I, p. 602: *Griechenland stellt dadurch eine, weder vorher, noch nachher jemals dagewesene Idee nationeller Individualität auf, und wie in der Individualität das Geheimniss alles Daseyns liegt, so beruht auf dem Grade, der Freiheit, und der Eigenthümlichkeit ihrer Wechselwirkung alles weltgeschichtliche Fortschreiten der Menschheit.*

8 *Gründzüge der Historik,* §§ 27/28.

9 *Schriften* . . ., op. cit., p. 48.

10 Ibid.

11 *Grundzüge der Historik,* § 26.

12 *Wahrheit und Methode – Grundzüge einer philosophischen Hermeneutik,* Tübingen 1960, pp. 185–205, bes. p. 187: »Auch die ›historische Schule‹ wußte, daß es im Grunde keine andere Geschichte als Universalgeschichte

Geschichtsschreiber – so formulierte Gervinus – *kann nur vollendete Reihen von Begebenheiten darstellen wollen, denn er kann nicht urteilen, wo er nicht die Schlußszenen vor sich hat.*[13] Als abgeschlossene Reihen konnten Nationalgeschichten so lange gelten, als man sie politisch im erfüllten Augenblick der nationalen Einigung oder literarisch im Höhepunkt einer nationalen Klassik gipfeln sah. Doch ihr Fortgang nach der »Schlußszene« mußte unweigerlich das alte Dilemma zurückbringen. Gervinus machte darum letztlich nur aus der Not eine Tugend, wenn er – in denkwürdiger Übereinstimmung mit Hegels berühmter Diagnose vom *Ende der Kunstperiode* – die Literatur der eigenen nachklassischen Zeit als bloße Verfallserscheinung abtat und den *Talenten, die nun kein Ziel haben*, den Rat gab, sich lieber mit der wirklichen Welt und dem Staat zu befassen.[14]

Dem Dilemma von Abschluß und Fortgang der Geschichte enthoben schien der Geschichtsschreiber des Historismus aber dort zu sein, wo er sich auf Epochen beschränkte, die er bis zu der »Schlußszene« vor Augen stellen und in ihrer je eigenen Vollkommenheit, ohne Rücksicht auf das, was daraus hervorging, beschreiben konnte. Geschichte als Epochendarstellung versprach darum auch das methodische Ideal der historischen Schule am vollsten zu erfüllen. Die Literaturgeschichte reiht seither, wo ihr die Entfaltung der nationalen Individualität als roter Faden nicht mehr genügt, vornehmlich abgeschlossene Epochen aneinander. Die *Grundregel der historischen Schreibart, nach welcher der Geschichtsschreiber vor seinem Gegenstande wegfallen und dieser in voller Objektivität hervortreten soll*[15], ließ sich an der Epoche als einem abgerückten,

geben kann, weil sich nur vom Ganzen aus das Einzelne in seiner Einzelbedeutung bestimmt. Wie soll der empirische Forscher, dem niemals das Ganze gegeben sein kann, sich da helfen, ohne sein Recht an den Philosophen und seine apriorische Willkür zu verlieren?«

13 *Grundzüge der Historik*, § 32.

14 *Geschichte der poetischen Nationalliteratur der Deutschen*, Bd. IV, p. VII: *Unsere Dichtung hat ihre Zeit* gehabt, *und wenn nicht das deutsche Leben stillstehen soll, so müssen wir die Talente, die nun kein Ziel haben, auf die wirkliche Welt und den Staat locken, wo in neue Materie neuer Geist zu gießen ist.*

15 In der *Selbstanzeige* seiner *Geschichte der poetischen Nationalliteratur der Deutschen (Schriften* . . ., op. cit., p. 123), wo Gervinus – darin noch Verfechter des Historismus der Aufklärung gegen den Historismus der

individuellen Sinnganzen am ehesten bewähren. Wenn »volle Objektivität« erfordert, daß der Geschichtsschreiber vom Standpunkt seiner Gegenwart absieht, muß Wert und Bedeutung einer Epoche der Vergangenheit auch unabhängig vom späteren Verlauf der Geschichte erkennbar sein. Rankes berühmtes Wort von 1854 gibt diesem Postulat eine theologische Begründung: *Ich aber behaupte: jede Epoche ist unmittelbar zu Gott, und ihr Wert beruht gar nicht auf dem, was aus ihr hervorgeht, sondern in ihrer Existenz selbst, in ihrem eignen Selbst.*[16] Diese neue Antwort auf die Frage, wie der Begriff »Fortschritt« in der Geschichte aufzufassen sei, weist dem Historiker die Aufgabe einer neuen Theodizee zu: indem er *jede Epoche als etwas für sich Gültiges* ansieht und darstellt, rechtfertigt er Gott vor der Geschichtsphilosophie des Fortschritts, welche Epochen nur als Stufen für die nachfolgende Generation würdige und damit eine Bevorzugung der späteren, also eine *Ungerechtigkeit der Gottheit* voraussetze.[17] Rankes Lösung für das hinterlassene Problem der Geschichtsphilosophie war indes um den Preis erkauft, daß der Faden zwischen der Vergangenheit und der Gegenwart der Geschichte – zwischen der Epoche, »wie sie eigentlich gewesen«, und dem, »was aus ihr hervorging« – durchschnitten wurde. Der Historismus hat in seiner Abkehr von der Geschichtsphilosophie der Aufklärung nicht nur die teleologische Konstruktion der Universalhistorie preisgegeben, sondern auch das methodische Prinzip,

Romantik – dieser Grundregel widerspricht und sich entschieden von der *streng objektiven Manier der meisten heutigen Geschichtsschreiber* absetzt.

16 *Über die Epochen der neueren Geschichte*, in: *Geschichte und Politik – Ausgewählte Aufsätze und Meisterschriften*, ed. H. Hofmann, Stuttgart 1940, p. 141.

17 *Wollte man aber [...] annehmen, dieser Fortschritt bestehe darin, daß in jeder Epoche das Leben der Menschheit sich höher potenziert, daß also jede Generation die vorhergehende vollkommen übertreffe, mithin die letzte allemal die bevorzugte, die vorhergehenden aber nur die Träger der nachfolgenden wären, so würde das eine Ungerechtigkeit der Gottheit sein* (ibid.). – Von »neuer Theodizee« ist zu sprechen, weil schon die von Ranke abgewiesene Geschichtsphilosophie des Idealismus – wie O. Marquard zeigte – den verborgenen Anspruch einer Theodizee erheben konnte, insofern sie zur Entlastung Gottes den Menschen zum verantwortlichen Subjekt der Geschichte machte und den Fortschritt in der Geschichte als einen Rechtsprozeß bzw. Fortschritt in menschlichen Rechtsverhältnissen verstand (vgl. *Idealismus und Theodizee*, in: *Philosophisches Jahrbuch* 73, 1965, pp. 33 bis 47).

das nach Schiller den Universalhistoriker und sein Verfahren allererst auszeichnet, nämlich: *das Vergangene mit dem Gegenwärtigen zu verknüpfen*[18] – eine unverlierbare, nur vermeintlich spekulative Erkenntnis, über die sich die historische Schule nicht ungestraft hinwegsetzen konnte[19], wie auch die weitere Entwicklung im Feld der Literarhistorie zeigt.

Die Leistung der Literarhistorie des 19. Jahrhunderts stand und fiel mit der Überzeugung, daß die Idee nationaler Individualität der *unsichtbare Theil jeder Tatsache* sei[20], und daß diese Idee auch an einer Folge literarischer Werke die *Form der Geschichte*[21] darstellbar mache. In dem Maße, wie diese Überzeugung schwand, mußte auch der Faden der Begebenheiten verlorengehen, vergangene und gegenwärtige Literatur in getrennte Sphären des Urteils auseinanderfallen[22] und die

18 Op. cit., p. 528; vgl. p. 526 sqq., wo Schiller die Aufgabe des Universalhistorikers als ein Verfahren bestimmt, bei dem das teleologische Prinzip, d. h. das Ziel, im Gang der Weltgeschichte das Problem der Weltordnung aufzufinden und aufzulösen, zunächst – *weil eine Weltgeschichte nach letzterm Plane in den spätesten Zeiten erst zu erwarten steht* – suspendiert werden kann. Das Verfahren selbst beschreibt Historiographie als eine Art von ›Wirkungsgeschichte‹: der Universalhistoriker *rückt von der neuesten Weltlage aufwärts dem Ursprung der Dinge entgegen*, indem er unter den Begebenheiten die heraushebt, die auf die heutige Gestalt der Welt einen wesentlichen Einfluß gehabt haben; sodann kehrt er auf dem so gefundenen Wege um und kann nun *an dem Leitfaden dieser bezeichneten Fakten* das Verhältnis der Vergangenheit zu der gegenwärtigen Weltverfassung als *Weltgeschichte* vortragen.

19 Die Folge des Prinzips, der Historiker solle sich erst alles aus dem Kopf schlagen, was er vom späteren Verlauf der Geschichte weiß, wenn er eine vergangene Epoche darstellen wolle (Fustel de Coulanges), ist der Irrationalismus einer »Einfühlung«, die sich über die Vorbedingungen und Vorurteile ihres historischen Standorts keine Rechenschaft abzulegen weiß. Die Kritik, die W. Benjamin vom Standpunkt des historischen Materialismus dagegen vorbringt, führt unvermerkt über den Objektivismus der materialistischen Geschichtsauffassung hinaus, siehe *Geschichtsphilosophische Thesen*, Nr. VII, in: *Schriften I*, Frankfurt 1955, p. 497.

20 W. von Humboldt, op. cit., p. 586.

21 Ibid. p. 590: *Der Geschichtsschreiber, der dieses Namens würdig ist, muß jede Begebenheit als Theil eines Ganzen, oder, was dasselbe ist, an jeder die Form der Geschichte überhaupt darstellen.*

22 Für diese Scheidung von Literaturgeschichte und Literaturkritik kennzeichnend ist die Begriffsbestimmung der Philologie im *Grundriß der romanischen Philologie* von G. Gröber, Bd. I, Straßburg 1906^2, p. 194: »Die Erscheinung des menschlichen Geistes in der nur mittelbar verständlichen Sprache und seine Leistungen in der künstlerisch behandelten Rede der Vergangenheit also bilden den eigentlichen Gegenstand der Philologie.«

Auswahl, Determination und Bewertung der literarischen Fakten problematisch werden. Die Wendung zum Positivismus ist primär von dieser Krise bedingt. Die positivistische Literarhistorie glaubte, aus ihrer Not eine Tugend machen zu können, indem sie sich Methoden der exakten Naturwissenschaft erborgte. Das Ergebnis ist nur allzu bekannt: die Anwendung des Prinzips rein kausaler Erklärung auf die Geschichte der Literatur förderte nur äußerlich determinierende Faktoren zutage, ließ die Quellenforschung zu einem hypertrophen Ausmaß anwachsen und löste die spezifische Eigenart des literarischen Werks in ein Bündel beliebig vermehrbarer »Einflüsse« auf. Der Protest ließ nicht lange auf sich warten. Die Geistesgeschichte bemächtigte sich der Literatur, setzte der kausalen Geschichtserklärung eine Ästhetik der irrationalen Schöpfung entgegen und suchte den Zusammenhang der Dichtung in der Wiederkehr überzeitlicher Ideen und Motive.[23] Sie ließ sich in Deutschland in die Vorbereitung und Begründung der völkischen Literaturwissenschaft des Nationalsozialismus hineinziehen. Nach dem Krieg wurde sie von neuen Methoden abgelöst, die den Prozeß der Entideologisierung vollendet, dabei aber die klassische Aufgabe der Literarhistorie nicht wieder auf sich genommen haben. Die Darstellung der Literatur in ihrer Geschichte und in ihrem Verhältnis zur pragmatischen Geschichte lag außerhalb des Interesses der neuen Ideen- und Begriffsgeschichte wie auch der im Gefolge der Warburg-Schule aufblühenden Traditionsforschung. Die erstere erstrebt insgeheim eine Erneuerung der Philosophiegeschichte im Spiegel der Literatur[24]; die letztere neutralisiert die Lebenspraxis der Geschichte, indem sie den Schwerpunkt des Wissens im Ursprung oder in der überzeitlichen Kontinuität der Tradition nicht aber in der Gegenwart und Einmaligkeit einer literarischen Erscheinung sucht.[25] Die Erkenntnis des Bleibenden im fortwährenden Wechsel entpflichtet von der Mühe des historischen Verstehens. Die zur höchsten Idee er-

23 Siehe dazu W. Krauss, 1950, p. 19 sqq., und W. Benjamin, 1931, p. 453: »In diesem Sumpfe ist die Hydra der Schulästhetik mit ihren sieben Köpfen: Schöpfertum, Einfühlung, Zeitentbundenheit, Nachschöpfung, Miterleben, Illusion und Kunstgenuß zu Hause.«

24 Vgl. dazu R. Wellek, 1965, p. 193.

25 W. Krauss, 1950, p. 57 sqq., zeigt am Beispiel von E. R. Curtius, wie sehr dieses Wissenschaftsideal dem Denken des Georgekreises verhaftet ist.

hobene Kontinuität des antiken Erbes erscheint in dem monumentalen Werk von Ernst Robert Curtius, das eine Legion von epigonischen Toposforschern ins Brot setzte, in der historisch nicht vermittelten, der literarischen Tradition immanenten Spannung von Schöpfung und Nachahmung, von hoher Dichtung und bloßer Literatur: eine zeitlose Klassik der Meisterwerke erhebt sich über das, was Curtius die »unzerreißbare Traditionskette der Mittelmäßigkeit« nennt[26], und läßt die Geschichte als eine *terra incognita* hinter sich zurück. Die Kluft zwischen der historischen und der ästhetischen Betrachtung der Literatur wird hier so wenig überbrückt wie schon in der Literaturtheorie Benedetto Croces mit ihrer ad absurdum geführten Scheidung von Poesie und Nicht-Poesie. Der Antagonismus von reiner Dichtung und zeitgebundener Literatur war erst zu überwinden, als die ihn fundierende Ästhetik in Frage gestellt und erkannt wurde, daß der Gegensatz von Schöpfung und Nachahmung nur die Literatur der humanistischen Kunstperiode charakterisiert, die Erscheinungen der modernen oder auch der mittelalterlichen Literatur aber schon nicht mehr zu fassen vermag. Von der positivistischen und der idealistischen Schulrichtung setzte sich die Literatursoziologie und die werkimmanente Methode ab. Sie haben die Kluft zwischen Geschichte und Dichtung noch vertieft. Das zeigt sich am schärfsten in der gegensätzlichen Literaturtheorie der marxistischen und der formalistischen Schulen, die im Mittelpunkt dieses kritischen Überblicks über die Vorgeschichte der gegenwärtigen Literaturwissenschaft stehen soll.

III.

Beiden Schulen ist die Abkehr von der blinden Empirie des Positivismus wie von der ästhetischen Metaphysik der Geistesgeschichte gemeinsam. Sie haben das Problem, wie das isolierte literarische Faktum oder scheinbar autonome literarische Werk in den geschichtlichen Zusammenhang der Literatur zurückzuholen und wieder ereignishaft, als Zeugnis des gesellschaftlichen Prozesses oder als Moment der literarischen Evolution

26 *Europäische Literatur und lateinisches Mittelalter,* Bern 1948, p. 404.

zu begreifen sei, auf entgegengesetzten Wegen zu lösen versucht. Als Ergebnis dieser beiden Versuche ist aber bisher noch keine große Literaturgeschichte zu verzeichnen, die aus den neuen marxistischen oder formalistischen Prämissen die alten Geschichten der Nationalliteraturen umerzählt, ihren sanktionierten Kanon umgebildet und die Weltliteratur prozeßhaft, im Blick auf ihre emanzipatorische, wahrnehmungsbildende oder gesellschaftliche Funktion dargestellt hätte. Die marxistische und die formalistische Literaturtheorie sind durch ihre Vereinseitigung schließlich in eine Aporie geraten, deren Lösung erfordert hätte, die historische und die ästhetische Betrachtung in ein neues Verhältnis zu setzen.

Die ursprüngliche, immer wieder erneuerte Provokation der marxistischen Literaturtheorie ist, daß sie der Kunst wie den entsprechenden Bewußtseinsformen der Moral, Religion oder Metaphysik eine eigene Geschichte abspricht. Die Geschichte der Literatur wie der Kunst kann nicht länger den »Schein ihrer Selbständigkeit« behalten, wenn eingesehen wird, daß ihre Hervorbringungen die materielle Produktion und gesellschaftliche Praxis des Menschen voraussetzen, daß auch die künstlerische Produktion an dem »wirklichen Lebensprozeß« der Aneignung der Natur teilhat, der die Arbeit oder Bildungsgeschichte der Menschheit bestimmt. Erst wenn dieser »tätige Lebensprozeß« dargestellt wird, »hört die Geschichte auf, eine Sammlung toter Fakta zu sein«.[27] Also kann auch Literatur und Kunst »nur im Verhältnis zur Praxis des geschichtlichen Menschen«, in ihrer »gesellschaftlichen Funktion« prozeßhaft gesehen (Werner Krauss)[28], als eine der gleich ursprünglichen »Arten der menschlichen Aneignung der Welt« begriffen und als Teil des allgemeinen Prozesses der Geschichte dargestellt werden, in dem der Mensch den Zustand der Natürlichkeit überwindet, um sich zum Menschen emporzuarbeiten (Karel Kosík).[29]

Dieses in der *Deutschen Ideologie* (1845/46) und anderen Frühschriften von Karl Marx nur in ersten Ansätzen erkenn-

27 Marx/Engels, *Die deutsche Ideologie* (1845/46), in: K. Marx und F. Engels, *Werke*, Berlin 1959, pp. 26–27.

28 W. Krauss, *Literaturgeschichte als geschichtlicher Auftrag* (1950), in: *Studien und Aufsätze*, Berlin 1959, pp. 26, 66.

29 K. Kosík, *Die Dialektik des Konkreten*, Frankfurt 1967 *(Theorie 2)*, p. 21–22.

bare Programm harrt zumindest für die Geschichte der Kunst und Literatur noch seiner Verwirklichung. Die marxistische Ästhetik ist schon bald nach ihrer Geburtsstunde, mit der Sickingen-Debatte des Jahres 1859, in den Bann einer epochen- und gattungsbedingten Fragestellung gezogen worden, die noch die Auseinandersetzungen zwischen Lukács, Brecht und anderen in der Expressionismus-Debatte der Jahre 1934–1938 beherrscht: das Nachahmungs- oder Widerspiegelungsproblem des literarischen Realismus. Die realistische Kunsttheorie des 19. Jahrhunderts, von heute vergessenen Literaten (Champfleury, Duranty) provokativ gegen die wirklichkeitsferne Romantik gerichtet, von der Literarhistorie post festum den großen Romanciers Stendhal, Balzac und Flaubert zugeschrieben und im 20. Jahrhundert während der stalinistischen Ära zum Dogma des sozialistischen Realismus erhoben, stand und blieb in einer denkwürdigen Abhängigkeit von der klassischen Ästhetik der *imitatio naturae.* Zur gleichen Zeit, während der neuzeitliche Begriff der Kunst als »Signatur des schaffenden Menschen«, als Realisation des Unverwirklichten, als konstruktive oder wirklichkeitsbildende Potenz gegen die »metaphysische Tradition der Identität von Sein und Natur und die Bestimmung des Menschenwerks als ›Nachahmung der Natur‹« durchgesetzt wurde[30], glaubte sich die marxistische Ästhetik noch oder wieder durch eine Abbildungstheorie legitimieren zu müssen. In ihrem Kunstbegriff setzte sie zwar »Wirklichkeit« an die Stelle von »Natur«, stattete dann aber die der Kunst vorgegebene Wirklichkeit wieder mit Wesenszügen der scheinbar überwundenen Natur, mit exemplarischer Verbindlichkeit und essentieller Vollständigkeit, aus.[31] Gemessen an der ursprünglich antinaturalistischen Position der marxistischen Theorie[32] kann ihre Verengung auf das Mimesisideal des bürgerlichen Realismus nur als Rückfall in einen substantialistischen Materialismus bewertet werden. Denn von Marx'

30 H. Blumenberg, *Nachahmung der Natur: Zur Vorgeschichte der Idee des schöpferischen Menschen,* in: *Studium Generale* 10 (1957), pp. 267, 270.
31 Ib., p. 276.
32 Vgl. H. Blumenberg, ib. p. 270: »Der Antinaturalismus des 19. Jahrhunderts ist getragen von diesem Gefühl der Beengung der authentischen Produktivität des Menschen durch einen lästigen Bedingungshorizont. Das neue Pathos der Arbeit richtet sich gegen die Natur: Comte prägte den Ausdruck *Antinatur,* Marx und Engels sprechen von *Antiphysis.*«

Begriff der *Arbeit*, von einer in der Dialektik von Natur und Arbeit, materiellem Bedingungshorizont und gegenständlicher Praxis aus verstandenen Geschichte der Kunst hätte sich auch die marxistische Ästhetik der modernen Entwicklung von Kunst und Literatur nicht verschließen müssen, die von ihrer doktrinären Kritik bis in die jüngste Vergangenheit als dekadent, weil die »wahre Wirklichkeit« verfehlend, abgelehnt wurde. Die Auseinandersetzung der letzten Jahre, in der dieses Verdikt Schritt für Schritt aufgehoben wurde, ist zugleich als ein Prozeß zu interpretieren, in dem die marxistische Ästhetik mit säkularer Verspätung darangeht, gegen die Reduktion des Kunstwerks auf eine nur *abbildende* Funktion nunmehr die lange unterdrückte Einsicht in den wirklichkeits*bildenden* Charakter der Kunst ins Recht zu setzen.

Die orthodoxe Widerspiegelungstheorie stand dieser genuinen Aufgabe einer dialektisch-materialistischen Literaturgeschichte nicht weniger im Wege als der Lösung des korrelaten Problems, wie die Leistung und Wirkung literarischer Formen als eine selbständige Art der gegenständlichen Praxis des Menschen zu bestimmen wäre. Das Problem des geschichtlich-prozeßhaften Zusammenhangs von Literatur und Gesellschaft wurde durch die Spielarten der Plechanow-Methode: der Reduktion kultureller Erscheinungen auf ökonomische, gesellschaftliche oder Klassenäquivalente, die als vorgegebene Wirklichkeit die Entstehung von Kunst und Literatur determinieren und als eine nur reproduzierte Wirklichkeit erklären sollen, auf eine oft gerügte Weise vereinseitigt. »Wer von der Ökonomie ausgeht als von etwas Gegebenem und nicht weiter Ableitbarem, der tiefsten Grundursache von allem und der einzigen Realität, die kein Fragen mehr duldet, der verwandelt die Ökonomie in ihr Ergebnis, in eine Sache, einen autonomen Geschichtsfaktor, und betreibt damit eine Fetischisierung der Ökonomie.«[33] Die »Ideologie des ökonomischen Faktors«, mit der Karel Kosík derart ins Gericht geht, hat die Geschichte der Literatur in einen Parallelismus gepreßt, den die geschichtliche Erscheinung der literarischen Produktion im Nacheinander wie im Nebeneinander der Werke ständig widerlegt.

Die Literatur läßt sich in der Fülle ihrer Gestaltungen nur zum Teil und nicht geradezu auf konkrete Bedingungen des ökono-

33 K. Kosík, op. cit. p. 116.

mischen Prozesses zurückbeziehen. Veränderungen der ökonomischen Struktur und Umschichtungen in der gesellschaftlichen Hierarchie vollzogen sich vor unserer Epoche zumeist in langgedehnten Prozessen mit kaum sichtbaren Zäsuren und wenig spektakulären Revolutionen. Da die Zahl feststellbarer Determinanten des »Unterbaus« ungleich kleiner blieb als die rascher sich wandelnde literarische Produktion im »Überbau«, mußte die konkrete Vielheit der Werke und Gattungen auf immer wieder die gleichen Faktoren oder Begriffshypostasen wie: Feudalismus, Heraufkommen der bürgerlichen Kommunen, Funktionsabbau des Adels, früh-, hoch- oder spätkapitalistische Produktionsweise zurückgeführt werden. Auch sind literarische Werke je nach ihrer Gattung oder epochalen Form mehr oder weniger durchlässig für Ereignisse der geschichtlichen Realität, was zu der augenfälligen Vernachlässigung nichtmimetischer Gattungen gegenüber der Epik führte. Beim Aufsuchen gesellschaftlicher Äquivalente hält sich der Soziologismus nicht zufällig an die traditionelle Reihe der Meisterwerke und großen Autoren, weil ihre Originalität als unmittelbare Einsicht in den gesellschaftlichen Prozeß oder – bei mangelnder Einsicht – als unfreiwilliger Ausdruck von eingetretenen Veränderungen der Basis deutbar zu sein scheint.[34] Damit wird die Geschichtlichkeit der Literatur offensichtlich um ihre spezifischen Dimensionen verkürzt. Denn ein bedeutendes Werk, das im literarischen Prozeß eine neue Richtung anzeigt, ist von einer nicht übersehbaren Produktion von Werken umgeben, die traditionellen Erwartungen oder Vorstellungen über die Wirk-

34 Das Paradebeispiel dafür ist Engels' Balzacinterpretation in seinem Brief an Margaret Harkness (1888), die in dem Argument gipfelt: »Daß Balzac so gezwungen wurde, gegen seine eigenen Klassensympathien und politischen Vorurteile zu handeln, daß er die Notwendigkeit des Untergangs seiner geliebten Adligen *sah* und sie als Menschen schilderte, die kein besseres Schicksal verdienen; und daß er die wirklichen Menschen der Zukunft dort *sah*, wo sie in der damaligen Zeit allein zu finden waren – das betrachte ich als einen der größten Triumphe des Realismus [...].« (K. Marx/F. Engels, *Über Kunst und Literatur*, ed. M. Kliem, Berlin 1967, Bd. I, p. 159). Die Mystifikation, daß Balzac durch die gesellschaftliche Wirklichkeit gegen seine Interessen zur objektiven Darstellung »gezwungen« wurde, stattet die hypostasierte Realität – ähnlich der Hegel'schen ›List der Vernunft‹ – mit der Potenz aus, selbst indirekt Dichtung zu erzeugen. In diesem »Triumph des Realismus« fand die marxistische Literaturgeschichte einen Freibrief, konservative Autoren wie z. B. Goethe oder Walter Scott für den Emanzipationsprozeß der Literatur zu vereinnahmen.

lichkeit entsprechen, in ihrem gesellschaftlichen Index also nicht geringer zu veranschlagen sind als die einsame, oft erst später begriffene Neuheit des großen Werkes. Dieses dialektische Verhältnis zwischen der Produktion des Neuen und der Reproduktion des Alten ist von der Widerspiegelungstheorie erst zu fassen, wenn sie nicht mehr auf der Homogenität des Gleichzeitigen beharrt und die harmonisierende Aneinanderreihung von gesellschaftlichen Zuständen und der sie widerspiegelnden literarischen Erscheinungen verzeitlicht. Mit diesem Schritt gerät die marxistische Ästhetik indes vor eine Schwierigkeit, die schon Marx zu Gesicht bekam: »das unegale Verhältnis der Entwicklung der materiellen Produktion [...] zur künstlerischen«[35]. Diese Schwierigkeit, hinter der sich die spezifische Geschichtlichkeit der Literatur verbirgt, ist von der Widerspiegelungstheorie nur um den Preis ihrer Selbstaufhebung zu lösen.

Der Anspruch, die Widerspiegelungstheorie dialektisch zu fassen, verstrickte darum ihren führenden Vertreter, Georg Lukács, in eklatante Widersprüche.[36] Sie kommen bei seiner Erklärung der normativen Geltung antiker Kunst wie bei seiner Kanonisierung Balzacs für die moderne Literatur, aber auch bei seinem Totalitätsbegriff und dessen Korrelat, der »Unmittelbarkeit der Rezeption«, zum Vorschein. Wenn sich Lukács auf das berühmte Fragment von Marx über die antike Kunst stützt und behauptet, auch die heutige Wirkung Homers sei »unzertrennlich mit der Epoche, mit den Produktionsverhältnissen verbunden, in der bzw. unter denen das Werk Homers entstand«[37], setzt er unvermerkt wieder als beantwortet voraus, was nach Marx erst zu erklären war: warum uns ein Werk »noch Kunstgenuß gewähren kann«[38], das als bloßer Reflex einer längst überwundenen gesellschaftlichen Entwicklungsform nur noch das Interesse des Historikers verdienen würde. Wie soll die Kunst einer fernen Vergangenheit die Vernichtung ihrer ökonomisch-gesellschaftlichen Basis über-

35 *Einleitung zur Kritik der Politischen Ökonomie*, in: *Werke* op. cit., Bd. XIII, p. 640.

36 *Einführung in die ästhetischen Schriften von Marx und Engels* (1945), *Literatur und Kunst als Überbau* (1951), in: *Beiträge zur Geschichte der Ästhetik*, Berlin 1954.

37 Ib., p. 424.

38 *Werke*, op. cit., Bd. XIII, p. 641.

dauern, wenn man der künstlerischen Form mit Lukács alle Selbstständigkeit absprechen muß und darum auch das Weiterwirken des Kunstwerks nicht als einen geschichtsbildenden Prozeß erklären kann? In diesem Dilemma hilft sich Lukács mit dem bewährten, aber geschichtstranszendenten Begriff des »Klassischen« weiter, der die Kluft von vergangener Kunst und gegenwärtiger Wirkung indes auch bei seiner inhaltlichen Fassung nur mit Bestimmungen von zeitloser Idealität zu überbrücken[39], also gerade nicht dialektisch-materialistisch zu vermitteln vermag. Für die moderne Literatur hat Lukács bekanntlich Balzac und Tolstoi zur klassischen Norm des Realismus erhoben. Die Geschichte der modernen Literatur nimmt damit die Gestalt eines schon ehrwürdigen humanistischen Schemas der Kunstgeschichtsschreibung an: sie beschreibt angesichts ihrer klassischen Gipfel im bürgerlichen Roman des 19. Jahrhunderts eine Linie des Abstiegs, verliert sich in realitätsfremden Kunstmitteln der Dekadenz und soll ihre Idealität in dem Maße wieder erreichen, als sie die moderne gesellschaftliche Wirklichkeit in schon historisch gewordenen, von Lukács kanonisierten Formen wie Typisierung, Individualisierung oder »organisches Erzählen« wiedergibt.[40]

Die Geschichtlichkeit der Literatur, die der Klassizismus der orthodoxen marxistischen Ästhetik verdeckt, wird von Lukács auch dort verfehlt, wo er den Begriff der Widerspiegelung scheinbar dialektisch auslegt, wie z. B. in der Erläuterung zu Stalins Thesen *Über den Marxismus in der Sprachwissenschaft:* »jeder Überbau spiegelt nicht nur die Wirklichkeit wider, sondern nimmt aktiv Stellung für oder wider die alte oder die neue Basis«[41]. Wie sollen Literatur und Kunst als Überbau

39 »Der ›klassische Charakter‹ folgt also nicht aus der Einhaltung formaler ›Regeln‹, sondern gerade daraus, daß das Kunstwerk imstande ist, den wesentlichsten und allertypischsten menschlichen Verhältnissen den maximalen Ausdruck der Versinnbildlichung, der Individualisierung zu geben« (op. cit., p. 425). – Siehe dazu P. Demetz, *Zwischen Klassik und Bolschewismus. Georg Lukács als Theoretiker der Dichtung,* in: *Merkur* 12 (1958), pp. 501–515 und ders., *Marx, Engels und die Dichter,* Stuttgart 1959.

40 Brecht hat diese Kanonisierung der »Form weniger bürgerlicher Romane des vorigen Jahrhunderts« ironischerweise als den »formalistischen Charakter der Realismustheorie« kritisiert, vgl. seine Äußerungen in der Brecht-Lukács-Debatte, in: *Marxismus und Literatur,* ed. F. J. Raddatz, Hamburg 1969, Bd. II, pp. 87–98.

41 *Beiträge zur Geschichte der Ästhetik,* op. cit., p. 419.

»aktiv« zu ihrer gesellschaftlichen Basis Stellung nehmen können, wenn andererseits in dieser »Wechselwirkung« nach Engels doch die ökonomische Notwendigkeit »in letzter Instanz« sich durchsetzen und die »Art der Abänderung und Fortbildung« der gesellschaftlichen Wirklichkeit bestimmen[42], wenn mithin der Schritt zum Neuen stets einseitig durch eine zwangsläufig veränderte ökonomische Basis der literarischen und künstlerischen Produktion vorgezeichnet bleiben soll? Diese undialektische Vereinseitigung wird auch dann nicht behoben, wenn man die Beziehung von Literatur und sozialer Wirklichkeit mit Lucien Goldmann auf die »Homologie« von Strukturen statt von Inhalten abstellen will.

Goldmanns Ansätze zur Literaturgeschichte der französischen Klassik und zur Soziologie des Romans postulieren eine Folge von klassenspezifischen, seit dem 19. Jahrhundert durch den Spätkapitalismus degradierten, schließlich verdinglichten »Weltsichten«; diese müssen – darin verrät sich der nicht überwundene Klassizismus – dem Ideal des »geschlossenen Ausdrucks« genügen, den er nur großen Dichtern zubilligt.[43] So bleibt auch hier die literarische Produktion wie schon bei Lukács auf eine sekundäre, den ökonomischen Prozeß in harmonischer Parallelität immer nur reproduzierende Funktion beschränkt. Diese Harmonisierung von »signification objective« und »expression cohérente«, von vorgegebener sozialer Struktur und nachbildender künstlerischer Erscheinung, setzt unverkennbar die klassisch-idealistische Einheit von Inhalt und Form, Wesen und Erscheinung voraus[44], nur daß jetzt anstelle der Idee die materielle Seite, d. h. der ökonomische Faktor zur Substanz erklärt wird. Das hat zur Folge, daß die gesellschaftliche Dimension der Literatur und Kunst im Hinblick auf ihre Rezeption gleichfalls auf die sekundäre Funktion verkürzt wird, eine

42 Zitiert bei Lukács, op. cit., pp. 194/96.

43 Siehe dazu die Einleitung (*Le tout et les parties*) von *Le dieu caché: Etude sur la vision tragique dans les Pensées de Pascal et dans le théâtre de Racine*, Paris 1959, und *Pour une sociologie du roman*, Paris 1964, pp. 44 sqq.

44 Siehe dazu die Kritik von W. Mittenzwei, *Die Brecht-Lukács-Debatte* (in: *Das Argument* 10, 1968, 31), der Lukács die Überbetonung dieser Einheit als Mangel an Dialektik vorwirft: »Die marxistische Dialektik geht aber von dem widersprüchlichen Charakter der Einheit von Wesen und Erscheinung aus.«

schon anderweitig bekannte (oder vermeintlich bekannte) Wirklichkeit nur mehr *wiedererkennen* zu lassen.[45] Wer Kunst auf Widerspiegelung einengt, beschränkt auch ihre Wirkung – hier rächt sich das verleugnete Erbe der platonischen Mimesis – auf das Wiedererkennen von schon Erkanntem. Damit wäre aber gerade der marxistischen Ästhetik die Möglichkeit verschlossen, den revolutionären Charakter der Kunst zu erfassen: daß sie den Menschen über die verfestigten Vorstellungen und Vorurteile seiner geschichtlichen Situation hinaus zu einer neuen Wahrnehmung der Welt oder antizipierten Wirklichkeit zu führen vermag.

Die marxistische Ästhetik kann den Aporien der Widerspiegelungstheorie erst entgehen und der spezifischen Geschichtlichkeit der Literatur wieder ansichtig werden, wenn sie mit K. Kosík anerkennt: »Jedes künstlerische Werk hat in unteilbarer Einheit einen doppelten Charakter: es ist Ausdruck von Wirklichkeit, aber es bildet auch die Wirklichkeit, die nicht neben dem Werk und vor dem Werk, sondern gerade nur im Werk existiert.«[46]

Erste Ansätze, der Kunst und Literatur den dialektischen Charakter geschichtlicher Praxis wieder zurückzugewinnen, zeichnen sich in den Literaturtheorien von Werner Krauss, Roger Garaudy und Karel Kosík ab. W. Krauss, der in seinen Studien zur Literaturgeschichte der Aufklärung die Betrachtung der literarischen Formen rehabilitierte, weil sich in ihnen »ein Höchstmaß von gesellschaftlicher Wirkung gespeichert (habe)«, bestimmt die gesellschafts*bildende* Funktion der Literatur wie folgt: »Dichtung bewegt sich in der Richtung auf ein Vernehmen. Daher erzeugt sich in ihr die angesprochene Gesellschaft: Stil ist ihr Gesetz – durch die Kenntnis des Stiles kann auch die Adresse der Dichtung entziffert werden.«[47] R. Garaudy

45 Daher hat der Begriff der intensiven Totalität in Lukács Widerspiegelungstheorie sein unvermeidliches Korrelat in der »Unmittelbarkeit der Rezeption«: die objektive Wirklichkeit sei im Kunstwerk gerade dann richtig erkannt, wenn sich der »Rezeptive« (Leser, Hörer, Zuschauer) in ihr wiedererkennt (vgl. *Probleme des Realismus*, Berlin 1955, p. 13 ff.). Die Wirkung des Kunstwerks setzt beim Publikum demnach schon die richtige Gesamterfahrung voraus, von der es sich nur graduell, als vollständigere und getreuere Widerspiegelung unterscheiden kann.

46 K. Kosík, op. cit., p. 123.

47 *Studien zur deutschen und französischen Aufklärung*, Berlin 1963, p. 6, und *Literaturgeschichte als geschichtlicher Auftrag*, op. cit., p. 66.

wendet sich gegen jeden »in sich geschlossenen Realismus«, um den Charakter des Kunstwerks als »réalisme sans rivage« von der zukunftsoffenen Gegenwart des Menschen aus als Arbeit und Mythos neu zu bestimmen: »Denn die Wirklichkeit ist, wenn sie den Menschen einschließt, nicht mehr nur das, was sie ist, sondern auch alles, was ihr fehlt, alles, was sie noch werden muß.«[48] K. Kosík löst das Dilemma des Marxschen Fragmentes über antike Kunst: wie und warum ein Kunstwerk die Verhältnisse zu überdauern vermag, unter denen es entstand – mit einer Bestimmung des Kunstcharakters, die Wesen und Wirkung eines Werkes der Kunst geschichtlich vermittelt und in eine dialektische Einheit bringt: »Das Werk lebt, soweit es wirkt. In der Wirkung des Werkes ist einbegriffen, was sich sowohl im Konsumenten des Werkes als auch am Werk selbst vollzieht. Das, was mit dem Werk geschieht, ist ein Ausdruck dessen, was das Werk ist. [...] Das Werk ist ein Werk und lebt als ein Werk deshalb, weil es eine Interpretation *fordert* und in vielen Bedeutungen *wirkt*.«[49]

Die Einsicht, daß das geschichtliche Wesen des Kunstwerks nicht allein in seiner darstellenden oder expressiven Funktion, sondern gleich notwendig auch in seiner Wirkung liegt, müßte im Blick auf eine Neubegründung der Literaturgeschichte zwei Folgerungen nach sich ziehen. Wenn das Leben des Werkes »nicht aus seiner autonomen Existenz, sondern aus der wechselseitigen Interaktion von Werk und Menschheit« resultiert[50], darf diese fortwährende Arbeit des Verstehens und der aktiven Reproduktion des Vergangenen nicht auf das einzelne Werk beschränkt bleiben. Vielmehr muß in diese Interaktion von Werk und Menschheit nun auch das Verhältnis von Werk zu Werk einbezogen und der geschichtliche Zusammenhang der Werke untereinander in den Interrelationen von Produktion und Rezeption gesehen werden. Anders gesagt: Literatur und

48 *Statt eines Nachwortes zu ›D'un Réalisme sans rivages‹*, in: *Marxismus und Literatur*, op. cit., p. 227.

49 *Dialektik des Konkreten*, op. cit., pp. 138/39; hierzu kann an K. Marx *Einleitung zur Kritik der Politischen Ökonomie*, op. cit., p. 624, erinnert werden: »Der Kunstgegenstand – ebenso jedes andere Produkt – schafft ein kunstsinniges und schönheitsgenußfähiges Publikum. Die Produktion produziert daher nicht nur einen Gegenstand für das Subjekt, sondern auch ein Subjekt für den Gegenstand.«

50 Ib., p. 140.

Kunst werden erst zur prozeßhaften Geschichte, wenn das Nacheinander der Werke nicht allein durch das produzierende, sondern auch durch das konsumierende Subjekt – durch die Interaktion von Autor und Publikum vermittelt wird. Und wenn andererseits »die menschliche Wirklichkeit nicht nur eine Produktion von Neuem, sondern auch eine (kritische und dialektische) Reproduktion des Vergangenen ist«[51], kann die Funktion der Kunst im Prozeß dieser fortwährenden Totalisierung erst dann in ihrer Eigenständigkeit zum Vorschein kommen, wenn auch die spezifische Leistung der künstlerischen Form nicht mehr nur mimetisch bestimmt, sondern dialektisch als wahrnehmungsbildendes und veränderndes Medium gesehen wird, in dem sich die »Bildung der Sinne« vornehmlich vollzieht.[52]

Das so formulierte Problem der Geschichtlichkeit künstlerischer Formen ist eine verspätete Entdeckung der marxistischen Literaturwissenschaft. Denn es hat sich schon vor 40 Jahren der von ihr bekämpften formalistischen Schule in dem Augenblick gestellt, als sie von den damaligen Machthabern zum Schweigen verurteilt und in die Diaspora getrieben wurde.

IV.

Die Anfänge der Formalisten, die als Mitglieder der *Gesellschaft zur Erforschung der poetischen Sprache (Opojas)* seit 1916 mit programmatischen Veröffentlichungen hervortraten, standen im Zeichen einer rigorosen Hervorkehrung des Kunstcharakters der Literatur. Die Theorie der formalen Methode[53] erhob die Literatur wieder zum selbständigen Gegenstand der

51 Ib., p. 148.

52 Ich beziehe mich auf die bekannte Ausführung von K. Marx über: »Die Bildung der fünf Sinne ist eine Arbeit der ganzen bisherigen Weltgeschichte«, vgl. *Ökonomisch-philosophische Manuskripte* (1844), in: K. Marx/F. Engels, *Über Kunst und Literatur*, op. cit., p. 119.

53 An Ausgaben in deutscher Übersetzung liegen vor: Boris Eichenbaum, *Aufsätze zur Theorie und Geschichte der Literatur*, Frankfurt 1965; Jurij Tynjanov, *Die literarischen Kunstmittel und die Evolution in der Literatur*, Frankfurt 1967; Viktor Šklovskij, *Theorie der Prosa*, Frankfurt 1966, in französ. Übersetzung: *Théorie de la littérature. Textes des formalistes russes réunis, présentés et traduits par* T. Todorov, Paris 1965; die jetzt einschlägige kritische Würdigung der formalistischen Schule ist die seither erschienene Einleitung in die *Texte der russischen Formalisten* I (München,

Forschung, indem sie das literarische Werk von allen historischen Bedingungen löste und seine spezifische Leistung wie die neue strukturale Linguistik rein funktional, als *Summe aller darin angewandten Kunstmittel* bestimmte.[54] Die traditionelle Trennung von Dichtung und Literatur wird damit hinfällig. Der Kunstcharakter der Literatur soll allein aus der Opposition von poetischer und praktischer Sprache ermittelt werden. Die Sprache in ihrer praktischen Funktion vertritt nun als *nicht-literarische Reihe* alle übrigen historischen und gesellschaftlichen Bedingtheiten des literarischen Werkes; dieses wird gerade in seiner spezifischen Unterscheidung *(écart poétique)*, nicht also in seinem funktionalen Verhältnis zur nicht-literarischen Reihe als Kunstwerk beschrieben und definiert. Die Unterscheidung zwischen poetischer und praktischer Sprache führte zum Begriff der *künstlerischen Wahrnehmung*, der das Band zwischen Literatur und Lebenspraxis vollends durchschnitt. Kunst wird nun zum Mittel, den Automatismus der alltäglichen Wahrnehmung durch ›Verfremdung‹ zu zerstören. Daraus folgt, daß die Rezeption der Kunst auch nicht mehr im naiven Genuß des Schönen bestehen kann, sondern die Unterscheidung der Form und das Erkennen des Verfahrens erfordert. So erscheint der Wahrnehmungsprozeß in der Kunst als Selbstzweck, die *Spürbarkeit der Form* als ihr spezifisches Merkmal und die *Aufdeckung des Verfahrens* als Prinzip einer Theorie, die im bewußten Verzicht auf historische Erkenntnis die Kunstkritik zu einer rationalen Methode gemacht und dabei Leistungen von bleibendem wissenschaftlichen Rang hervorgebracht hat.

Eine andere Leistung der formalistischen Schule darf dabei indes nicht übersehen werden. Die zunächst negierte Geschichtlichkeit der Literatur kehrte beim Ausbau der formalistischen Methode wieder und stellte sie vor ein Problem, das sie zwang, die Prinzipien der Diachronie neu zu durchdenken. Das Literarische der Literatur ist nicht nur synchronisch durch die Opposition von poetischer und praktischer Sprache, sondern auch

1969) von J. Striedter, dem ich für Rat und Anregung bei der Abfassung der Abschnitte IV und X sehr zu danken habe.

54 Diese berühmte, von V. Šklovskij 1921 geprägte Formel wurde kurz darauf durch den Begriff eines ästhetischen ›Systems‹, in dem jedes Kunstmittel eine bestimmte Funktion zu erfüllen hat, verbessert, vgl. V. Erlich, *Russischer Formalismus*, München 1964, p. 99.

diachronisch durch die Opposition zum Vorgegebenen der Gattung und zu der vorangegangenen Form in der literarischen Reihe bedingt. Wenn das Kunstwerk *gegen den Hintergrund anderer Kunstwerke und durch Assoziation mit ihnen wahrgenommen* wird, wie Viktor Šklovskij formulierte[55], muß die Interpretation des Kunstwerks auch seine Beziehung zu anderen, vor ihm existierenden Formen berücksichtigen. Damit begann die formalistische Schule, sich ihren eigenen Rückweg in die Geschichte zu suchen. Ihr neuer Entwurf zeichnete sich vor der alten Literaturgeschichte dadurch aus, daß er ihre Grundvorstellung eines gradlinigen und kontinuierlichen Prozesses aufgab und dem klassischen Begriff der *Tradition* ein dynamisches Prinzip *literarischer Evolution* entgegensetzte. Die Anschauungsform einer wachstumsartigen Kontinuität büßte ihren alten Vorrang in der Kunst- und Stilgeschichte ein. Die Analyse der literarischen Evolution deckt in der Geschichte der Literatur die *dialektische Selbsterzeugung neuer Formen* auf[56], sie beschreibt den vermeintlich friedlichen und allmählichen Ablauf der Überlieferung als einen Vorgang mit bruchartigen Änderungen, Revolten neuer Schulen und Konflikten konkurrierender Gattungen. Der »objektive Geist« einheitlicher Epochen wird als metaphysische Spekulation verworfen. In jeder Epoche existieren nach Viktor Šklovskij und Jurij Tynjanov mehrere literarische Schulen zur gleichen Zeit, *wobei eine von ihnen den kanonisierten Höhenkamm der Literatur darstellt;* die Kanonisierung einer literarischen Form führt zu ihrer Automatisierung und fordert in der unteren Schicht die Bildung neuer Formen heraus, die den *Platz der älteren erobern,* zur Massenerscheinung anwachsen und schließlich selbst wieder an die Peripherie verdrängt werden.[57]

Mit diesem Entwurf, der das Prinzip der literarischen *Evolution* paradoxerweise gegen den organisch-teleologischen Sinn des klassischen Evolutionsbegriffes kehrt, ist die formalistische

55 *Der Zusammenhang der Mittel des Sujetbaus mit den allgemeinen Stilmitteln (Poetik,* 1919), zitiert nach B. Eichenbaum, op. cit., p. 27. Unter dem anderen Vorzeichen der *Evolution des genres* hielt schon F. Brunetière den ›Einfluß der Werke auf das Werk‹ für die wichtigste Beziehung der Literaturgeschichte, vgl. Wellek, 1965, p. 39.

56 B. Eichenbaum, op. cit., p. 47.

57 Ibid. p. 46; J. Tynjanov, *Das literarische Faktum* und *Über literarische Evolution,* op. cit.

Schule im Bereich der Entstehung, Kanonisierung und Dekadenz der Gattungen einem neuen geschichtlichen Verständnis der Literatur schon sehr nahe gekommen. Sie lehrte, das Kunstwerk auf neue Weise in seiner Geschichte, das heißt im Wandel der Systeme literarischer Gattungen und Formen sehen. Sie brach damit einer Erkenntnis Bahn, die sich auch die Sprachwissenschaft zu eigen machte: der Erkenntnis, daß die reine Synchronie illusorisch ist, weil – in der Formulierung von Roman Jakobson und Jurij Tynjanov – *jedes System notwendigerweise als Evolution auftritt und andererseits die Evolution zwangsläufig Systemcharakter trägt.*[58] Das Kunstwerk in *seiner* Geschichte, das heißt innerhalb der als *Abfolge von Systemen* definierten Literaturgeschichte begreifen[59], ist aber noch nicht gleichbedeutend damit, das Kunstwerk in *der* Geschichte, das heißt im historischen Horizont seiner Entstehung, gesellschaftlichen Funktion und geschichtlichen Wirkung zu sehen. Die Geschichtlichkeit der Literatur geht nicht in der Abfolge ästhetisch-formaler Systeme auf, die Evolution der Literatur ist wie die der Sprache nicht nur immanent durch das ihr eigene Verhältnis von Diachronie und Synchronie, sondern auch durch ihr Verhältnis zum allgemeinen Prozeß der Geschichte zu bestimmen.[60]

Blicken wir von hier aus auf das wechselseitige Dilemma der formalistischen und der marxistischen Literaturtheorie zurück, so ergibt sich eine von beiden nicht gezogene Konsequenz. Wenn auf der einen Seite die literarische Evolution im geschichtlichen Wandel von Systemen und auf der anderen Seite die pragmatische Geschichte in der prozeßhaften Verkettung gesellschaftlicher Zustände begriffen werden kann, muß es dann nicht auch möglich sein, die »literarische Reihe« und die »nicht-literarische Reihe« in eine Beziehung zu setzen, die das Verhältnis von Literatur und Geschichte umgreift, ohne die Literatur unter Preisgabe ihres Kunstcharakters in eine bloße Abbildungs- oder Erläuterungsfunktion hineinzuzwängen?

58 J. Tynjanov und R. Jakobson, *Probleme der Literatur- und Sprachforschung*, in: *Kursbuch* 5 (1966) p. 75.

59 J. Tynjanov, *Die literarischen Kunstmittel* . . ., op. cit., p. 40, setzt die ›Abfolge der Systeme‹ als Hauptbegriff der literarischen Evolution gegen ›Tradition‹ als Grundbegriff der alten Literaturgeschichte.

60 Für die Sprachwissenschaft ist dieses Prinzip vor allem von E. Coseriu vertreten worden, vgl. *Sincronía, diacronía e historia*, Montevideo 1958.

V.

In der so gestellten Frage sehe ich die Herausforderung der Literaturwissenschaft, das im Streit der marxistischen und der formalistischen Methode offengebliebene Problem der Literaturgeschichte wieder aufzugreifen. Mein Versuch, die Kluft zwischen Literatur und Geschichte, historischer und ästhetischer Erkenntnis zu überbrücken, kann an der Grenze ansetzen, vor der beide Schulen stehengeblieben sind. Ihre Methoden begreifen das *literarische Faktum* im geschlossenen Kreis einer Produktions- und Darstellungsästhetik. Sie verkürzen die Literatur damit um eine Dimension, die unabdingbar zu ihrem ästhetischen Charakter wie auch zu ihrer gesellschaftlichen Funktion gehört: die Dimension ihrer Rezeption und Wirkung. Leser, Zuhörer und Zuschauer, kurzum: der Faktor des Publikums spielt in beiden Literaturtheorien eine äußerst beschränkte Rolle. Die orthodoxe Ästhetik des Marxismus behandelt den Leser – wenn überhaupt – nicht anders als den Autor: sie fragt nach seiner sozialen Stellung, oder sie sucht ihn in der Schichtung einer dargestellten Gesellschaft wiederzuerkennen. Die formalistische Schule benötigt den Leser nur als wahrnehmendes Subjekt, das, den Anweisungen des Textes folgend, die Unterscheidung der Form oder die Aufdeckung des Verfahrens zu leisten hat. Sie mutet dem Leser das theoretische Verständnis des Philologen zu, der in Kenntnis der Kunstmittel über diese zu reflektieren vermag, wie umgekehrt die marxistische Schule die spontane Erfahrung des Lesers geradezu mit dem wissenschaftlichen Interesse des historischen Materialismus gleichsetzt, der am literarischen Werk Beziehungen zwischen Überbau und Basis aufdecken will. Nun ist aber – wie Walther Bulst formulierte – *kein Text je verfaßt worden, um philologisch von Philologen* oder – wie ich hinzusetze – historisch von Historikern *gelesen und interpretiert zu werden.*[61] Beide Me-

61 *Bedenken eines Philologen*, in: *Studium generale* 7, pp. 321–323. – Der neue Zugang zur literarischen Tradition, den R. Guiette mit der ihm eigenen Methode, ästhetische Kritik mit historischer Erkenntnis zu verknüpfen, in einer Reihe von wegweisenden Aufsätzen gesucht hat (zum Teil in: *Questions de littérature*, Gent 1960), entspricht seinem fast gleichlautenden (nicht publizierten) Grundsatz: »Le plus grand tort des philologues, c'est de croire que la littérature a été faite pour des philologues«. Siehe dazu auch sein *Eloge de la lecture*, in: *Revue générale belge*, Janvier 1966, pp. 3–14.

thoden verfehlen den Leser in seiner genuinen, für die ästhetische wie für die historische Erkenntnis gleich unabdingbaren Rolle – als den Adressaten, für den das literarische Werk primär bestimmt ist. Denn auch der Kritiker, der sein Urteil über eine Neuerscheinung fällt, der Schriftsteller, der sein Werk angesichts der positiven oder negativen Normen eines vorangegangenen Werkes konzipiert, und der Literarhistoriker, der ein Werk in seine Tradition einordnet und geschichtlich erklärt, sind erst einmal Leser, bevor ihr reflexives Verhältnis zur Literatur selbst wieder produktiv werden kann. Im Dreieck von Autor, Werk und Publikum ist das letztere nicht nur der passive Teil, keine Kette bloßer Reaktionen, sondern selbst wieder eine geschichtsbildende Energie. Das geschichtliche Leben des literarischen Werks ist ohne den aktiven Anteil seines Adressaten nicht denkbar. Denn erst durch seine Vermittlung tritt das Werk in den sich wandelnden Erfahrungshorizont einer Kontinuität, in der sich die ständige Umsetzung von einfacher Aufnahme in kritisches Verstehen, von passiver in aktive Rezeption, von anerkannten ästhetischen Normen in neue, sie übersteigende Produktion vollzieht. Die Geschichtlichkeit der Literatur wie ihr kommunikativer Charakter setzen ein dialogisches und zugleich prozeßhaftes Verhältnis von Werk, Publikum und neuem Werk voraus, das sowohl in der Beziehung von Mitteilung und Empfänger wie auch in den Beziehungen von Frage und Antwort, Problem und Lösung erfaßt werden kann. Der geschlossene Kreis einer Produktions- und Darstellungsästhetik, in dem sich die Methodologie der Literaturwissenschaft bisher vornehmlich bewegt, muß daher auf eine Rezeptions- und Wirkungsästhetik geöffnet werden, wenn das Problem, wie die geschichtliche Folge literarischer Werke als Zusammenhang der Literaturgeschichte zu begreifen sei, eine neue Lösung finden soll.

Die rezeptionsästhetische Perspektive vermittelt nicht allein zwischen passiver Aufnahme und aktivem Verstehen, normbildender Erfahrung und neuer Produktion. Sieht man die Geschichte der Literatur derart im Horizont des kontinuitätsbildenden Dialogs von Werk und Publikum, so wird auch der Gegensatz ihres ästhetischen und ihres historischen Aspekts ständig vermittelt und ineins damit der Faden von der vergangenen Erscheinung zu der gegenwärtigen Erfahrung der Dichtung weitergeknüpft, den der Historismus durchschnitten hatte. Das Verhältnis von Literatur und Leser hat sowohl ästhetische als auch historische Implikationen. Die ästhetische Implikation liegt darin, daß schon die primäre Aufnahme eines Werkes durch den Leser eine Erprobung des ästhetischen Wertes im Vergleich mit schon gelesenen Werken einschließt.[62] Die historische Implikation wird daran sichtbar, daß sich das Verständnis der ersten Leser von Generation zu Generation in einer Kette von Rezeptionen fortsetzen und anreichern kann, mithin auch über die geschichtliche Bedeutung eines Werkes entscheidet und seinen ästhetischen Rang sichtbar macht. In diesem rezeptionsgeschichtlichen Prozeß, dem sich der Literarhistoriker nur um den Preis entziehen kann, die sein Verstehen und Urteilen leitenden Voraussetzungen unbefragt zu lassen, vollzieht sich mit der Wiederaneignung von Werken der Vergangenheit zugleich die ständige Vermittlung von vergangener und gegenwärtiger Kunst, von traditioneller Geltung und aktueller Erprobung der Literatur. Der Rang einer rezeptionsästhetisch fundierten Literaturgeschichte wird davon abhängen, inwieweit sie an der fortwährenden Totalisierung des Vergangenen durch die ästhetische Erfahrung aktiv teilzunehmen vermag. Das erfordert einerseits – dem Objektivismus der positivistischen Literarhistorie gegenüber – eine bewußt angestrebte Kanonbildung, die andererseits – dem Klassizismus der Traditionsforschung gegenüber – eine kritische Revision, wenn nicht Destruktion des überkommenen literarischen Kanons voraussetzt. Das Kriterium einer solchen Kanonbildung und immer wieder notwendigen Umerzählung der Literaturgeschichte ist durch die Rezeptionsästhetik klar vorgezeichnet. Der Weg von der Rezeptionsgeschichte des einzelnen Werks zur Geschichte der Literatur müßte dazu führen, die geschichtliche Folge der Werke so zu sehen und darzustellen, wie sie den für uns bedeutsamen Zusammenhang der Literatur als Vorgeschichte ihrer gegenwärtigen Erfahrung bedingt und erhellt.[63]

62 Diese These ist ein Kernstück der *Introduction à une esthétique de la littérature* von G. Picon, Paris 1953, cf. p. 90 sqq.

63 Entsprechend formulierte W. Benjamin (1931): »Denn es handelt sich ja nicht darum, die Werke des Schrifttums im Zusammenhang ihrer Zeit darzustellen, sondern in der Zeit, da sie entstanden, die Zeit, die sie erkennt – das ist die unsere – zur Darstellung zu bringen. Damit wird die Literatur ein Organon der Geschichte, und sie dazu – nicht das Schrifttum

Auf diesen Prämissen soll nun die Frage, wie heute Literaturgeschichte methodisch begründet und neu geschrieben werden könnte, in den folgenden sieben Thesen (VI.–XII.) beantwortet werden.

VI.

Eine Erneuerung der Literaturgeschichte erfordert, die Vorurteile des historischen Objektivismus abzubauen und die traditionelle Produktions- und Darstellungsästhetik in einer Rezeptions- und Wirkungsästhetik zu fundieren. Die Geschichtlichkeit der Literatur beruht nicht auf einem post festum erstellten Zusammenhang ›literarischer Fakten‹, sondern auf der vorgängigen Erfahrung des literarischen Werkes durch seine Leser. Dieses dialogische Verhältnis ist auch die primäre Gegebenheit für die Literaturgeschichte. Denn der Literarhistoriker muß selbst immer erst wieder zum Leser werden, bevor er ein Werk verstehen und einordnen, anders gesagt: sein eigenes Urteil im Bewußtsein seines gegenwärtigen Standorts in der historischen Reihe der Leser begründen kann.

Das Postulat, das R. G. Collingwood in seiner Kritik an der herrschenden Objektivitätsideologie für die Historie aufgestellt hat: »history is nothing but the re-enactment of past thought in the historian's mind«[64], gilt für die Literaturgeschichte in noch höherem Grade. Denn die positivistische Auffassung von Geschichte als der ›objektiven‹ Beschreibung einer Ereignisfolge in einer abgeschiedenen Vergangenheit verfehlt sowohl den Kunstcharakter als auch die spezifische Geschichtlichkeit der Literatur. Das literarische Werk ist kein für sich bestehendes Objekt, das jedem Betrachter zu jeder Zeit den gleichen Anblick darbietet.[65] Es ist kein Monument, das mono-

zum Stoffgebiet der Historie – zu machen ist die Aufgabe der Literaturgeschichte« (p. 456).

64 *The Idea of History,* New York/Oxford 1956, p. 228.

65 Hier folge ich A. Nisin in seiner Kritik an dem latenten Platonismus der philologischen Methoden, d. h. an ihrem Glauben an eine zeitlose Substanz des literarischen Werks und an einen zeitlosen Standpunkt seines Betrachters: »Car l'œuvre d'art, si elle ne peut incarner l'essence de l'art, n'est pas non plus un objet que nous puissions regarder, selon la règle cartésienne, ›sans y rien mettre de nous-mêmes que ce qui se peut appliquer indistincte-

logisch sein zeitloses Wesen offenbart. Es ist vielmehr wie eine Partitur auf die immer erneuerte Resonanz der Lektüre angelegt, die den Text aus der Materie der Worte erlöst und ihn zu aktuellem Dasein bringt: »parole qui doit, en même temps qu'elle lui parle, créer un interlocuteur capable de l'entendre«.[66] Dieser dialogische Charakter des literarischen Werkes begründet auch, warum das philologische Wissen nur in der fortwährenden Konfrontation mit dem Text bestehen kann und nicht zum Wissen von Fakten gerinnen darf.[67] Philologisches Wissen bleibt stets auf Interpretation bezogen, die sich zum Ziel setzen muß, mit der Erkenntnis ihres Gegenstandes den Vollzug dieser Erkenntnis als Moment eines neuen Verstehens mit zu reflektieren und zu beschreiben.

Geschichte der Literatur ist ein Prozeß ästhetischer Rezeption und Produktion, der sich in der Aktualisierung literarischer Texte durch den aufnehmenden Leser, den reflektierenden Kritiker und den selbst wieder produzierenden Schriftsteller vollzieht. Die unabsehbar wachsende Summe literarischer ›Fakten‹, wie sie sich in den konventionellen Literaturgeschichten niederschlägt, ist ein bloßes Residuum dieses Prozesses, nur angesammelte und klassifizierte Vergangenheit und darum keine Geschichte, sondern Pseudogeschichte. Wer eine Reihe solcher literarischer Fakten schon für ein Stück Geschichte der Literatur ansieht, verwechselt den Ereignischarakter eines Kunstwerks mit dem einer historischen Tatsächlichkeit. Der *Perceval* von

ment à tous les objets‹«; *La littérature et le lecteur*, Paris 1959, p. 57 (s. dazu meine Rezension in: *Archiv für das Studium der neueren Sprachen* 197, 1960, pp. 223–225).

66 G. Picon, *Introduction* . . ., op. cit., p. 34. Diese Auffassung von der dialogischen Seinsweise des literarischen Kunstwerks findet sich bei Malraux (*Les voix du silence*) wie bei Picon, Nisin und Guiette – einer in Frankreich lebendigen Tradition der Literarästhetik, der ich mich besonders verpflichtet weiß; sie geht letztlich auf einen berühmten Satz von Valérys Poetik zurück: *C'est l'exécution du poème qui est le poème.*

67 P. Szondi, *Über philologische Erkenntnis*, in: *Hölderlin-Studien*, Frankfurt 1967, sieht darin zu Recht den entscheidenden Unterschied zwischen Literatur- und Geschichtswissenschaft, vgl. p. 11: »Kein Kommentar, keine stilkritische Untersuchung eines Gedichts darf sich das Ziel setzen, eine Beschreibung des Gedichts herzustellen, die für sich aufzufassen wäre. Noch deren unkritischster Leser wird sie mit dem Gedicht konfrontieren wollen, sie allererst verstehen, wenn er die Behauptungen wieder in die Erkenntnisse aufgelöst hat, aus denen sie hervorgegangen.« Ganz entsprechend R. Guiette, *Eloge de la lecture*, op. cit.

Chrétien de Troyes ist als literarisches Ereignis nicht im gleichen Sinne ›historisch‹ wie zum Beispiel der etwa gleichzeitige dritte Kreuzzug.[68] Er ist keine ›Tatsache‹, die aus einer Reihe von situationshaften Voraussetzungen und Anlässen, aus der rekonstruierbaren Absicht einer historischen Handlung und aus deren notwendigen und beiläufigen Folgen kausal erklärbar wäre. Der geschichtliche Zusammenhang, in dem ein literarisches Werk erscheint, ist keine faktische, für sich selbst bestehende Ereignisfolge, die auch unabhängig von einem Betrachter existierte. Zum literarischen Ereignis wird der *Perceval* nur für seinen Leser, der dieses letzte Werk Chrétiens mit der Erinnerung an seine früheren Werke liest, seine Besonderheit im Vergleich mit diesen und anderen schon bekannten Werken wahrnimmt und damit einen neuen Maßstab gewinnt, an dem er künftige Werke messen kann. Das literarische Ereignis hat im Unterschied zum politischen nicht für sich weiterbestehende unausweichliche Folgen, denen sich keine nachfolgende Generation mehr entziehen könnte. Es vermag nur weiterzuwirken, wo es bei den Nachkommenden noch oder wieder rezipiert wird – wo sich Leser finden, die sich das vergangene Werk neu aneignen oder Autoren, die es nachahmen, überbieten oder widerlegen wollen. Der Ereigniszusammenhang der Literatur wird primär im Erwartungshorizont der literarischen Erfahrung zeitgenössischer und späterer Leser, Kritiker und Autoren vermittelt. Von der Objektivierbarkeit dieses Erwartungshorizontes hängt es darum ab, ob es möglich sein wird, Geschichte der Literatur in der ihr eigenen Geschichtlichkeit zu begreifen und darzustellen.

VII.

Die Analyse der literarischen Erfahrung des Lesers entgeht dann dem drohenden Psychologismus, wenn sie Aufnahme und Wirkung eines Werks in dem objektivierbaren Bezugssystem der Erwartungen beschreibt, das sich für jedes Werk im historischen Augenblick seines Erscheinens aus dem Vorverständnis der Gat-

68 Auch auf J. Storost, 1960, p. 15, bezogen, der dort das historische und das literarische Ereignis (»Das Kunstwerk ist zunächst . . . eine künstlerische Tat, also historisch wie die Schlacht von Issos«) kurzerhand gleichsetzt.

tung, aus der Form und Thematik zuvor bekannter Werke und aus dem Gegensatz von poetischer und praktischer Sprache ergibt.

Diese These wendet sich gegen die verbreitete, besonders von René Wellek gegen die Literaturtheorie von I. A. Richards geltend gemachte Skepsis, ob eine wirkungsästhetische Analyse überhaupt an die Bedeutungssphäre eines Kunstwerks heranreiche und nicht bestenfalls eine simple Soziologie des Geschmacks bei solchen Versuchen herauskomme. Wellek argumentiert damit, daß weder der individuelle Bewußtseinszustand, da er etwas Augenblickliches, nur Persönliches an sich habe, noch eine kollektive Bewußtseinslage, wie sie J. Mukařovsky als Effekt des Kunstwerks annehme, mit empirischen Mitteln bestimmt werden könnten.[69] Roman Jakobson wollte die »kollektive Bewußtseinslage« durch eine »kollektive Ideologie« in Gestalt eines Systems von Normen ersetzen, das für jedes literarische Werk als *langue* existiere und vom Rezipierenden als *parole* – obschon unvollkommen und nie als Ganzes – aktualisiert werde.[70] Diese Theorie schränkt zwar den Subjektivismus der Wirkung ein, läßt aber nach wie vor die Frage offen, mit welchen Daten die Wirkung eines einmaligen Werkes auf ein bestimmtes Publikum erfaßt und in ein Normensystem eingebracht werden kann. Es gibt indes empirische Mittel, an die bisher noch nicht gedacht wurde – literarische Daten, aus denen sich für jedes Werk eine spezifische Disposition des Publikums ermitteln läßt, die der psychologischen Reaktion wie auch dem subjektiven Verständnis des einzelnen Lesers noch vorausliegt. Wie bei jeder aktualen Erfahrung gehört auch zu der literarischen Erfahrung, die ein bisher unbekanntes Werk zum ersten Male zur Kenntnis bringt, ein »Vorwissen, das ein Moment der Erfahrung selbst ist und aufgrund dessen das Neue, das wir zur Kenntnis nehmen, überhaupt erfahrbar, und das heißt: in einem Erfahrungskontext gleichsam lesbar wird«.[71]

69 R. Wellek, 1936, p. 179.

70 In: *Slovo a slovenost*, I, 192, zit. von Wellek, 1936, p. 179 sqq.

71 G. Buck, *Lernen und Erfahrung*, Stuttgart 1967, p. 56, der hier an Husserl (*Erfahrung und Urteil*, bes. § 8) anknüpft, im weiteren aber zu einer über Husserl hinausführenden Bestimmung der Negativität im Prozeß der Erfahrung gelangt, die für die Horizontstruktur der ästhetischen Erfahrung bedeutsam ist (vgl. Anm. 111).

Ein literarisches Werk, auch wenn es neu erscheint, präsentiert sich nicht als absolute Neuheit in einem informatorischen Vakuum, sondern prädisponiert sein Publikum durch Ankündigungen, offene und versteckte Signale, vertraute Merkmale oder implizite Hinweise für eine ganz bestimmte Weise der Rezeption. Es weckt Erinnerungen an schon Gelesenes, bringt den Leser in eine bestimmte emotionale Einstellung und stiftet schon mit seinem Anfang Erwartungen für ›Mitte und Ende‹, die im Fortgang der Lektüre nach bestimmten Spielregeln der Gattung oder Textart aufrechterhalten oder abgewandelt, umorientiert oder auch ironisch aufgelöst werden können. Der psychische Vorgang bei der Aufnahme eines Textes ist im primären Horizont der ästhetischen Erfahrung keineswegs nur eine willkürliche Folge nur subjektiver Eindrücke, sondern der Vollzug bestimmter Anweisungen in einem Prozeß gelenkter Wahrnehmung, der nach seinen konstituierenden Motivationen und auslösenden Signalen erfaßt und auch textlinguistisch beschrieben werden kann. Bestimmt man den vorgängigen Erwartungshorizont eines Textes mit W. D. Stempel als paradigmatische Isotopie, die sich in dem Maße, wie die Aussage anwächst, in einen immanenten, syntagmatischen Erwartungshorizont umsetzt, so wird der Rezeptionsprozeß in der Expansion eines semiologischen Systems beschreibbar, die sich zwischen Systementfaltung und Systemkorrektur vollzieht.[72] Ein entsprechender Prozeß fortgesetzter Horizontstiftung und Horizontveränderung bestimmt auch das Verhältnis vom einzelnen Text zur gattungsbildenden Textreihe. Der neue Text evoziert für den Leser (Hörer) den aus früheren Texten vertrauten Horizont von Erwartungen und Spielregeln, die alsdann variiert, korrigiert, abgeändert oder auch nur reproduziert werden. Variation und Korrektur bestimmen den Spielraum, Abänderung und Reproduktion die Grenzen einer Gattungsstruktur.[73] Die interpretierende Rezeption eines Textes setzt den Erfahrungskontext der ästhetischen Wahrnehmung immer

72 W. D. Stempel, *Pour une description des genres littéraires*, in: Actes du XIIe congrès internat. de linguistique Romane, Bukarest 1968, ferner in: *Beiträge zur Textlinguistik*, ed. W. D. Stempel, München 1970.

73 Hierzu kann ich auf meine Abhandlung: *Littérature médiévale et théorie des genres*, in: *Poétique* 1 (1970), pp. 79–101, verweisen, die demnächst in erweiterter Form auch im Band I des *Grundriß der romanischen Literaturen des Mittelalters*, Heidelberg, erscheinen wird.

schon voraus: die Frage nach der Subjektivität der Interpretation und des Geschmacks verschiedener Leser oder Leserschichten kann erst sinnvoll gestellt werden, wenn zuvor geklärt ist, welcher transsubjektive Horizont des Verstehens die Wirkung des Textes bedingt.

Der Idealfall der Objektivierbarkeit solcher literarhistorischen Bezugssysteme sind Werke, die den durch eine Gattungs-, Stil- oder Formkonvention geprägten Erwartungshorizont ihrer Leser erst eigens evozieren, um ihn sodann Schritt für Schritt zu destruieren, was durchaus nicht nur einer kritischen Absicht dienen, sondern selbst wieder poetische Wirkungen erbringen kann. So läßt Cervantes aus den Lektüren des *Don Quijote* den Erwartungshorizont der so beliebten alten Ritterbücher erstehen, die das Abenteuer seines letzten Ritters sodann tiefsinnig parodiert.[74] So evoziert Diderot zu Beginn des *Jacques le Fataliste* mit den fiktiven Fragen des Lesers an den Erzähler den Erwartungshorizont des modischen Romanschemas der ›Reise‹ mitsamt den (aristotelisierenden) Konventionen der romanesken Fabel und der ihr eigenen Providenz, um dem versprochenen Reise- und Liebesroman sodann provokativ eine gänzlich unromaneske *vérité de l'histoire* entgegenzusetzen: die bizarre Wirklichkeit und moralische Kasuistik seiner eingelegten Geschichte, in denen die Wahrheit des Lebens fortgesetzt die Lügenhaftigkeit dichterischer Fiktion dementiert.[75] So zitiert, kombiniert und vermischt Nerval in den *Chimères* eine Quintessenz bekannter romantischer und okkulter Motive und erstellt daraus den Erwartungshorizont mythischer Weltverwandlung, nun aber um seine Abkehr von der romantischen Poesie zu bedeuten: die dem Leser vertrauten oder erschließbaren Identifikationen und Beziehungen des mythischen Zustands lösen sich in dem Maße in ein Unbekanntes auf, als der versuchte private Mythus des lyrischen Ich mißlingt, das Gesetz der zureichenden Information durchbrochen wird und die expressiv gewordene Dunkelheit selbst eine poetische Funktion gewinnt.[76]

74 Nach der Deutung von H. J. Neuschäfer, *Der Sinn der Parodie im Don Quijote*, Heidelberg 1963 (*Studia romanica*, 5).

75 Nach der Deutung von R. Warning, *Tristram Shandy und Jacques le Fataliste*, München 1965 (*Theorie und Geschichte der Literatur und der schönen Künste*, 4), bes. p. 80 sqq.

76 Nach der Deutung von K. H. Stierle, *Dunkelheit und Form in Gérard de*

Die Möglichkeit, den Erwartungshorizont zu objektivieren, ist aber auch bei historisch weniger profilierten Werken gegeben. Denn die spezifische Disposition für ein bestimmtes Werk, mit der ein Autor bei seinem Publikum rechnet, kann beim Fehlen expliziter Signale auch aus drei allgemein voraussetzbaren Faktoren gewonnen werden: erstens aus bekannten Normen oder der immanenten Poetik der Gattung, zweitens aus den impliziten Beziehungen zu bekannten Werken der literarhistorischen Umgebung und drittens aus dem Gegensatz von Fiktion und Wirklichkeit, poetischer und praktischer Funktion der Sprache, der für den reflektierenden Leser während der Lektüre als Möglichkeit des Vergleichs immer gegeben ist. Der dritte Faktor schließt ein, daß der Leser ein neues Werk sowohl im engeren Horizont seiner literarischen Erwartung als auch im weiteren Horizont seiner Lebenserfahrung wahrnehmen kann. Auf diese Horizontstruktur und ihre Objektivierbarkeit mittels der Hermeneutik von Frage und Antwort komme ich bei der Frage nach dem Verhältnis von Literatur und Lebenspraxis zurück (siehe XII.).

VIII.

Der so rekonstruierbare Erwartungshorizont eines Werkes ermöglicht es, seinen Kunstcharakter an der Art und dem Grad seiner Wirkung auf ein vorausgesetztes Publikum zu bestimmen. Bezeichnet man den Abstand zwischen dem vorgegebenen Erwartungshorizont und der Erscheinung eines neuen Werkes, dessen Aufnahme durch Negierung vertrauter oder Bewußtmachung erstmalig ausgesprochener Erfahrungen einen »Horizontwandel« zur Folge haben kann, als ästhetische Distanz, so läßt sich diese am Spektrum der Reaktionen des Publikums und des Urteils der Kritik (spontaner Erfolg, Ablehnung oder Schockierung; vereinzelte Zustimmung, allmähliches oder verspätetes Verständnis) historisch vergegenständlichen.

Die Art und Weise, in der ein literarisches Werk im historischen Augenblick seines Erscheinens die Erwartungen seines ersten Publikums einlöst, übertrifft, enttäuscht oder widerlegt, gibt

Nervals ›Chimères‹, München 1967 (*Theorie und Geschichte der Literatur und der schönen Künste*, 5), bes. pp. 55 und 91.

offensichtlich ein Kriterium für die Bestimmung seines ästhetischen Wertes her. Die Distanz zwischen Erwartungshorizont und Werk, zwischen dem schon Vertrauten der bisherigen ästhetischen Erfahrung und dem mit der Aufnahme des neuen Werkes geforderten »Horizontwandel«[77], bestimmt rezeptionsästhetisch den Kunstcharakter eines literarischen Werks: in dem Maße wie sich diese Distanz verringert, dem rezipierenden Bewußtsein keine Umwendung auf den Horizont noch unbekannter Erfahrung abverlangt wird, nähert sich das Werk dem Bereich der ›kulinarischen‹ oder Unterhaltungskunst. Die letztere läßt sich rezeptionsästhetisch dadurch charakterisieren, daß sie keinen Horizontwandel erfordert, sondern Erwartungen, die eine herrschende Geschmacksrichtung vorzeichnet, geradezu erfüllt, indem sie das Verlangen nach der Reproduktion des gewohnten Schönen befriedigt, vertraute Empfindungen bestätigt, Wunschvorstellungen sanktioniert, unalltägliche Erfahrungen als ›Sensation‹ genießbar macht oder auch moralische Probleme aufwirft, aber nur, um sie als schon vorentschiedene Fragen im erbaulichen Sinne zu ›lösen‹.[78] Wenn umgekehrt der Kunstcharakter eines Werkes an der ästhetischen Distanz zu bemessen ist, in der es der Erwartung seines ersten Publikums entgegentritt, so folgt daraus, daß diese Distanz, die zunächst als neue Sehweise beglückend oder auch befremdlich erfahren wird, für spätere Leser in dem Maße verschwinden kann, wie die ursprüngliche Negativität des Werkes zur Selbstverständlichkeit geworden und selbst als nunmehr vertraute Erwartung in den Horizont künftiger ästhetischer Erfahrung eingegangen ist. Unter diesen zweiten Horizontwandel fällt insbesondere die Klassizität der sogenannten Meister-

77 Zu diesem Husserlschen Begriff siehe G. Buck, *Lernen und Erfahrung*, op. cit., p. 64 sqq.

78 Hier nehme ich Ergebnisse der Diskussion über das Kitschige als Grenzerscheinung des Ästhetischen auf, die auf dem III. Kolloquium der Forschungsgruppe *Poetik und Hermeneutik* geführt wurde (jetzt in dem Band: *Die nicht mehr schönen Künste – Grenzphänomene des Ästhetischen*, ed. H. R. Jauß, München 1968). Für die »kulinarische« Einstellung, die bloße Unterhaltungskunst voraussetzt, gilt wie für den Kitsch, daß hier die »Forderungen der Konsumenten a priori befriedigt werden« (P. Beylin), daß »die erfüllte Erwartung zur Norm des Produkts wird« (W. Iser) oder daß »sein Werk, ohne ein Problem zu haben und zu lösen, den Habitus einer Problemlösung aufweist« (M. Imdahl), op. cit., pp. 651 bis 667.

werke;[79] ihre selbstverständlich gewordene schöne Form und ihr scheinbar fragloser ›ewiger Sinn‹ bringen sie rezeptionsästhetisch in die gefährliche Nähe der widerstandslos überzeugenden und genießbaren ›kulinarischen‹ Kunst, so daß es der besonderen Anstrengung bedarf, sie ›gegen den Strich‹ der eingewöhnten Erfahrung zu lesen, um ihres Kunstcharakters wieder ansichtig zu werden (siehe IX.).

Die Beziehung von Literatur und Publikum geht nicht darin auf, daß jedes Werk sein spezifisches, historisch und soziologisch bestimmbares Publikum hat, daß jeder Schriftsteller vom Milieu, dem Anschauungskreis und der Ideologie seines Publikums abhängig ist und daß der literarische Erfolg ein Buch voraussetzt, »das zum Ausdruck bringt, was die Gruppe erwartete, ein Buch, welches der Gruppe ihr eigenes Bild offenbart«[80]. Diese objektivistische Festlegung des literarischen Erfolgs auf die Kongruenz von Absicht des Werkes und Erwartung einer sozialen Gruppe bringt die Literatursoziologie immer dann in Verlegenheit, wenn eine Spät- oder Dauerwirkung zu erklären ist. Darum will R. Escarpit für die »Illusion der Dauerhaftigkeit« eines Schriftstellers eine »kollektive Grundlage im Raum oder in der Zeit« voraussetzen, was im Falle Molières zu einer erstaunlichen Prognose führt: »Molière ist für den Franzosen des 20. Jahrhunderts noch jung, weil seine Welt noch lebt und uns mit ihm noch ein Kultur-, ein Anschauungs- und ein Sprachkreis verbindet [...]. Aber der Kreis wird immer kleiner, und Molière wird altern und sterben, wenn das stirbt, was unser Kulturtypus noch mit dem Frankreich Molières gemeinsam hat.«[81] Als ob Molière nur die ›Sitten seiner Zeit‹ gespiegelt habe und nur durch diese vermeintliche Absicht

79 Wie auch das Epigonentum, siehe dazu B. Tomaševskij (in: *Théorie de la littérature* ..., ed. Todorov, cf. Anm. 53, p. 306): »L'apparition d'un génie équivaut toujours à une révolution littéraire qui détrône le canon dominant et donne le pouvoir aux procédés jusqu'alors subordonnés. [...] Les épigones répètent une combinaison usée des procédés, et d'originale et révolutionnaire qu'elle était, cette combinaison devient stéréotypée et traditionnelle. Ainsi les épigones tuent parfois pour longtemps l'aptitude des contemporains à sentir la force esthétique des exemples qu'ils imitent: ils discréditent leurs maîtres.«

80 R. Escarpit, *Das Buch und der Leser: Entwurf einer Literatursoziologie*, Köln/Opladen 1961 (erste deutsche erweiterte Ausgabe von: *Sociologie de la littérature*, Paris 1958), p. 116.

81 Ib., p. 117.

erfolgreich geblieben sei! Wo die Kongruenz zwischen Werk und sozialer Gruppe nicht oder nicht mehr existiert, wie z. B. bei der Rezeption eines Werkes in einem fremden Sprachkreis, weiß sich Escarpit dadurch zu helfen, daß er einen »Mythus« dazwischenschaltet: »Mythen, die von einer Nachwelt erfunden wurden, der die Wirklichkeit, an deren Stelle sie getreten sind, fremd geworden ist.«[82] Als ob alle Rezeption über das erste, sozial bestimmte Publikum eines Werkes hinaus nur »entstellter Widerhall«, nur eine Folge »subjektiver Mythen« sei und nicht selbst wieder im rezipierten Werk ihr objektives a priori als Grenze und Möglichkeit des späteren Verstehens habe! Die Soziologie der Literatur sieht ihren Gegenstand nicht dialektisch genug, wenn sie den Kreis von Schriftsteller, Werk und Publikum so einseitig determiniert.[83] Die Determination ist umkehrbar: es gibt Werke, die im Augenblick ihres Erscheinens noch auf kein spezifisches Publikum zu beziehen sind, sondern den vertrauten Horizont literarischer Erwartungen so völlig durchbrechen, daß sich ein Publikum für sie erst allmählich heranbilden kann.[84] Wenn dann der neue Erwartungshorizont allgemeinere Geltung erlangt hat, kann sich die Macht der veränderten ästhetischen Norm daran erweisen, daß das Publikum bisherige Erfolgswerke als veraltet empfindet und ihnen seine Gunst entzieht. Erst im Blick auf solche Horizontwandel gelangt die Analyse der literarischen Wirkung in die Dimension einer Literaturgeschichte des Lesers[85], und vermit-

82 Ib., p. 111.

83 Welcher Schritt notwendig ist, um über diese einseitige Determination hinauszugelangen, zeigt K. H. Bender, *König und Vasall: Untersuchungen zur Chanson de Geste des XII. Jahrhunderts*, Heidelberg 1967 (*Studia romanica*, 13). In dieser Geschichte der frühen französischen Epik stellt sich die scheinbare Kongruenz von feudaler Gesellschaft und epischer Idealität als ein Prozeß dar, der durch eine ständig wechselnde Diskrepanz zwischen ›Realität‹ und ›Ideologie‹, d. h. zwischen den historischen Konstellationen der feudalen Konflikte und den poetischen Antworten der Epen im Gang gehalten wird.

84 Diese Aspekte hat die ungleich anspruchsvollere Literatursoziologie Erich Auerbachs in der Vielfalt epochaler Brechungen des Verhältnisses von Autor und Publikum ans Licht gerückt, s. dazu die Würdigung von F. Schalk (Ed.), in: E. Auerbach, *Gesammelte Aufsätze zur romanischen Philologie*, Bern/München 1967, p. 11 sqq.

85 S. dazu H. Weinrich, *Für eine Literaturgeschichte des Lesers* (*Mercur*, November 1967) – ein aus der gleichen Absicht heraus entstandener Versuch, der analog zu der Ersetzung der früher üblichen Linguistik des Sprechers

teln die statistischen Kurven der Bestseller historische Erkenntnis.

Dafür kann als Beispiel eine literarische Sensation des Jahres 1857 dienen. Neben der inzwischen weltberühmten *Madame Bovary* Flauberts erschien die heute vergessene *Fanny* seines Freundes Feydeau. Obschon Flauberts Roman einen Prozeß wegen Verletzung der öffentlichen Moral nach sich zog, wurde *Madame Bovary* durch Feydeaus Roman zunächst in den Schatten gestellt: *Fanny* erreichte in einem Jahr 13 Auflagen und damit einen Erfolg, wie ihn Paris seit Chateaubriands *Atala* nicht mehr erlebt hatte. Von der Thematik her kamen beide Romane der Erwartung eines neuen Publikums entgegen, das – nach Baudelaires Analyse – aller Romantik abgeschworen hatte und das Große wie das Naive in den Leidenschaften gleichermaßen verachtete[86]: sie behandelten ein triviales Sujet – den Ehebruch in einem bürgerlichen und provinziellen Milieu. Beide Autoren verstanden es, dem konventionell erstarrten Dreiecksverhältnis über die erwartbaren Details der erotischen Szenen hinaus eine sensationelle Wendung zu geben. Sie brachten das abgegriffene Thema der Eifersucht in eine neue Beleuchtung, indem sie das zu erwartende Verhältnis der drei klassischen Rollen umkehrten: Feydeau läßt den jugendlichen Liebhaber der *femme de trente ans*, obschon am Ziel seiner Wünsche, auf den Ehemann seiner Geliebten eifersüchtig werden und an dieser qualvollen Situation zugrunde gehen; Flaubert gibt den Ehebrüchen der Arztfrau in der Provinz, die Baudelaire als eine sublime Form des *dandysme* auslegt, den überraschenden Ausgang, daß gerade die lächerliche Figur des betrogenen Charles Bovary am Ende erhabene Züge annimmt. In der offiziellen zeitgenössischen Kritik finden sich Stimmen,

durch eine Linguistik des Hörers nunmehr für eine methodische Berücksichtigung der Perspektive des Lesers in der Literarhistorie plädiert und damit meiner Absicht auf das glücklichste entgegenkommt. H. Weinrich zeigt vor allem auch, wie die empirischen Methoden der Literatursoziologie durch die linguistische und literarische Interpretation der Leserrolle, die im Werk implizit enthalten ist, zu ergänzen sind.

86 In: *Madame Bovary par Gustave Flaubert, Oeuvres complètes*, Paris 1951, p. 998: *Les dernières années de Louis-Philippe avaient vu les dernières explosions d'un esprit encore excitable par les jeux de l'imagination; mais le nouveau romancier se trouvait en face d'une société absolument use, – pire qu'usée, – abrutie et goulue, n'ayant horreur que de la fiction, et d'amour que pour la possession.*

die *Fanny* wie *Madame Bovary* als Produkt der neuen Schule des *réalisme* aburteilen, der sie vorwerfen, daß sie alles Ideale verleugne und die Ideen angreife, auf denen die Ordnung der Gesellschaft im zweiten Kaiserreich gegründet sei.[87] Der hier nur mit wenigen Strichen skizzierte Erwartungshorizont des Publikums von 1857, das sich nach dem Tode Balzacs vom Roman nichts Großes mehr versprach[88], erklärt den unterschiedlichen Erfolg der beiden Romane aber erst, wenn auch die Frage nach der Wirkung ihrer Erzählform gestellt wird. Flauberts formale Neuerung, sein Prinzip des ›unpersönlichen Erzählens‹ (*impassibilité*), das Barbey d'Aurevilly mit dem Vergleich angriff, wenn man eine Erzählmaschine aus englischem Stahl schmieden könnte, würde sie nicht anders als Monsieur Flaubert funktionieren[89], mußte dasselbe Publikum schokkieren, das den erregenden Inhalt der *Fanny* im eingängigen Ton eines Bekenntnisromans dargeboten bekam. Auch konnte es in Feydeaus Beschreibungen modische Ideale und versagte Lebenswünsche einer tonangebenden Gesellschaftsschicht verkörpert finden[90] und sich an der lasziven Gipfelszene, in der *Fanny* (ohne zu ahnen, daß ihr Liebhaber vom Balkon aus zuschaut) ihren Ehemann verführt, ungehemmt delektieren – denn die moralische Entrüstung war ihm durch die Reaktion des unglücklichen Zeugen schon abgenommen. Als dann aber

87 Cf. ibid. p. 999, sowie Anklage, Verteidigungsrede und Urteil des *Bovary*-Prozesses, in: Flaubert, *Oeuvres*, éd. de la Pléiade, Paris 1951, vol. I, 649–717, bes. 717; ferner zu *Fanny* E. Montégut, *Le roman intime de la littérature réaliste*, in: *Revue des deux mondes* 18 (1858) pp. 196–213, bes. 201 und 209 sqq.

88 Wie Baudelaire bezeugt, cf. op. cit., p. 996: *[. . .] car depuis la disparition de Balzac [. . .] toute curiosité, relativement au roman, s'était apaisée et endormie.*

89 Zu diesen und anderen zeitgenössischen Urteilen s. Vf., *Die beiden Fassungen von Flauberts ›Education Sentimentale‹*, in: *Heidelberger Jahrbücher* 2 (1958) pp. 96–116, bes. 97.

90 S. dazu die ausgezeichnete Analyse des zeitgenössischen Kritikers E. Montégut, der ausführlich darlegt, warum Wunschwelt und Gestalten in Feydeaus Roman typisch für die Publikumsschicht in den Quartiers *entre la Bourse et le boulevard Montmartre* sei (op. cit., p. 209), die einen *alcool poétique* gebrauche, sich darin gefalle *de voir poétiser ses vulgaires aventures de la veille et ses vulgaires projets du lendemain* (p. 210) und einer *idolâtrie de la matière* huldige, worunter Montégut die Ingredienzien der ›Traumfabrik‹ des Jahres 1858 versteht – *une sorte d'admiration béate, presque dévotionneuse, pour les meubles, les tapisseries, les toilettes, s'échappe, comme un parfum de patchouli, de chacune de ces pages* (p. 201).

die erste, nur von einem kleinen Kreis von Kennern verstandene und als Wendepunkt in der Geschichte des Romans gewürdigte *Madame Bovary* zum Welterfolg wurde, sanktionierte das an ihr gebildete Publikum von Romanlesern den neuen Kanon von Erwartungen, der die Schwächen Feydeaus: seinen blumigen Stil, seine modischen Effekte, seine lyrisch-bekenntnishaften Klischees unerträglich werden und *Fanny* zum Bestseller von gestern vergilben ließ.

IX.

Die Rekonstruktion des Erwartungshorizontes, vor dem ein Werk in der Vergangenheit geschaffen und aufgenommen wurde, ermöglicht andererseits Fragen zu stellen, auf die der Text eine Antwort gab, und damit zu erschließen, wie der einstige Leser das Werk gesehen und verstanden haben kann. Dieser Zugang korrigiert die meist unerkannten Normen eines klassischen oder modernisierenden Kunstverständnisses und erspart den zirkelhaften Rekurs auf einen allgemeinen Geist der Epoche. Er bringt die hermeneutische Differenz zwischen dem einstigen und dem heutigen Verständnis eines Werkes vor Augen, macht die – beide Positionen vermittelnde – Geschichte seiner Rezeption bewußt und stellt damit die scheinbare Selbstverständlichkeit, daß im literarischen Text Dichtung zeitlos gegenwärtig und ihr objektiver, ein für allemal geprägter Sinn dem Interpreten jederzeit unmittelbar zugänglich sei, als ein platonisierendes Dogma der philologischen Metaphysik in Frage.

Die rezeptionsgeschichtliche Methode[91] ist für das Verständnis

91 Beispiele dieser Methode, die nicht nur Erfolg, Nachruhm und Einfluß eines Dichters durch die Geschichte verfolgen, sondern die historischen Bedingungen und Veränderungen seines Verständnisses untersuchen, sind noch selten. Dafür wären zu nennen: G. F. Ford, *Dickens and his readers,* Princeton 1955; A. Nisin, *Les œuvres et les siècles,* Paris 1960 (behandelt werden *Virgile, Dante et nous,* Ronsard, Corneille, Racine); E. Lämmert, *Zur Wirkungsgeschichte Eichendorffs in Deutschland,* in: *Festschrift für Richard Alewyn,* ed. H. Singer und B. v. Wiese, Köln/Graz 1967. – Das methodische Problem des Schritts von der Wirkung zur Rezeption eines Werkes hat F. Vodička mit der Frage nach den Veränderungen des Werkes, die sich in seiner sukzessiven ästhetischen Wahrnehmung verwirklichen, schon 1941 in seiner Abhandlung: *Die Problematik der Rezeption von Nerudas Werk* am schärfsten bezeichnet (jetzt in: *Struktura vývoje,* Praha 1969), s. u. S. 247 ff.

lange vergangener Literatur unentbehrlich. Wo der Verfasser eines Werkes unbekannt, seine Absicht nicht bezeugt, sein Verhältnis zu Quellen und Vorbildern nur indirekt zu erschließen ist, kann die philologische Frage, wie der Text ›eigentlich‹, das heißt ›aus seiner Intention und Zeit heraus‹ zu verstehen sei, am ehesten beantwortet werden, wenn man ihn vom Hintergrund der Werke abhebt, deren Kenntnis der Autor bei seinem zeitgenössischen Publikum explizit oder implizit voraussetzte. Der Dichter der ältesten Branchen des *Roman de Renart* rechnet – wie sein Prolog bezeugt – zum Beispiel damit, daß seine Hörer Romane wie die Trojageschichte und den *Tristan*, Heldenepen (*chansons de geste*) und Versschwänke (*fabliaux*) kennen und darum auf den »unerhörten Krieg der beiden Barone, Renart und Ysengrin« gespannt sind, der alles Bekannte in den Schatten stellen soll. Die evozierten Werke und Gattungen werden hernach im Verlauf der Erzählung allesamt ironisch gestreift. Aus diesem Horizontwandel erklärt sich wohl auch der weit über Frankreich hinausreichende Publikumserfolg dieses rasch berühmt gewordenen Werkes, das erstmalig die Gegenposition zu aller bislang herrschenden heroischen und höfischen Dichtung bezog.[92]

Die philologische Forschung hat die ursprünglich satirische Intention des mittelalterlichen *Reineke Fuchs* und damit auch den ironisch-lehrhaften Sinn der Analogie von tierischem Wesen und menschlicher Natur lange Zeit verkannt, weil sie seit Jakob Grimm der romantischen Vorstellung von reiner Naturpoesie und naivem Tiermärchen verhaftet blieb. So konnte man auch – um noch ein zweites Beispiel für modernisierende Normen anzuführen – der französischen Epenforschung seit Bédier zu Recht vorhalten, daß sie – ohne es zu bemerken – von Kriterien der Poetik Boileaus lebe und eine nicht-klassische Literatur nach den Normen der Einfachheit, der Harmonie von Teil und Ganzem, der Wahrscheinlichkeit und anderem mehr beurteile.[93] Die philologisch-kritische Methode ist durch ihren historischen Objektivismus offensichtlich nicht davor geschützt, daß der sich selbst ausklammernde Interpret nicht doch sein

92 S. dazu Vf., *Untersuchungen zur mittelalterlichen Tierdichtung*, Tübingen 1959, bes. Kap. IV A und D.

93 A. Vinaver, *A la recherche d'une poétique médiévale*, in: *Cahiers de civilisation médiévale* 2 (1959) pp. 1–16.

eigenes ästhetisches Vorverständnis zur uneingestandenen Norm erhebt und den Sinn des vergangenen Textes unreflektiert modernisiert. Wer glaubt, daß sich der ›zeitlos wahre‹ Sinn einer Dichtung dem Interpreten gleichsam auf einem Standort außerhalb der Geschichte über alle ›Irrtümer‹ seiner Vorgänger und der historischen Rezeption hinweg unmittelbar und ganz durch bloße Versenkung in den Text erschließen müsse, »verdeckt die wirkungsgeschichtliche Verflechtung, in der das historische Bewußtsein selber steht«. Er verleugnet »die unwillkürlichen und nicht beliebigen, sondern alles tragenden Voraussetzungen, die sein eigenes Verstehen leiten«, und vermag nur eine Objektivität vorzutäuschen, »die in Wahrheit von der Legitimität ihrer Fragestellungen abhängt«.[94]

Hans Georg Gadamer, dessen Kritik am historischen Objektivismus ich hier übernehme, hat in *Wahrheit und Methode* das Prinzip der Wirkungsgeschichte, die im Verstehen selbst die Wirklichkeit der Geschichte aufzuweisen sucht[95], als eine Anwendung der Logik von Frage und Antwort auf die geschichtliche Überlieferung beschrieben. In Weiterführung der These Colligwoods, daß »man einen Text nur verstehen kann, wenn man die Frage verstanden hat, auf die er eine Antwort ist«[96], legt Gadamer dar, daß die rekonstruierte Frage nicht mehr in ihrem ursprünglichen Horizont stehen kann, weil dieser historische Horizont immer schon vom Horizont unserer Gegenwart umfaßt ist: »Verstehen [ist] immer der Vorgang der Verschmelzung solcher vermeintlich für sich seiender Horizonte«[97]. Die historische Frage kann nicht für sich bestehen, sie muß in die Frage übergehen, »die die Überlieferung für uns ist«[98]. Damit lösen sich die Fragen, mit denen René Wellek die Aporie des literarischen Urteils beschrieben hat: soll der Philologe ein literarisches Werk nach der Perspektive der Vergangenheit, nach dem Standpunkt der Gegenwart oder nach dem ›Urteil der Jahrhunderte‹ bewerten?[99] Die tatsächlichen Maßstäbe einer Vergangenheit könnten so eng sein, daß ihre Benutzung ein Werk, das in der Geschichte seiner Wirkung ein

94 H. G. Gadamer, *Wahrheit und Methode*, Tübingen 1960, pp. 284–285.
95 Ibid. p. 283.
96 Ibid. p. 352.
97 Ibid. p. 289.
98 Ibid. p. 356.
99 Wellek, 1936, p. 184; id., 1965, pp. 20–22.

reiches Bedeutungspotential entfaltet hat, nur ärmer machen würde. Das ästhetische Urteil der Gegenwart würde einen Kanon von Werken bevorzugen, die modernem Geschmack entsprechen, alle anderen Werke aber ungerecht einschätzen, nur weil ihre Funktion zu ihrer Zeit nicht mehr zutage liegt. Und die Geschichte der Wirkung selbst, so instruktiv sie auch sein möge, sei »als Autorität den gleichen Einwänden ausgesetzt wie die Autorität der Zeitgenossen des Dichters«.[100] Welleks Fazit: es gebe keine Möglichkeit, unser eigenes Urteil zu umgehen, man müsse dieses nur so objektiv wie möglich machen, indem man das tut, was jeder Wissenschaftler tue, nämlich »den Gegenstand isolieren«[101], ist keine Lösung der Aporie, sondern ein Rückfall in den Objektivismus. Das ›Urteil der Jahrhunderte‹ über ein literarisches Werk ist mehr als nur »das angesammelte Urteil anderer Leser, Kritiker, Zuschauer und sogar Professoren«[102], nämlich die sukzessive Entfaltung eines im Werk angelegten, in seinen historischen Rezeptionsstufen aktualisierten Sinnpotentials, das sich dem verstehenden Urteil erschließt, sofern es die »Verschmelzung der Horizonte« in der Begegnung mit der Überlieferung kontrolliert vollzieht.

Die Übereinstimmung der von mir versuchten rezeptionsästhetischen Grundlegung einer möglichen Literaturgeschichte mit H. G. Gadamers Prinzip der Wirkungsgeschichte hat indes dort ihre Grenze, wo Gadamer den Begriff des Klassischen zum Prototyp aller geschichtlichen Vermittlung der Vergangenheit mit der Gegenwart erheben will. Seine Bestimmung: »was ›klassisch‹ heißt, ist nicht erst der Überwindung des historischen Abstandes bedürftig – denn es vollzieht selber in beständiger Vermittlung diese Überwindung«[103], fällt aus dem für alle geschichtliche Überlieferung konstitutiven Verhältnis von Frage und Antwort heraus. Für den klassischen Text wäre nicht erst die Frage zu suchen, auf die er eine Antwort gibt, wenn klassisch ist, »was der jeweiligen Gegenwart etwas so sagt, als sei es eigens ihr gesagt«[104]. Ist mit dem Klassischen

100 Wellek, 1965, p. 20.
101 Ibid.
102 Ibid.
103 *Wahrheit und Methode*, p. 274.
104 Ibid.

das solchermaßen »sich selbst bedeutet und sich selber deutet«[105], nicht lediglich das Ergebnis dessen beschrieben, was ich den »zweiten Horizontwandel« nannte: die fraglose Selbstverständlichkeit des sogenannten ›Meisterwerks‹, das im retrospektiven Horizont einer vorbildhaften Tradition seine ursprüngliche Negativität verbirgt und uns nötigt, gegen die verbürgte Klassizität erst wieder den »rechten Fragehorizont« zurückzugewinnen? Auch dem klassischen Werk gegenüber ist das rezipierende Bewußtsein der Aufgabe nicht enthoben, das »Spannungsverhältnis zwischen Text und Gegenwart« zu erkennen.[106] Der von Hegel übernommene Begriff des Klassischen, das sich selber deutet, muß zur Verkehrung des geschichtlichen Verhältnisses von Frage und Antwort führen[107] und widerspricht dem Prinzip der Wirkungsgeschichte, daß Verstehen »kein nur reproduktives, sondern auch ein produktives Verhalten ist«[108].

Dieser Widerspruch ist offenbar daher bedingt, daß Gadamer an einem Begriff klassischer Kunst festgehalten hat, der über die Epoche seiner Herkunft, die des Humanismus, hinaus als allgemeine Grundlage einer Rezeptionsästhetik nicht tragfähig ist. Es ist der Begriff der *Mimesis*, verstanden als »Wiedererkennung«, wie Gadamer in seiner ontologischen Erklärung der Erfahrung der Kunst darlegt: »Was man eigentlich an einem Kunstwerk erfährt und worauf man gerichtet ist, ist vielmehr, wie wahr es ist, das heißt wie sehr man etwas und sich selbst darin erkennt und wiedererkennt.«[109] Dieser Kunstbegriff kann für die humanistische Kunstperiode geltend gemacht werden, nicht aber für die ihr vorangehende mittelalterliche und schon gar nicht für die ihr nachfolgende Epoche unserer Modernität, in der die Ästhetik der Mimesis wie die sie begründende substantialistische Metaphysik (›Erkenntnis des Wesens‹) ihre Verbindlichkeit eingebüßt hat. Die Erkenntnisbedeutung der Kunst ist mit dieser epochalen Wendung aber nicht zu Ende gekommen[110], woraus erhellt, daß sie keineswegs an die klas-

105 Ibid.
106 Ibid. p. 290.
107 Diese Verkehrung wird in dem Kapitel: *Die Logik von Frage und Antwort* (pp. 351–360) offensichtlich, s. u. S. 235.
108 Ibid. p. 280.
109 Ibid. p. 109.
110 Vgl. p. 110.

sische Funktion des Wiedererkennens gebunden war. Das Kunstwerk kann auch Erkenntnis vermitteln, die sich nicht in das platonische Schema fügt, wenn es Wege zukünftiger Erfahrung antizipiert, noch unerprobte Anschauungs- und Verhaltensmodelle imaginiert oder eine Antwort auf neugestellte Fragen enthält.[111] Gerade um diese virtuelle Bedeutung und produktive Funktion im Prozeß der Erfahrung wird die Wirkungsgeschichte der Literatur verkürzt, wenn man die Vermittlung von vergangener Kunst und Gegenwart unter den Begriff des *Klassischen* bringen will. Wenn das Klassische nach G. *selber* in beständiger Vermittlung die Überwindung des historischen Abstands vollziehen soll, muß es als eine Perspektive der hypostasierten Tradition den Blick darauf verstellen, daß klassische Kunst zur Zeit ihrer Hervorbringung noch nicht ›klassisch‹ erschien, vielmehr selbst einmal neue Sehweisen eröffnet und neue Erfahrungen präformiert haben kann, die erst aus historischer Distanz – im Wiedererkennen des nunmehr Bekannten – den Anschein erwecken, daß sich im Kunstwerk eine zeitlose Wahrheit ausspreche.

Die Wirkung auch der großen literarischen Werke der Vergangenheit ist weder ein sich selbst vermittelndes Geschehen noch einer Emanation zu vergleichen: auch die Tradition der Kunst setzt ein dialogisches Verhältnis des Gegenwärtigen zu dem Vergangenen voraus, demzufolge das vergangene Werk erst antworten und uns ›etwas sagen‹ kann, wenn der gegenwärtige Betrachter die Frage gestellt hat, die es aus seiner Abgeschiedenheit zurückholt. Wo in *Wahrheit und Methode* Verstehen – analog zu Heideggers ›Seinsgeschehen‹ – als »Einrücken in ein Überlieferungsgeschehen, in dem sich Vergangenheit und Gegenwart beständig vermitteln«[112], begriffen wird, muß das »produktive Moment, das im Verstehen liegt«[113], zu

111 Das ist auch aus der formalistischen Ästhetik und im besonderen aus V. Šklovskijs Theorie der ›Entautomatisierung‹ zu folgern, vgl. in der Wiedergabe V. Erlichs, op. cit., p. 84: »Da die ›gewundene, bewußt gehemmte Form‹ künstliche Hindernisse zwischen dem wahrnehmenden Subjekt und dem wahrgenommenen Objekt aufbaut, wird die Kette gewohnheitsmäßiger Verknüpfungen und automatischer Reaktionen gebrochen: auf diese Weise werden wir fähig, die Dinge überhaupt zu *sehen*, anstatt sie bloß *wiederzuerkennen*.«

112 Op. cit., p. 275.

113 Ibid. p. 280.

kurz kommen. Diese produktive Funktion des fortschreitenden Verstehens, das notwendig auch Kritik der Tradition und Vergessen einschließt, soll im folgenden den rezeptionsästhetischen Entwurf einer Literaturgeschichte begründen. Dieser Entwurf muß die Geschichtlichkeit der Literatur in dreifacher Hinsicht berücksichtigen: diachronisch im Rezeptionszusammenhang der literarischen Werke (siehe X.), synchronisch im Bezugssystem der gleichzeitigen Literatur wie in der Abfolge solcher Systeme (siehe XI.) und schließlich im Verhältnis der immanenten literarischen Entwicklung zum allgemeinen Prozeß der Geschichte (siehe XII.).

X.

Die rezeptionsästhetische Theorie erlaubt nicht allein, Sinn und Form des literarischen Werks in der geschichtlichen Entfaltung seines Verständnisses zu begreifen. Sie erfordert auch, das einzelne Werk in seine ›literarische Reihe‹ einzurücken, um seine geschichtliche Stelle und Bedeutung im Erfahrungszusammenhang der Literatur zu erkennen. Im Schritt von einer Rezeptionsgeschichte der Werke zur ereignishaften Geschichte der Literatur zeigt sich diese als ein Prozeß, in dem sich die passive Rezeption des Lesers und Kritikers in die aktive Rezeption und neue Produktion des Autors umsetzt oder in dem – anders gesehen – das nächste Werk formale und moralische Probleme, die das letzte Werk hinterließ, lösen und wieder neue Probleme aufgeben kann.

Wie kann das einzelne Werk, das die positivistische Literarhistorie in einer chronologischen Reihe determiniert und damit zum ›Faktum‹ veräußerlicht hat, in sein geschichtliches Folgeverhältnis zurückgebracht und damit wieder als ›Ereignis‹ verstanden werden? Die Theorie der formalistischen Schule will dieses Problem – wie schon erwähnt – durch ihr Prinzip der ›literarischen Evolution‹ lösen, demzufolge das neue Werk gegen den Hintergrund vorangegangener oder konkurrierender Werke entsteht, als erfolgreiche Form den ›Höhenkamm‹ einer literarischen Epoche erreicht, bald reproduziert und damit fortschreitend automatisiert wird, um schließlich, wenn sich die nächste Form durchgesetzt hat, als abgegriffene Gattung im Alltag der Literatur weiterzuvegetieren. Würde man nach diesem Programm, das bisher kaum in Angriff genommen wurde[114], eine Epoche der Literatur analysieren und beschreiben, so wäre eine Darstellung zu erwarten, die der konventionellen Literarhistorie in verschiedener Hinsicht überlegen wäre. Sie würde die in sich abgeschlossenen Reihen, die dort unverbunden nebeneinander stehen und allenfalls von einer Skizze der allgemeinen Geschichte umrahmt werden, nämlich: Reihen der Werke eines Autors, einer Schulrichtung oder Stilerscheinung, wie auch die Reihen verschiedener Gattungen, zueinander in Beziehung setzen und das *evolutionäre Wechselverhältnis der Funktionen und Formen aufdecken.*[115] Die dabei herausragenden, korrespondierenden und sich ablösenden Werke würden als Momente eines Prozesses erscheinen, der nicht mehr auf einen Zielpunkt hin konstruiert werden müßte, weil er als *dialektische Selbsterzeugung neuer Formen* keiner Teleologie bedarf. Die so gesehene Eigendynamik der literarischen Evolution wäre ferner dem Dilemma der Auswahlkriterien enthoben: zu Buche schlägt hier das Werk als neue Form in der literarischen Reihe, nicht aber die Selbstreproduktion abgesunkener Formen, Kunstmittel und Gattungen, die in den Hintergrund rücken, bis sie durch einen neuen Moment der Evolution wieder »wahrnehmbar« gemacht werden. Schließlich würde im formalistischen Entwurf einer Literaturgeschichte, die sich als ›Evolution‹ versteht und gegen den üblichen Sinn dieses Begriffs jedweden gerichteten Verlauf ausschließt, der geschichtliche Charakter eines Werkes mit seinem Kunstcharakter gleichbedeutend: die ›evolutionäre‹ Bedeutung und Charakteristik einer literarischen Erscheinung setzt – nicht anders als der Satz, daß das Kunstwerk gegen den Hintergrund anderer Kunstwerke wahrgenommen werde – Innovation als entscheidendes Merkmal voraus.[116]

114 In dem 1927 entstandenen Artikel *Über literarische Evolution* von J. Tynjanov (op. cit., pp. 37–60) ist dieses Programm am prägnantesten aufgestellt. Es wurde – wie mir J. Striedter mitteilt – nur partiell bei der Behandlung von Problemen des Strukturwandels in der Geschichte literarischer Gattungen erfüllt, wie z. B. in dem Sammelband *Russkaja proza,* Leningrad 1926 (*Voprosy poètiki,* VIII) oder in J. Tynjanov, *Die Ode als rhetorische Gattung* (1922), jetzt in *Texte der russischen Formalisten* II, ed. J. Striedter, München 1970.

115 J. Tynjanov, *Über literarische Evolution,* op. cit. p. 59.

116 »Ein Kunstwerk wird als ein positiver Wert erscheinen, wenn es die Struktur der vorangegangenen Periode verwandelt, es wird als negativer

Die formalistische Theorie der ›literarischen Evolution‹ ist gewiß einer der bedeutendsten Ansätze für eine Erneuerung der Literaturgeschichte. Die Erkenntnis, daß sich geschichtliche Veränderungen auch im Bereich der Literatur innerhalb eines Systems abspielen, die versuchte Funktionalisierung der literarischen Entwicklung und nicht zuletzt die Theorie der Automatisierung sind Errungenschaften, an denen festzuhalten ist, auch wenn die einseitige Kanonisierung der Veränderung einer Korrektur bedarf. Die Kritik hat die Schwächen der formalistischen Evolutionstheorie schon zur Genüge aufgezeigt: daß die bloße Gegensätzlichkeit oder ästhetische Variation nicht ausreiche, um das Wachstum der Literatur zu erklären, daß die Frage nach der Richtung des Wandels der literarischen Formen unbeantwortbar bleibe, daß die Innovation für sich allein noch nicht den Kunstcharakter ausmache und daß die Beziehung zwischen literarischer Evolution und gesellschaftlicher Veränderung durch ihre bloße Negierung nicht aus der Welt geschafft sei.[117] Auf die letzte Frage antwortet meine These XII; die Problematik der übrigen Fragen erfordert, die deskriptive Literaturtheorie der Formalisten rezeptionsästhetisch auf die Dimension geschichtlicher Erfahrung zu öffnen, die auch den historischen Standort des gegenwärtigen Betrachters, alias Literarhistorikers, einschließen muß.

Die Beschreibung der literarischen Evolution als unaufhörlicher Kampf des Neuen mit dem Alten oder als Wechsel von Kanonisierung und Automatisierung der Formen verkürzt den geschichtlichen Charakter der Literatur auf die eindimensionale Aktualität ihrer Veränderungen und beschränkt das geschichtliche Verstehen auf deren Wahrnehmung. Die Veränderungen der literarischen Reihe werden indes erst dann zu einer geschichtlichen Folge, wenn der Gegensatz von alter und neuer Form auch deren spezifische Vermittlung erkennen läßt. Diese Vermittlung, die den Schritt von der alten zur neuen Form in der Interaktion von Werk und Rezipient (Publikum, Kritiker, neuer Produzent) wie von vergangenem Ereignis und

Wert erscheinen, wenn es die Struktur übernimmt, ohne sie zu verwandeln« (J. Mukařovský, zitiert von R. Wellek, 1965, p. 42).

117 Siehe dazu V. Erlich, *Russischer Formalismus*, op. cit., pp. 284–287, R. Wellek, 1965, p. 42 sqq., und J. Striedter, *Texte der russischen Formalisten* I, München 1969, Einl. Abschnitt X.

sukzessiver Rezeption umgreift, kann methodisch in dem formalen wie inhaltlichen Problem erfaßt werden, »das jedes Kunstwerk als Horizont der nach ihm möglichen ›Lösungen‹ stellt und hinterläßt«[118]. Die bloße Beschreibung der veränderten Struktur und der neuen Kunstmittel eines Werkes führt nicht notwendig auf dieses Problem und damit auf seine Funktion in der historischen Reihe zurück. Um diese zu bestimmen, das heißt, um das hinterlassene Problem zu erkennen, auf welches das neue Werk in der historischen Reihe die Antwort ist, muß der Interpret seine eigene Erfahrung ins Spiel bringen, weil der vergangene Horizont von alter und neuer Form, Problem und Lösung nur in seiner weiteren Vermittlung, am gegenwärtigen Horizont des rezipierten Werkes, wiedererkennbar ist. Literaturgeschichte als ›literarische Evolution‹ setzt den geschichtlichen Prozeß ästhetischer Rezeption und Produktion bis zur Gegenwart des Betrachters als Bedingung der Vermittlung aller formalen Gegensätze oder »Differenzqualitäten«[119] voraus.

Die rezeptionsästhetische Fundierung gibt der ›literarischen Evolution‹ dabei nicht allein die verlorene Richtung zurück, insofern der Standort des Literaturhistorikers zum Fluchtpunkt – aber nicht Ziel! – des Prozesses wird. Sie öffnet auch den Blick in die Zeitentiefe der literarischen Erfahrung, indem sie den variablen Abstand zwischen der aktuellen und der virtuellen Bedeutung eines literarischen Werkes erkennen läßt. Damit ist gemeint, daß der Kunstcharakter eines Werks, dessen Bedeutungspotential der Formalismus auf die Innovation als einziges Wertkriterium reduziert, im Horizont seines ersten Erscheinens keineswegs immer sogleich wahrnehmbar werden muß, geschweige denn im puren Gegensatz zwischen der alten und der neuen Form auch schon ausgeschöpft werden kann. Der Abstand zwischen der aktuellen ersten Wahrnehmung eines Werks und seinen virtuellen Bedeutungen, oder anders ge-

118 H. Blumenberg, in: *Poetik und Hermeneutik III*, l. c. p. 692.

119 Nach V. Erlich, op. cit., p. 281, bedeutete dieser Begriff für die Formalisten dreierlei: »auf der Ebene der Wirklichkeitsdarstellung stand die ›Differenzqualität‹ für das ›Abweichen‹ vom Wirklichen, also für die schöpferische Deformierung. Auf sprachlicher Ebene bedeutete der Ausdruck das Abweichen vom geläufigen Sprachgebrauch. Auf der Ebene der literarischen Dynamik schließlich [...] eine Veränderung der vorherrschenden künstlerischen Norm.«

sagt: der Widerstand, den das neue Werk der Erwartung seines ersten Publikums entgegensetzt, kann so groß sein, daß es eines langen Prozesses der Rezeption bedarf, um das im ersten Horizont Unerwartete und Unverfügbare einzuholen. Dabei kann es geschehen, daß eine virtuelle Bedeutung des Werks so lange unerkannt bleibt, bis die ›literarische Evolution‹ mit der Aktualisierung einer jüngeren Form den Horizont erreicht hat, der nun erst den Zugang zum Verständnis der verkannten älteren Form finden läßt. So hat erst die dunkle Lyrik Mallarmés und seiner Schule den Boden für die Rückwendung zu der seit langem nicht mehr geachteten und darum vergessenen Barockdichtung und im besonderen für die philologische Neuinterpretation und ›Wiedergeburt‹ Gongoras bereitet. Beispiele dafür, wie eine neue literarische Form den Zugang zu vergessener Dichtung wieder eröffnen kann, ließen sich reihen; darunter fallen die sogenannten ›Renaissancen‹ – sogenannt, weil die Wortbedeutung den Anschein der selbsttätigen Wiederkehr erweckt und oft verkennen läßt, daß literarische Tradition sich nicht selbst tradieren, eine literarische Vergangenheit also auch nur wiederkehren kann, wo eine neue Rezeption sie in die Gegenwart zurückholt, sei es, daß eine veränderte ästhetische Einstellung sich Vergangenes im gewollten Rückgriff wieder aneignet, sei es, daß von dem neuen Moment der literarischen Evolution auf vergessene Dichtung ein unerwartetes Licht zurückfällt, das etwas in ihr finden läßt, was man zuvor nicht in ihr suchen konnte.[120]

Das Neue ist also nicht nur eine *ästhetische* Kategorie. Es geht nicht in den Faktoren der Innovation, Überraschung, Überbietung, Umgruppierung, Verfremdung auf, denen die formalistische Theorie ausschließlich Bedeutung zumaß. Das Neue wird auch zur *historischen* Kategorie, wenn die diachronische Analyse der Literatur zu der Frage weitergetrieben wird, welche historischen Momente es eigentlich sind, die das Neue einer literarischen Erscheinung erst zum Neuen machen, in welchem Grade dieses Neue im historischen Augenblick seines Hervor-

120 Für die erste Möglichkeit kann die (antiromantische) Revalorisation Boileaus und der klassischen *contrainte*-Poetik durch Gide und Valéry, für die zweite die verspätete Entdeckung von Hölderlins Hymnen oder von Novalis' Begriff zukünftiger Poesie angeführt werden (zum letzteren s. Vf. in: *Romanische Forschungen* 77, 1965, pp. 174–183).

tretens schon wahrnehmbar ist, welchen Abstand, Weg oder Umweg des Verstehens seine inhaltliche Einlösung erfordert hat, und ob der Moment seiner vollen Aktualisierung so wirkungsmächtig war, daß er die Perspektive auf das Alte und damit die Kanonisierung der literarischen Vergangenheit zu ändern vermochte.[121] Wie sich in diesem Lichte das Verhältnis von poetischer Theorie und ästhetisch produktiver Praxis darstellt, ist in anderem Zusammenhang schon diskutiert worden.[122] Gewiß sind die Möglichkeiten des Ineinandergreifens von Produktion und Rezeption im geschichtlichen Wandel der ästhetischen Einstellung mit diesen Darlegungen bei weitem nicht erschöpft. Sie sollen hier vor allem verdeutlichen, in welche Dimension eine diachronische Betrachtung der Literatur führt, die sich nicht mehr damit begnügen will, eine chronologische Reihe literarischer ›Fakten‹ schon für die geschichtliche Erscheinung der Literatur zu halten.

XI.

Die Ergebnisse, die in der Sprachwissenschaft mit der Unterscheidung und methodischen Verbindung von diachronischer und synchronischer Analyse erzielt wurden, geben Anlaß, auch in der Literaturgeschichte die bisher allein übliche diachronische Betrachtung zu überwinden. Wenn schon die rezeptionsgeschichtliche Perspektive bei Veränderungen der ästhetischen Einstellung immer wieder auf funktionale Zusammenhänge zwischen dem Verständnis neuer und der Bedeutung älterer Werke stößt, so muß es auch möglich sein, durch einen Moment der Entwicklung einen synchronen Schnitt zu legen, die heterogene Vielfalt der gleichzeitigen Werke in äquivalente, gegensätzliche und hierarchische Strukturen zu gliedern und so ein übergreifendes Bezugssystem in der Literatur eines historischen Augenblicks aufzudecken. Daraus ließe sich das Dar-

121 So wurden seit der Aufnahme des ›kleinen Romantikers‹ Nerval, dessen *Chimères* erst mit der Wirkung Mallarmés Aufsehen erregten, die kanonisierten ›großen Romantiker‹ Lamartine, Vigny, Musset, und ein guter Teil der ›rhetorischen‹ Lyrik Victor Hugos mehr und mehr in den Hintergrund gerückt.

122 *Poetik und Hermeneutik II* (*Immanente Ästhetik – Ästhetische Reflexion*, ed. W. Iser, München 1966, bes. pp. 395–418).

stellungsprinzip einer neuen Literaturgeschichte entwickeln, wenn weitere Schnitte im Vorher und Nachher der Diachronie so angelegt werden, daß sie den literarischen Strukturwandel historisch in seinen epochebildenden Momenten artikulieren.

Den Primat der diachronischen Betrachtung in der Historiographie hat wohl am entschiedensten Siegfried Kracauer in Frage gestellt. Seine Abhandlung *Time and History*[123] bestreitet den Anspruch der allgemeinen Geschichtsschreibung (General History), Ereignisse aller Lebensbereiche im homogenen Medium der chronologischen Zeit als einen einheitlichen, in jedem historischen Augenblick konsistenten Prozeß begreifbar zu machen. Dieses Geschichtsverständnis, immer noch im Banne von Hegels Begriff des ›objektiven Geistes‹ stehend, setze voraus, daß alles, was sich gleichzeitig ereignet, gleichermaßen von der Bedeutung dieses Moments geprägt sei, und verdecke damit die faktische Ungleichzeitigkeit des Gleichzeitigen.[124] Denn die Vielfalt der Ereignisse eines historischen Augenblicks, die der Universalhistoriker als Exponenten eines einheitlichen Gehalts zu begreifen glaubt, seien de facto Momente ganz verschiedener Zeitkurven, von den Gesetzlichkeiten ihrer besonderen Geschichte (Special History) bedingt[125], wie an den Interferenzen der verschiedenen ›Geschichten‹ der Künste, der Rechts-, Wirtschafts- oder politischen Geschichte und so fort unmittelbar evident werde: »The shaped times of the diverse areas overshadow the uniform flow of time. Any historical period must therefore be imagined as a mixture of events which emerge at different moments of their own time.«[126]

123 In: *Zeugnisse – Theodor W. Adorno zum 60. Geburtstag*, Frankfurt 1963, pp. 50–64, ferner in dem Beitrag *General History and the Aesthetic Approach* zu *Poetik und Hermeneutik III* (s. Anm. 78), jetzt in *History: The last things before the Last*, New York 1969 (vgl. dort Kap. 6: *Ahasverus, or the riddle of Time*, pp. 139–163).

124 »First, in identifying history as a process in chronological time, we tacitly assume that our knowledge of the moment at which an event emerges from the flow of time will help us to account for its appearance. The date of the event is a value-laden fact. Accordingly, all events in the history of a people, a nation, or a civilization which take place at a given moment are supposed to occur then and there for reasons bound up, somehow, with that moment« *(History . . .*, p. 141).

125 Dieser Begriff geht zurück auf H. Focillon, *The Life of Forms in Art*, New York 1948, und G. Kubler, *The Shape of Time: Remarks on the History of Things*, New Haven/London 1962.

126 *Time and History*, op. cit., p. 53.

Ob dieser Befund eine primäre Inkonsistenz der Geschichte voraussetzt, so daß die Konsistenz der allgemeinen Historie immer erst retrospektiv aus der einheitsstiftenden Sicht und Darstellung der Geschichtsschreiber zustandekäme, und ob der radikale Zweifel an der ›historischen Vernunft‹, den Kracauer von dem Pluralismus chronologischer und morphologischer Zeitabläufe zu der Grundantinomie des Allgemeinen und des Besonderen in der Geschichte weiterführt, in der Tat Universalhistorie heute als philosophisch illegitim erweist, steht hier nicht zur Frage. Für den Bereich der Literatur jedenfalls kann gesagt werden, daß Kracauers Einsichten in die »Koexistenz des Gleichzeitigen und des Ungleichzeitigen«[127], weit entfernt, die historische Erkenntnis in eine Aporie zu führen, vielmehr die Notwendigkeit und Möglichkeit sichtbar machen, die geschichtliche Dimension literarischer Erscheinungen in synchronen Schnitten aufzudecken. Denn aus diesen Einsichten folgt, daß die chronologische Fiktion des alle gleichzeitigen Erscheinungen prägenden Augenblicks so wenig der Geschichtlichkeit der Literatur entspricht wie die morphologische Fiktion einer homogenen literarischen Reihe, in der alle Erscheinungen im Nacheinander nur immanenten Gesetzlichkeiten folgen. Die rein diachronische Betrachtung, so schlüssig sie etwa in Gattungsgeschichten Veränderungen nach der immanenten Logik von Innovation und Automatisierung, Problem und Lösung zu erklären vermag, gelangt doch erst in die eigentlich geschichtliche Dimension, wenn sie den morphologischen Kanon durchbricht, das wirkungsgeschichtlich bedeutsame Werk mit den historisch versunkenen, konventionellen Stücken der Gattung konfrontiert und auch sein Verhältnis zu der literarischen Umgebung nicht außer acht läßt, in der es sich neben Werken anderer Gattungen durchsetzen mußte. Die Geschichtlichkeit der Literatur tritt gerade an den Schnittpunkten von Diachronie und Synchronie zutage. Also muß es auch möglich sein, den literarischen Horizont eines bestimmten historischen Augen-

127 *Poetik und Hermeneutik III* (s. Anm. 78), p. 569. Die Formel der »Gleichzeitigkeit des Verschiedenen«, mit der F. Sengle (1964, p. 247 sqq.) dasselbe Phänomen im Blick hat, faßt das Problem um eine Dimension verkürzt, wie auch daraus erhellt, daß Sengle glaubt, diese Schwierigkeit der Literaturgeschichte sei einfach durch eine Verbindung von komparatistischer Methode und moderner Interpretation (»das heißt also, vergleichende Interpretationen auf breiter Basis durchzuführen«, p. 249) lösbar.

blicks als dasjenige synchrone System faßbar zu machen, auf welches bezogen die gleichzeitig erscheinende Literatur diachronisch in Relationen der Ungleichzeitigkeit, das Werk als aktuell oder unaktuell, als modisch, gestrig oder perennierend, als verfrüht oder verspätet aufgenommen werden konnte.[128] Denn wenn die gleichzeitig erscheinende Literatur – produktionsästhetisch gesehen – in eine heterogene Vielfalt des Ungleichzeitigen, das heißt der von verschiedenen Momenten der »shaped time« ihrer Gattung geprägten Werke zerfällt (wie der scheinbar gegenwärtige Sternenhimmel astronomisch in Punkte verschiedenster zeitlicher Ferne auseinandertritt), rückt diese Vielheit der literarischen Erscheinungen – rezeptionsästhetisch gesehen – doch wieder für das Publikum, das sie als Werke *seiner* Gegenwart wahrnimmt und aufeinander bezieht, in die Einheit eines gemeinsamen und bedeutungsstiftenden Horizonts literarischer Erwartungen, Erinnerungen und Antizipationen zusammen.

Da jedes synchrone System seine Vergangenheit und seine Zukunft als untrennbare Strukturelemente mit enthalten muß[129], impliziert der synchrone Schnitt durch die literarische Produktion eines historischen Zeitpunkts notwendig weitere Schnitte im Vorher und Nachher der Diachronie. Dabei werden sich analog zur Sprachgeschichte konstante und variable Faktoren ergeben, die sich als Systemfunktionen lokalisieren lassen. Denn auch der Literatur ist eine Art von Grammatik oder Syntax mit relativ festen Beziehungen eigen: das Gefüge der traditionellen und der nicht kanonisierten Gattungen, Aussageweisen, Stilarten und rhetorischen Figuren; dem steht

128 Diese Forderung hat auch R. Jakobson 1960 in einem Vortrag, der jetzt das Kap. XI: *Linguistique et poétique* seines Buches: *Essais de linguistique générale,* Paris 1963, bildet, erhoben, vgl. ib. p. 212: »La description synchronique envisage non seulement la production littéraire d'une époque donnée, mais aussi cette partie de la tradition littéraire qui est restée vivante ou a été ressuscitée à l'époque en question. [. . .] La poétique historique, tout comme l'histoire du langage, si elle se veut vraiment compréhensive, doit être conçue comme une superstructure, bâtie sur une série de descriptions synchroniques successives.«

129 J. Tynjanov und R. Jakobson, *Probleme der Literatur- und Sprachforschung* (1928), in: *Kursbuch* 5 (1966) p. 75: »Die Geschichte des Systems stellt ihrerseits wieder ein System dar. Die reine Synchronie erweist sich jetzt als illusorisch: jedes synchrone System hat seine Vergangenheit und seine Zukunft als untrennbare Strukturelemente dieses Systems.«

der stärker variable Bereich einer Semantik gegenüber: die literarischen Sujets, Archetypen, Symbole und Metaphern. Darum kann man versuchen, für die Literaturgeschichte ein Analogon zu dem zu erstellen, was Hans Blumenberg für die Geschichte der Philosophie postuliert, an Beispielen des Epochenwandels und im besonderen des Folgeverhältnisses von christlicher Theologie und Philosophie erläutert und mit seiner historischen Logik von Frage und Antwort begründet hat: ein »formales System der Welterklärung [...], in dessen Struktur sich die Umbesetzungen lokalisieren lassen, die den Prozeßcharakter der Geschichte bis zur Radikalität der Epochenwenden ausmachen«.[130] Wenn die substantialistische Vorstellung einer sich selbst fortzeugenden literarischen Tradition erst einmal durch eine funktionale Erklärung des prozeßhaften Verhältnisses von Produktion und Rezeption überwunden ist, muß es auch möglich sein, hinter der *Umwandlung* literarischer Formen und Gehalte jene *Umbesetzungen* in einem literarischen System des Weltverständnisses zu erkennen, die den Horizontwandel im Prozeß der ästhetischen Erfahrung erfaßbar machen.

Aus diesen Prämissen könnte das Darstellungsprinzip einer Literaturgeschichte entwickelt werden, die weder dem allzu bekannten Höhenkamm der traditionellen Gipfelwerke folgen noch sich in den Niederungen der historisch nicht mehr artikulierbaren Vollständigkeit aller Texte verlieren müßte. Das Problem der Auswahl des für eine neue Geschichte der Literatur Bedeutsamen ließe sich mit Hilfe der synchronischen Betrachtung auf eine noch nicht versuchte Weise lösen: ein Horizontwandel im geschichtlichen Prozeß der ›literarischen Evolution‹ braucht nicht erst an dem Gewebe aller diachronischen Fakten und Filiationen verfolgt, sondern kann auch am veränderten Bestand des synchronen literarischen Systems festgestellt und an weiteren Querschnittsanalysen abgelesen werden. Prinzipiell wäre eine Darstellung der Literatur in der geschichtlichen Abfolge solcher Systeme an einer Reihe von beliebigen Schnittpunkten zwischen Diachronie und Synchronie möglich. Die geschichtliche Dimension der Literatur, ihre im

130 Zuerst in *Epochenschwelle und Rezeption*, in: *Philosophische Rundschau* 6 (1958) p. 101 sqq., zuletzt in *Die Legitimität der Neuzeit*, Frankfurt 1966, vgl. besonders p. 41 sqq.

Traditionalismus wie im Positivismus verloren gegangene ereignishafte Kontinuität, läßt sich indes erst wiedergewinnen, wenn der Literaturhistoriker Schnittpunkte auffindet und Werke ins Licht rückt, die den Prozeßcharakter der ›literarischen Evolution‹ in ihren geschichtsbildenden Momenten und epochalen Zäsuren artikulieren. Über diese historische Artikulation aber entscheidet weder die Statistik noch die subjektive Willkür des Literarhistorikers, sondern die Wirkungsgeschichte: das, ›was aus dem Ereignis hervorging‹ und was aus der Perspektive des gegenwärtigen Standorts den Zusammenhang der Literatur als Vorgeschichte ihrer gegenwärtigen Erscheinung konstituiert.

XII.

Die Aufgabe der Literaturgeschichte ist erst dann vollendet, wenn die literarische Produktion nicht allein synchron und diachron in der Abfolge ihrer Systeme dargestellt, sondern als besondere Geschichte *auch in dem ihr eigenen Verhältnis zu der* allgemeinen Geschichte *gesehen wird. Dieses Verhältnis geht nicht darin auf, daß sich in der Literatur aller Zeiten ein typisiertes, idealisiertes, satirisches oder utopisches Bild gesellschaftlichen Daseins auffinden läßt. Die gesellschaftliche Funktion der Literatur wird erst dort in ihrer genuinen Möglichkeit manifest, wo die literarische Erfahrung des Lesers in den Erwartungshorizont seiner Lebenspraxis eintritt, sein Weltverständnis präformiert und damit auch auf sein gesellschaftliches Verhalten zurückwirkt.*

Der funktionale Zusammenhang von Literatur und Gesellschaft wird von der herkömmlichen Literatursoziologie zumeist in den engen Grenzen einer Methode demonstriert, die das klassische Prinzip der *imitatio naturae* nur äußerlich durch die Bestimmung ersetzt hat, Literatur sei Darstellung einer vorgegebenen Wirklichkeit, und die darum einen epochal bedingten Stilbegriff, den ›Realismus‹ des 19. Jahrhunderts, zur literarischen Kategorie par excellence erheben mußte. Aber auch der jetzt modische literarische ›Strukturalismus‹, der sich mit oft zweifelhaftem Recht auf die archetypische Kritik von Northrop Frye oder auf die strukturale Anthropologie von Claude Lévi-Strauss beruft, bleibt noch ganz dieser im Grunde klassizistischen Darstellungsästhetik und ihren Schematismen der ›Widerspiegelung‹ und ›Typisierung‹ verhaftet. Indem er die Befunde der strukturalistischen Sprach- und Literaturwissenschaft als archaische, im literarischen Mythus verkleidete anthropologische Konstanten auslegt, was ihm nicht selten erst mit Hilfe einer offensichtlichen Allegorisierung der Texte gelingt[131], reduziert er einerseits das geschichtliche Dasein auf Strukturen einer urtümlichen gesellschaftlichen Natur, die Dichtung andererseits auf deren mythischen oder symbolischen Ausdruck. Damit wird aber gerade die eminent gesellschaftliche, nämlich gesellschafts*bildende* Funktion der Literatur verfehlt. Der literarische Strukturalismus fragt nicht danach – so wenig wie vor ihm die marxistische und die formalistische Literaturwissenschaft –, wie die Literatur »die Vorstellung von Gesellschaft, die ihre Voraussetzung ist, (...) selbst wiederum mitprägt« und im Prozeßcharakter der Geschichte mitgeprägt hat. Mit diesen Worten hat Gerhard Hess in seinem Vortrag über *Das Bild der Gesellschaft in der französischen Literatur* (1954) das offen gebliebene Problem einer Verbindung von Literaturgeschichte und Soziologie formuliert und sodann erläutert, inwiefern die französische Literatur im Gang ihrer neuzeitlichen Entwicklung für sich beanspruchen könne, bestimmte Gesetzlichkeiten des gesellschaftlichen Daseins zuerst aufgedeckt zu haben.[132] Die Frage nach der gesellschaftsbildenden Funktion der Literatur rezeptionsästhetisch zu beantworten, überschreitet die Kompetenz der herkömmlichen Darstellungsästhetik. Der Versuch, die Kluft zwischen literarhistorischer und soziologischer Forschung durch die rezeptionsästhetische Methode zu schließen, wird dadurch erleichtert, daß der von mir in die literarhistorische Interpretation eingeführte[133] Begriff des *Erwartungshorizonts* auch in der Axiomatik der

131 Das bezeugt unfreiwillig, aber höchst eindrucksvoll C. Lévi-Strauss selbst in seinem Versuch, eine von R. Jakobson erstellte linguistische Beschreibung von Baudelaires Gedicht *Les chats* mit Hilfe seiner strukturalen Methode zu »interpretieren«, cf. in: *L'Homme*, 2 (1962) pp. 5–21.

132 Jetzt in: *Gesellschaft – Literatur – Wissenschaft: Gesammelte Schriften 1938–1966*, ed. H. R. Jauß und C. Müller-Daehn, München 1967, 1–13, bes. pp. 2 und 4.

133 Zuerst in *Untersuchungen zur mittelalterlichen Tierdichtung*, Tübingen 1959, vgl. pp. 153, 180, 225, 271; ferner *Archiv für das Studium der neueren Sprachen* 197 (1961) pp. 223–225.

Sozialwissenschaft seit Karl Mannheim eine Rolle spielt.[134] Er steht gleichfalls im Mittelpunkt eines methodologischen Aufsatzes über *Naturgesetze und theoretische Systeme* von Karl R. Popper, der die wissenschaftliche Theoriebildung in der vorwissenschaftlichen Erfahrung der Lebenspraxis verankern will. Popper entwickelt hier das Problem der Beobachtung aus der Voraussetzung eines »Horizontes von Erwartungen« und bietet damit eine Vergleichsbasis für meinen Versuch, die spezifische Leistung der Literatur im allgemeinen Prozeß der Erfahrungsbildung zu bestimmen und gegenüber anderen Formen gesellschaftlichen Verhaltens abzugrenzen.[135]

Nach Popper hat der Fortschritt der Wissenschaft mit der vorwissenschaftlichen Erfahrung gemein, daß jede Hypothese wie jede Beobachtung immer bereits Erwartungen voraussetzt, »nämlich jene, die den Erwartungshorizont konstituieren, der erst jene Beobachtungen bedeutsam macht und ihnen damit den Rang von Beobachtungen gibt«.[136] Für den Fortschritt der Wissenschaft wie für den der Lebenserfahrung ist die »Enttäuschung von Erwartungen« das bedeutsamste Moment: »Sie gleichen der Erfahrung eines Blinden, der gegen ein Hindernis läuft und dadurch von dessen Existenz erfährt. Durch die Falsifikation unserer Annahmen bekommen wir tatsächlich Kontakt mit der ›Wirklichkeit‹. Die Widerlegung unserer Irrtümer ist die positive Erfahrung, die wir aus der Wirklichkeit gewinnen.«[137] Dieses Modell, das zwar den Prozeß der wissenschaftlichen Theoriebildung noch nicht zureichend erklärt[138], aber doch wohl für den »produktiven Sinn der negativen Erfahrung« in der Lebenspraxis einstehen kann[139], vermag zugleich die spezifische Funktion der Literatur im gesell-

134 K. Mannheim, *Mensch und Gesellschaft im Zeitalter des Umbaus*, Darmstadt 1958, p. 212 sqq.

135 In: *Theorie und Realität*, ed. H. Albert, Tübingen 1964, pp. 87–102.

136 Ibid. p. 91.

137 Ibid. p. 102.

138 Poppers Exempel des Blinden unterscheidet nicht zwischen den beiden Möglichkeiten eines nur reaktiven Verhaltens und eines experimentierenden Handelns unter bestimmten Hypothesen. Wenn die zweite Möglichkeit das reflektierte wissenschaftliche Verhalten im Unterschied zu dem unreflektierten Verhalten in der Lebenspraxis kennzeichnet, wäre der Forscher seinerseits ›kreativ‹, also über den ›Blinden‹ zu stellen und eher dem Dichter als Schöpfer neuer Erwartungen zu vergleichen.

139 G. Buck, *Lernen und Erfahrung*, op. cit., p. 70, und weiter: »(Die nega-

schaftlichen Dasein in ein schärferes Licht zu rücken. Denn der Leser ist vor dem (hypothetischen) Nichtleser dadurch privilegiert, daß er – um im Bilde von Popper zu bleiben – nicht erst auf ein neues Hindernis stoßen muß, um eine neue Erfahrung der Wirklichkeit zu gewinnen. Die Erfahrung der Lektüre vermag ihn aus Adaptationen, Vorurteilen und Zwangslagen seiner Lebenspraxis freizusetzen, indem sie ihn zu neuer Wahrnehmung der Dinge nötigt. Der Erwartungshorizont der Literatur zeichnet sich vor dem Erwartungshorizont der geschichtlichen Lebenspraxis dadurch aus, daß er nicht allein gemachte Erfahrungen aufbewahrt, sondern auch unverwirklichte Möglichkeit antizipiert, den begrenzten Spielraum des gesellschaftlichen Verhaltens auf neue Wünsche, Ansprüche und Ziele erweitert und damit Wege zukünftiger Erfahrung eröffnet.

Die Vororientierung unserer Erfahrung durch das kreative Vermögen der Literatur beruht nicht allein auf ihrem Kunstcharakter, der vermöge einer neuen Form dazu verhilft, den Automatismus der alltäglichen Wahrnehmung zu durchbrechen. Die neue Form der Kunst wird nicht nur »gegen den Hintergrund anderer Kunstwerke und durch Assoziation mit ihnen wahrgenommen«. Viktor Šklovskij bleibt mit diesem berühmten Satz, der zum Kern des formalistischen Credos gehört[140], nur dort im Recht, wo er sich gegen das Vorurteil der klassizistischen Ästhetik wendet, die das Schöne als *Harmonie von Form und Inhalt* definierte und dementsprechend die neue Form auf die

tive Erfahrung) wirkt nicht lediglich dadurch belehrend, daß sie uns veranlaßt, den Kontext unserer seitherigen Erfahrung so zu revidieren, daß das Neue in die korrigierte Einheit eines gegenständlichen Sinnes hineinpaßt. [...] Nicht nur der Gegenstand der Erfahrung stellt sich anders dar, sondern das erfahrende Bewußtsein selbst kehrt sich um. Das Werk der negativen Erfahrung ist ein Sich-seiner-bewußt-Werden. Wessen man sich bewußt wird, das sind die in der seitherigen Erfahrung leitenden und als leitende unbefragt gebliebenen Motive. Die negative Erfahrung hat so primär den Charakter der Selbsterfahrung, die frei macht für eine qualitativ neue Art der Erfahrung.« Aus diesen Prämissen hat G. Buck den Begriff einer Hermeneutik entwickelt, die als ein »lebenspraktisches Verhältnis, das vom höchsten Interesse der Lebenspraxis geleitet ist: der Selbstverständigung von Handelnden« die spezifische Erfahrung der sogenannten Geisteswissenschaften gegenüber der naturwissenschaftlichen Empirie legitimiert, vgl. *Bildung durch Wissenschaft*, in: *Wissenschaft, Bildung und pädagogische Wirklichkeit*, Heidenheim 1969, p. 24.

140 Siehe oben, Anm. 55.

sekundäre Funktion reduzierte, einem vorgegebenen Inhalt Gestalt zu geben. Die neue Form tritt aber nicht nur auf, »um die alte Form abzulösen, die schon nicht mehr künstlerisch ist«. Sie kann auch dadurch eine neue Wahrnehmung der Dinge ermöglichen, daß sie den Inhalt einer Erfahrung präformiert, der in der Form der Literatur zuerst ans Licht gebracht wird. Das Verhältnis von Literatur und Leser kann sich sowohl im sensorischen Bereich als Anreiz zur ästhetischen Wahrnehmung wie auch im ethischen Bereich als Aufforderung zu moralischer Reflexion aktualisieren.[141] Das neue literarische Werk wird sowohl gegen den Hintergrund anderer Kunstformen als auch vor dem Hintergrund der alltäglichen Lebenserfahrung aufgenommen und beurteilt. Seine gesellschaftliche Funktion im ethischen Bereich ist rezeptionsästhetisch gleichermaßen in den Modalitäten von Frage und Antwort, Problem und Lösung zu fassen, unter denen es in den Horizont seiner geschichtlichen Wirkung eintritt.

Wie eine neue ästhetische Form zugleich moralische Konsequenzen haben oder, anders gesagt, wie sie einer moralischen Frage die denkbar größte gesellschaftliche Wirkung verleihen kann, demonstriert auf eindrucksvolle Weise der Kasus der *Madame Bovary* im Spiegel des Prozesses, der nach dem Vorabdruck des Werkes in der *Revue de Paris* 1857 gegen den Autor Flaubert angestrengt wurde. Die neue literarische Form, die das Publikum Flauberts zu einer ungewohnten Wahrnehmung der ›abgegriffenen Fabel‹ nötigte, war das Prinzip des unpersönlichen (oder unbeteiligten) Erzählens in Verbindung mit dem von Flaubert virtuos und perspektivisch konsequent gehandhabten Kunstmittel der sogenannten ›erlebten Rede‹. Was damit gemeint ist, kann an einer Beschreibung verdeutlicht werden, die der Staatsanwalt Pinard in seiner Anklage als in höchstem Maße moralwidrig inkriminierte. Sie folgt im Roman auf den ersten »Fehltritt« Emmas und gibt wieder, wie

141 J. Striedter hat darauf aufmerksam gemacht, daß in den Tagebuchaufzeichnungen und Beispielen aus der Prosa Leo Tolstojs, auf die sich Šklovskij bei seiner ersten Erläuterung des Verfahrens der Verfremdung bezog, der rein ästhetische Aspekt noch mit einem erkenntnistheoretischen und ethischen verbunden war. »Šklovskij interessiert allerdings – im Gegensatz zu Tolstoj – primär das künstlerische ›Verfahren‹ und nicht die Frage nach seinen ethischen Voraussetzungen und Wirkungen« (*Poetik und Hermeneutik II*, s. Anm. 122, p. 288 sq.).

sie sich nach dem Ehebruch im Spiegel erblickt: »En s'apercevant dans la glace, elle s'étonna de son visage. Jamais elle n'avait eu les yeux si grands, si noirs, ni d'une telle profondeur. Quelque chose de subtil épandu sur sa personne la transfigurait. Elle se répétait: J'ai un amant! un amant! se délectant à cette idée comme à celle d'une autre puberté qui lui serait survenue. *Elle allait donc enfin posséder ces plaisirs de l'amour, cette fièvre de bonheur dont elle avait désespéré. Elle entrait dans quelque chose de merveilleux, où tout serait passion, extase, délire* [...].« Der Staatsanwalt nahm die letzten Sätze für eine objektive, das Urteil des Erzählers mit einschließende Schilderung und erregte sich über die *glorification de l'adultère,* die er für noch viel gefährlicher und unmoralischer halte als den Fehltritt selbst.[142] Doch Flauberts Ankläger erlag dabei einem Irrtum, wie ihm der Verteidiger gleich ankreidete. Denn die inkriminierten Sätze sind keine objektive Feststellung des Erzählers, der der Leser Glauben schenken kann, sondern eine subjektive Meinung der Person, die damit in ihren nach Romanen gebildeten Gefühlen charakterisiert werden soll. Das Kunstmittel besteht darin, eine meist innere Rede der dargestellten Person ohne die Signale der direkten Rede *(Je vais donc enfin posséder ...)* oder der indirekten Rede *(Elle se disait qu'elle allait donc enfin posséder ...)* zu bringen, mit dem Effekt, daß der Leser selbst zu entscheiden hat, ob er den Satz als wahre Aussage hinnehmen oder als eine für diese Person charakteristische Meinung verstehen soll. Emma Bovary wird in der Tat »durch bloße deutliche Bezeichnung ihrer Existenz, aus ihren eigenen Empfindungen heraus, gerichtet«.[143] Dieses Ergebnis einer modernen Stilanalyse stimmt genau mit dem Gegenargument des Verteidigers Sénard überein, der betont, die Desillusion beginne für Emma schon vom zweiten Tage an: *Le dénouement pour la moralité se trouve à chaque ligne du livre*[144] – nur daß Sénard das zu dieser Zeit noch nicht registrierte Kunstmittel selbst noch nicht benennen konn-

142 Flaubert, *Oeuvres,* Paris 1951, vol. I, p. 657: »ainsi, dès cette première faute, dès cette première chute, elle fait la glorification de l'adultère, sa poésie, ses voluptés. Voilà, messieurs, qui pour moi est bien plus dangereux, bien plus immoral que la chute elle-même!«

143 E. Auerbach, *Mimesis: Dargestellte Wirklichkeit in der abendländischen Literatur,* Bern 1946, p. 430.

144 Op. cit., p. 673.

te! Die konsternierende Wirkung der formalen Neuerungen in Flauberts Erzählstil wird im Prozeß offenkundig: die unpersönliche Erzählform nötigte seine Leser nicht allein, die Dinge anders – ›photographisch genau‹, nach dem Urteil der Zeit – wahrzunehmen, sondern stieß sie zugleich in eine befremdende Unsicherheit des Urteils. Da das neue Kunstmittel eine alte Konvention des Romans: das in der Beschreibung stets eindeutige und verbürgte moralische Urteil über die dargestellten Personen durchbrach, vermochte der Roman Fragen der Lebenspraxis zu radikalisieren oder neu aufzuwerfen, die während der Verhandlung den ersten Anlaß der Anklage, das vermeintlich Laszive, ganz in den Hintergrund treten ließen. Die Frage, mit der der Verteidiger zum Gegenangriff überging, kehrt den Vorwurf, der Roman bringe nichts anderes als die *Histoire des adultères d'une femme de province*, gegen die Gesellschaft: ob denn der Untertitel der *Madame Bovary* gerechterweise nicht lauten müsse: *Histoire de l'éducation trop souvent donnée en province?*[145] Die Frage, in der der Staatsanwalt sein *Réquisitoire* gipfeln ließ, ist damit indes noch nicht beantwortet: »Qui peut condamner cette femme dans le livre? Personne. Telle est la conclusion. Il n'y a pas dans le livre un personnage qui puisse la condamner. Si vous y trouvez un personnage sage, si vous y trouvez un seul principe en vertu duquel l'adultère soit stigmatisé j'ai tort.«[146]

Wenn im Roman keine der dargestellten Personen den Stab über Emma Bovary brechen könnte und wenn kein Moralprinzip geltend gemacht wird, in dessen Namen sie zu verurteilen wäre, ist dann mit dem ›Prinzip der ehelichen Treue‹ nicht zugleich auch die herrschende ›öffentliche Meinung‹ und ihr Fundament im ›religiösen Gefühl‹ in Frage gestellt? Vor welche Instanz soll der Fall *Madame Bovary* gebracht werden, wenn die bisher geltenden Normen der Gesellschaft: *opinion publique, sentiment religieux, morale publique, bonnes mœurs* nicht mehr hinreichen, über diesen Fall zu befinden?[147] Diese offenen und impliziten Fragen bekunden keineswegs ein ästhetisches Unverständnis und moralisierendes Banausentum auf seiten des Staatsanwalts. In ihnen kommt vielmehr die unge-

145 Ibid. p. 670.
146 Ibid. p. 666.
147 Vgl. ibid., pp. 666/7.

ahnte Wirkung einer neuen Kunstform zur Sprache, die den Leser der *Madame Bovary* durch eine neue *manière de voir les choses* aus der Selbstverständlichkeit seines moralischen Urteils herauszustoßen vermochte und eine vorentschiedene Frage der öffentlichen Moral wieder zu einem offenen Problem machte. Insofern handelte das Gericht angesichts des Ärgernisses, daß Flaubert dank der Kunst seines unpersönlichen Stils keine Handhabe bot, seinen Roman wegen Unmoral des Verfassers zu verbieten, nur konsequent, wenn es Flaubert als Schriftsteller freisprach, die von ihm vermeintlich repräsentierte literarische Schule, in Wahrheit aber das noch unregistrierte Kunstmittel verdammte: »Attendu qu'il n'est pas permis, sous prétexte de peinture de caractère ou de couleur locale, de reproduire dans leurs écarts les faits, dits et gestes des personnages qu'un écrivain s'est donné mission de peindre; qu'un pareil système, appliqué aux œuvres de l'esprit aussi bien qu'aux productions des beaux-arts, *conduit à un réalisme qui serait la négation du beau et du bon* et qui, enfantant des œuvres également offensantes pour les regards et pour l'esprit, commettrait de continuels outrages à la morale publique et aux bonnes mœurs.«[148]
So kann ein literarisches Werk die Erwartungen seiner Leser durch eine ungewohnte ästhetische Form durchbrechen und sie zugleich vor Fragen stellen, deren Lösung ihnen die religiös oder staatlich sanktionierte Moral schuldig blieb. Statt weiterer Beispiele sei hier nur daran erinnert, daß nicht erst Bertolt Brecht, sondern schon die Aufklärung das konkurrierende Verhältnis von Literatur und kanonisierter Moral proklamiert hat, wie nicht zuletzt Friedrich Schiller bezeugt, der für das bürgerliche Schauspiel ausdrücklich den Anspruch erhob: *Die Gesetzlichkeit der Bühne fängt an, wo das Gebiet der weltlichen Gesetze sich endigt.*[149] Das literarische Werk kann aber auch – und diese Möglichkeit kennzeichnet in der Geschichte der Literatur die jüngste Epoche unserer Modernität – das Verhältnis von Frage und Antwort umkehren und den Leser im Medium der Kunst mit einer neuen, ›opaken‹ Realität konfrontieren, die sich nicht mehr aus einem vorgegebenen

148 Ibid. p. 717 (zitiert aus dem *Jugement*).
149 *Die Schaubühne als eine moralische Anstalt betrachtet*, Säkular-Ausgabe, Bd. XI, p. 99. Siehe dazu R. Koselleck, *Kritik und Krise*, Freiburg/München 1959, p. 82 sq.

Erwartungshorizont verstehen läßt. So präsentiert sich etwa die jüngste Gattung des Romans, der vieldiskutierte *Nouveau roman,* als eine Form moderner Kunst, die – nach einer Formulierung von Edgar Wind – den paradoxen Fall darstellt, »daß die Lösung gegeben, das Problem aber aufgegeben ist, damit die Lösung als Lösung begriffen werden kann«[150]. Hier wird der Leser aus der Situation des nächsten Adressaten ausgeschlossen und in die Lage eines uneingeweihten Dritten versetzt, der angesichts einer noch bedeutungsfremden Realität selbst die Fragen finden muß, die ihm entschlüsseln, auf welche Wahrnehmung der Welt und auf welches zwischenmenschliche Problem die Antwort der Literatur gerichtet ist.

Aus alledem ist zu folgern, daß die spezifische Leistung der Literatur im gesellschaftlichen Dasein gerade dort zu suchen ist, wo Literatur nicht in der Funktion einer *darstellenden* Kunst aufgeht. Sieht man in ihrer Geschichte auf die Momente, in denen literarische Werke Tabus der herrschenden Moral zum Einsturz brachten oder dem Leser neue Lösungen für die moralische Kasuistik seiner Lebenspraxis anboten, die hernach durch das Votum aller Leser von der Gesellschaft sanktioniert werden konnten, so eröffnet sich dem Literarhistoriker ein noch wenig erschlossenes Forschungsgebiet. Die Kluft zwischen Literatur und Geschichte, zwischen ästhetischer und historischer Erkenntnis, wird überbrückbar, wenn die Literaturgeschichte nicht einfach den Prozeß der allgemeinen Geschichte im Spiegel ihrer Werke ein weiteres Mal beschreibt, sondern wenn sie im Gang der ›literarischen Evolution‹ jene im eigentlichen Sinn *gesellschaftsbildende* Funktion aufdeckt, die der mit anderen Künsten und gesellschaftlichen Mächten konkurrierenden Literatur in der Emanzipation des Menschen aus seinen naturhaften, religiösen und sozialen Bindungen zukam.

Wenn es sich für den Literaturwissenschaftler verlohnt, um dieser Aufgabe willen über seinen ahistorischen Schatten zu springen, liegt darin wohl auch eine Antwort auf die Frage, zu welchem Ende und mit welchem Recht man heute noch – oder wieder – Literaturgeschichte studieren kann.

150 *Zur Systematik der künstlerischen Probleme,* in: *Jahrbuch für Ästhetik,* 1925, p. 440; zur Anwendung dieser Formel auf Erscheinungen der gegenwärtigen Kunst siehe M. Imdahl, *Poetik und Hermeneutik III* (s. Anm. 78), pp. 493–505, 663/4.

Geschichte der Kunst und Historie

I.

Geschichte im Bereich der Künste bietet beim ersten Anblick zwei sich widersprechende Bilder. Auf der einen Seite scheint es, als ob der Geschichte der Architektur, der Musik oder der Dichtung eine höhere Konsistenz und auch Transparenz eigen sei. Die zeitliche Folge der Kunstwerke stellt sich konsistenter dar als eine Verkettung politischer Ereignisse; sie ist auch in den langsameren Transformationen einer Stilgeschichte vergleichsweise durchsichtiger als ein Prozeß der Sozialgeschichte. Valéry hat das Verhältnis zwischen Kunstgeschichte und Historie einmal auf die Formel gebracht, in der ersteren seien die Hervorbringungen »filles visibles les unes des autres«, während in der letzteren »chaque enfant semble avoir mille pères et réciproquement«[1]. Daraus könnte man folgern, daß der Anspruch des Satzes, der Mensch mache seine Geschichte selbst, im Bereich der Künste wohl am ehesten Evidenz gewinnt.

Auf der anderen Seite zeigen die Paradigmen der Kunstgeschichtsschreibung in ihrer vorwissenschaftlichen und dann wieder in ihrer positivistischen Phase[2], daß hier die höhere Konsistenz im einzelnen durch eine unübersehbare Inkonsistenz im ganzen, im Verhältnis der Kunstgattungen untereinander wie in ihrer Beziehung zum geschichtlich-gesellschaftlichen Gesamtprozeß, erkauft ist. Vor der Wendung zur Stilgeschichte hatte Kunstgeschichte die Form von Künstlerbiographien, die nur durch eine chronologische Anordnung verbunden waren. Auch die Literaturgeschichtsschreibung der Humanisten begann mit ›Geschichten‹, d. h. mit Lebensbeschreibungen von Dichtern, die nach Todesjahren gereiht und manchmal noch nach Klassen

1 Brief an André Lebey vom Sept. 1906, *Oeuvres II*, Paris 1960, p. 1543; dazu S. Kracauer, in: *Die nicht mehr schönen Künste*, ed. H. R. Jauß, München 1968 *(Poetik und Hermeneutik III)*, p. 123.

2 Über den Paradigmawechsel in der Wissenschaftsgeschichte s. Th. S. Kuhn, *Die Struktur wissenschaftlicher Revolutionen*, Frankfurt 1967, und Vf., *Paradigmawechsel in der Literaturwissenschaft*, in: *Linguistische Berichte*, 1 (1969), p. 44–56.

von Autoren untergegliedert sind.[3] Vorbild waren die Lebensbeschreibungen von Plutarch, der auch das Muster der ›Parallelen‹ bereitstellte. Diese Integrationsform, in der sich bis zum Ende des 18. Jahrhunderts die Rezeption antiker Kunst und der Streit über ihre Vorbildlichkeit vollzogen, ist spezifisch für das erste Stadium der ›Geschichten‹ in der Kunstbetrachtung.[4] Denn die literarische Form der ›Parallele‹ setzt auch da, wo sie von Autoren oder Werken auf Kunstgattungen oder nationale Blütezeiten ausgedehnt wird, den Begriff der Perfektion als ein überzeitliches Vergleichsmaß voraus. Die historische Erscheinung der Kunst tritt in eine Vielzahl von naturhaften Abläufen auseinander, deren jeder auf seinen ›Punkt der Vollkommenheit‹ zugeordnet ist und durch ästhetische Normen mit früheren Geschichten oder ›Vorgängern‹ vergleichbar wird. Die Erscheinung aller Geschichten in den Künsten kann dann wieder zu dem Geschichtsbild einer periodischen Wiederkehr der Blütezeit zusammengefügt werden, das für die Historiographie des Humanismus, aber auch noch für die Kulturgeschichte Voltaires typisch ist.[5]

Ein zweites Stadium der ›Geschichten‹ führte der Historismus in seiner positivistischen Phase für die Kunstbetrachtung herauf. Das Prinzip, das Kunstwerk aus der Summe seiner historischen Bedingungen zu erklären, hatte zur Folge, daß die Untersuchung bei jedem Werk wieder neu ansetzen mußte, um über seine Quellen zu den ›Anfängen‹ und über das Leben des Autors zu den Determinanten von Milieu und Zeit zu gelangen. Die Frage nach den Quellen, die unweigerlich zu den Quellen der Quellen weiterführt, verliert sich nicht weniger in ›Geschichten‹ wie die Frage nach den Beziehungen zwischen Leben und Werk. Damit gerät aber das Folgeverhältnis von Werk zu Werk in ein historisches Vakuum, das in der bloß chronikalischen Aneinanderreihung zutage träte, wenn es nicht durch die vage Allgemeinheit von ›Strömungen‹ oder Schulrichtungen überdeckt oder aber durch einen äußerlichen, von der Historie erborgten Nexus – zuvörderst durch das Werden

3 P. Brockmeier, *Darstellungen der französischen Literaturgeschichte von Claude Fauchet bis Laharpe*, Berlin 1963.

4 Siehe oben, S. 35 ff.

5 Dazu Vf., *Ästhetische Normen und geschichtliche Reflexion in der Querelle des Anciens et des Modernes*, München 1964, p. 23–33.

einer Nation – wieder geschlossen würde. Demgegenüber erscheint die Frage berechtigt, ob die Kunstgeschichte überhaupt anders kann, als sich ihren übergreifenden Zusammenhang von der pragmatischen Historie zu erborgen.

Zwischen dem ersten und dem zweiten Stadium der ›Geschichten‹ liegt der Historismus der Aufklärung, an dem gerade die Kunstgeschichte einen nicht geringen Anteil hat. Die epochale Wendung, mit der sich die singularisierte Geschichte ineins mit der neubegründeten *philosophie de l'histoire* gegen die Pluralität der Geschichten durchsetzte[6], ist zu Beginn des 18. Jahrhunderts durch Erkenntnisse der Kunstbetrachtung eingeleitet worden. Der auf dem Gipfel der französischen Klassik wiederentbrannte Streit über die Vorbildlichkeit der antiken Kunst brachte die beiden Parteien der *Anciens* und der *Modernes* am Ende zu der gemeinsamen Einsicht, daß antike und moderne Kunst letztlich darum nicht am selben Maß der Perfektion (*Beau absolu*) zu messen seien, weil jede Epoche ihre eigenen Sitten, also auch ihren eigenen Geschmack und damit ihren eigenen Begriff des Schönen (*Beau relatif*) habe. Die Entdekkung der Geschichtlichkeit des Schönen und das damit beginnende historische Verständnis der Kunst gingen dem Historismus der Aufklärung voran.[7] Dieser Prozeß führte im 18. Jahrhundert zu einer fortschreitenden Verzeitlichung der Geschichte der Künste einerseits und der Historie in philosophischer Absicht andererseits, die sich seit Fénelons *Projet d'un traité sur l'histoire* (1714) bewußt der einheitsstiftenden Mittel und klassischen Normen des Epos bediente, um ihre Überlegenheit über die nur faktenreihende Herrscher- und Staatengeschichte zu legitimieren.[8]

Winckelmanns *Geschichte der Kunst des Altertums* (1764) ist das erste Monument der neuen, singularisierten Kunstgeschichtsschreibung, die durch die Historisierung der Antike ermöglicht und durch das Aufgeben der vergleichenden Betrachtung in ›Parallelen‹ freigesetzt worden war. Bei der Abkehr von der traditionellen *Geschichte der Künstler* stellt Winckelmann der

6 R. Koselleck, *Historia magistra vitae*, in: *Natur und Geschichte, Karl Löwith zum 70. Geburtstag*, Stuttgart 1968, p. 196–219.

7 These der in Anm. 5 zitierten Abhandlung.

8 Siehe dazu *Nachahmung und Illusion*, ed. H. R. Jauß, München 1963 *(Poetik und Hermeneutik I)*, p. 191.

neuen *Geschichte der Kunst* die Aufgabe, *den Ursprung, das Wachstum, die Veränderung und den Fall derselben, nebst dem verschiedenen Stile der Völker, Zeiten und Künstler zu lehren.*[9] Kunstgeschichte, wie sie Winckelmann inaugurierte, braucht sich den übergreifenden Zusammenhang nicht von der pragmatischen Historie zu erborgen, da sie eine eigene und höhere Konsistenz beanspruchen kann: »*Die Künste [...] haben, wie alle Erfindungen, mit dem Notwendigen angefangen; nachdem suchte man die Schönheit, und zuletzt folgte das Überflüssige: dieses sind die drei vornehmsten Stufen der Kunst.*«[10] Vor dem Ereignisablauf der Historie zeichnet sich die Abfolge der Werke in der Kunst des Altertums durch einen vollständigen und damit normgebenden Gang aus: im Bereich der Künste kann das Geschichtliche sich naturhaft vollenden. Friedrich Schlegel, der dieses Prinzip auf die Poesie übertrug, suchte und fand in der griechischen Poesie *eine vollständige Naturgeschichte der Kunst und des Geschmacks*, in deren Gang *auch die Unvollkommenheit der früheren und die Entartung der späteren Stufen* exemplarische Bedeutung erlangen konnten.[11] Herders Kritik an Winckelmann kann in diesem Zusammenhang als der Versuch verstanden werden, die Verzeitlichung der Kunstgeschichte konsequent auf die *ganze Reihe der Zeiten* auszudehnen[12] und gegen die singularisierte, aber gleichwohl wieder zur Norm erhobene griechische Kunst die geschichtliche Universalität des Schönen zu behaupten.[13] Die Poesie *als Werkzeug oder als Kunstprodukt und Blüte der Kultur und Humanität* gibt durch ihre Geschichte etwas zu erkennen, das *nur im großen Gange der Zeiten und Völker fortschreitend bewirkt werden konnte.*[14] Damit ist der Punkt er-

9 *Geschichte der Kunst des Altertums* (1764), ed. W. Senff, Weimar 1964, p. 7.

10 Ibid., p. 21.

11 *Über das Studium der griechischen Poesie,* ed. P. Hankamer, Godesberg 1947, p. 153.

12 *Briefe zu Beförderung der Humanität,* 7. und 8. Sammlung, ed. Suphan, Berlin 1883, Bd. XVIII, p. 57.

13 Nach H.-D. Weber, *Fr. Schlegels ›Transzendentalpoesie‹ und das Verhältnis von Kritik und Dichtung im 18. Jahrhundert,* Diss. Konstanz, 1969, p. 111–121.

14 Dies ist der Leitgedanke der Geschichte der neueren Poesie, mit der Herder in den Briefen 81 bis 107 gleichzeitig mit Schiller und F. Schlegel

reicht, an dem Kunstgeschichte und Historie in ein Verhältnis treten, das für uns eine neue Frage aufwirft: ob die Geschichte der Kunst, die man zumeist als abhängige und ›arme Verwandte‹ der allgemeinen Historie anzusehen pflegt, nicht auch einmal der gebende Teil gewesen sein und künftig wieder ein mögliches Paradigma der geschichtlichen Erkenntnis werden kann.

II.

Die Dekadenz der herkömmlichen, im 19. Jahrhundert geprägten, heute als wissenschaftliches Paradigma erschöpften Form der Literarhistorie läßt kaum noch ahnen, welcher Rang der Geschichte der Künste in ihrem Ursprung, bei der Formierung historischer Erkenntnis im Denken der Aufklärung, in der Geschichtsphilosophie des deutschen Idealismus und im beginnenden Historismus zukam. Bei der Abkehr von den traditionellen Historien, Chroniken, Herrscher-, Staaten- und Kriegsgeschichten erschien die Geschichte der Künste als Paradigma jener neuen Historie, die vornehmlich ein philosophisches Interesse beanspruchen konnte: *Tous les peuples ont produit des héros et des politiques: tous les peuples ont éprouvé des révolutions: toutes* les histoires *sont presque égales pour qui ne veut mettre que des faits dans sa mémoire. Mais quiconque pense, et, ce qui est encore plus rare, quiconque a du goût, ne compte que quatre siècles dans* l'histoire du monde.[15] Die pragmatischen Historien sind von monotoner Gleichförmigkeit; erst durch die Vervollkommnung der Künste vermag sich der menschliche Geist zu der ihm eigenen Größe zu erheben und Werke zu hinterlassen, die nicht nur das Gedächtnis, sondern auch Denken und Geschmack beschäftigen. So rechtfertigt Voltaire das neuartige Unternehmen seines *Siècle de Louis XIV* (1751). Auf Voltaires Wendung zur ›Philosophie der Geschichte‹ folgte die Begründung der Kunst- und Literaturgeschichte durch Winckelmann und Herder. Sie erhoben den gleichen Anspruch und sprachen die Kritik an der Tradition

(1796/97) die Fragestellung der *Querelle des Anciens et des Modernes* wieder aufgreift; siehe oben, S. 72–74

15 Voltaire, *Le siècle de Louis XIV*, Intr.

der politischen und Kriegsgeschichte nicht weniger deutlich aus.

Winckelmann hat vor seinen berühmten Schriften *Gedanken vom mündlichen Vortrag der neuern allgemeinen Geschichte* (1754) niedergeschrieben, um das, *was wahrhaft nützlich in der Geschichte ist*, von dem *Artigen und Schönen* zu unterscheiden. Er setzt sich von *unseren pragmatischen Scribenten* wie von den *mehresten allgemeinen Geschichten* ab, die *nur personelle Geschichte zu sein scheinen*, fordert *große Beispiele* und *entscheidende Betrachtungen*, stellt einen Kanon auf: *Von Gelehrten und Künstlern verewigt die allgemeine Geschichte nur Erfinder, nicht Copisten; nur Originale, keine Sammler: einen Galilei, Huygens und Newton, keinen Viviani, keinen Hopital* [...] und folgt dabei dem Grundsatz: *alles Subalterne gehöret in die Specialgeschichte.*[16] Der neue Anspruch von Winkelmanns *Geschichte der Kunst des Altertums* (1764) weist nicht nur über die bisherige *Geschichte der Künstler*, sondern auch über die chronikale Darstellungsform der bisherigen Historie hinaus. Die Geschichte der Kunst soll *keine bloße Erzählung der Zeitfolge und der Veränderung in derselben*, sondern Geschichte und Lehrgebäude ineins sein; sie soll das *Wesen der Kunst* und den Begriff des Schönen an ihrer historischen Entfaltung vollständig zur Anschauung bringen.[17]

Desgleichen lag für Herder der Vorzug einer Geschichte der Poesie der Zeiten und Völker klar zutage. Das zeigt die panoramatische Darstellung der neueren Poesie, mit der er 1796 in seinen Humanitäts-Briefen auf das geschichtsphilosophische Problem der *Querelle* Bezug nimmt: *In dieser Galerie verschiedener Denkarten, Anstrebungen und Wünsche lernen wir Zeiten und Nationen gewiß tiefer kennen als auf dem täuschenden trostlosen Wege ihrer politischen und Kriegsgeschichte. In dieser sehen wir selten mehr von einem Volke, als wie es sich regieren und töten ließ; in jener lernen wir, wie es dachte, was es wünschte und wollte, wie es sich erfreute, und von*

16 Das aus dem Jahr 1754 stammende Fragment wird zitiert nach *J. Winckelmanns sämtliche Werke*, ed. J. Eiselein, Donaueschingen, Bd. 12, p. III–XV; siehe dazu Fontius, *Winckelmann und die französische Aufklärung*, Berlin 1968, (*Sitz.-Ber. d. dt. Akad. d. Wsch. zu Berlin*, Kl. für Sprache, Literatur und Kunst, Jg. 1968/1), dem ich den Hinweis verdanke.

17 Op. cit., p. 7.

seinen Lehrern oder von seinen Neigungen geführt ward.[18] Die Geschichte der Künste wird zum Medium, um im großen Gang der Zeiten und Völker die Abfolge der historischen Individuationen des menschlichen Geistes darzustellen. Damit ist die von Winckelmann noch aufrechterhaltene Idealität des Griechentums an ihren historischen Ort zurückverwiesen, die Normativität des Vollkommenen in die historische Mannigfaltigkeit des individuell Schönen überführt und die weltgeschichtliche Betrachtung der Poesie auf einen Begriff von Geschichte gebracht, der an sich keiner immanenten Teleologie mehr bedurfte[19] und doch *für den Ästhetiker* wieder ein Ganzes zu erreichen versprach. Die auch bei Herder vorfindlichen Aspekte einer Naturgeschichte der Kunst: die Metaphorik des Wachstums und der Lebensalter, die zyklische Vollendung jeder Kultur und das *Klassische* als das jeweils *Höchste seiner Art,* bringen das Ganze der Kunstgeschichte noch in der traditionellen, durch das Ergebnis der *Querelle* bedingten Weise vor den Blick. Der zukunftsweisende Ansatz, mit dem Herder über diese naturhafte Teleologie und zugleich über die Fortschrittstheorie der Künste hinauslangte, entsprang seinem Rückgang auf die Tradition der biblischen Hermeneutik. Hier hat Herder – wie H.-D. Weber zeigte – eine Theorie des Schönen entwickelt, die seine geschichtliche Universalität gegen den Relativismus der nationalen und epochalen Individualitäten wieder zur Geltung bringt: das Schöne, das nicht mehr als ein metaphysisch Bestimmbares und substantiell Nachahmbares vorausgegeben ist, kann als die überhistorische Quintessenz historischer Manifestationen im hermeneutischen Prozeß der Kritik wieder versammelt und zur Anschauungsform des Kenners und Kritikers werden.[20] Und ineins damit erschließt sich die Geschichte selbst »erst der ästhetischen Betrachtung in einem

18 Ed. Suphan, Bd. XVIII, p. 137.

19 Herder hält in der Darstellung der neueren Poesie von 1796 insoweit noch an einem Telos der Geschichte fest, als er eingangs die Frage stellt: *»Welches ist das Gesetz dieser Veränderung? geht sie ins Bessere oder Schlechtere über?«* (op. cit., p. 6) und am Ende aus der Vergleichung der Zeiten die Folgerung zieht: *»tendimus in Arcadiam, tendimus! Nach dem Lande der Einfalt, der Wahrheit und Sitten geht unser Weg«* (p. 140). – Zum Ästhetiker (Bd. XXXII, p. 63) oder *dichterischen Philolog* (Bd. XXXII, p. 83), der man sein muß, um sich auf den Ozean historischer Betrachtungen zu wagen, siehe H.-D. Weber (Anm. 13), p. 110.

20 Op. cit. (Anm. 13), p. 123.

von dem Buchstaben der Fakten unterschiedenen Sinne als geistige Kontinuität«[21].

Ob der Historiker des voll ausgebildeten Historismus dem *Ästhetiker* Herders etwas verdankt und ob in der Tat die hermeneutische Historik des 19. Jahrhunderts in der *poetischen Heuristik*[22] der Kunstgeschichte ein latentes Paradigma hatte, soll später gefragt werden. Der Weg, den die Literarhistorie und Kunstgeschichte im 19. Jahrhundert nahm, ist durch den fortschreitenden Abbau aller Ansprüche auf eigene geschichtliche Erkenntnis zu charakterisieren. Unter dem Historismus, den die historische Betrachtung der antiken und neueren Kunst als ein neues Paradigma geschichtlicher Erfahrung mit heraufgeführt hatte, gab die Kunstgeschichtsschreibung Zug um Zug ihre Legitimation als Medium ästhetischer, geschichtsphilosophischer oder hermeneutischer Reflexion preis. Die neue Historie der Nationalliteraturen trat indessen in ideale Konkurrenz zur politischen Geschichte und beanspruchte, am Zusammenhang aller literarischen Erscheinungen zu entwickeln, wie die Idee nationaler Individualität von quasi-mythischen Anfängen bis zur Erfüllung einer nationalen Klassik zu sich selbst kommen konnte.

Der Positivismus hat diese ideologische Zielsetzung im Zuge einer fortschreitenden Verwissenschaftlichung zwar allmählich abgebaut, die literarhistorische Forschung aber durch kein spezifisches Erkenntnisinteresse mehr zu rechtfertigen vermocht. Von der positivistischen Literarhistorie, die nurmehr die äußerliche Ereignisverkettung der pragmatischen Geschichte nachahmt, kann wieder gelten, was Herder von der alten analistischen *Literargeschichte* sagte: daß sie *»im stillen Gange eines Müllertiers Völker und Zeiten durchschreitet«*[23]. Die moderne Theoriebildung der Literaturwissenschaft, in der seit dem Ersten Weltkrieg stilistische, formalistische und strukturalistische Methoden führend sind, hat bei der Abwendung vom Positivismus zugleich der Literarhistorie den Rücken zugekehrt. Seither pflegt der Literarhistoriker zu schweigen, wenn Probleme der Historik und historischen Hermeneutik verhandelt werden. Die Geschichte der Literatur kann indes das Interesse

21 Ib., p. 119.
22 Ed. Suphan, Bd. I, p. 441/444.
23 Ed. Suphan, Bd. II, p. 112.

der aktuellen historischen Erkenntnis, das sie im Denken der Aufklärung und des Idealismus gewann, auch heute wieder erwecken, wenn die Erscheinung und Funktion der Literatur in der Geschichte erst einmal aus den erstarrten Konventionen und falschen Kausalitäten der Literarhistorie befreit und die Geschichtlichkeit literarischer Werke gegen den Wissensbegriff des Positivismus wie gegen den Kunstbegriff des Traditionalismus wieder in ihr Recht gesetzt sind.

III.

Die wissenschaftlich sanktionierte Form der Literarhistorie ist das denkbar schlechteste Medium, um der Geschichtlichkeit der Literatur ansichtig zu werden. Sie verdeckt die Paradoxie aller Kunstgeschichte, an die Droysen rührte, als er die Differenz zwischen der vergangenen Realität historischer Tatsachen und ihrem rückblickend gewonnenen Verständnis an den Bildern einer Pinakothek erläuterte: *Die Kunstgeschichte stellt sie in einen Zusammenhang, den sie an sich nicht haben, für den sie nicht gemalt sind und aus dem sich doch eine Reihenfolge, eine Kontinuität ergibt, unter deren Einfluß die Maler dieser Bilder standen, ohne daß sie sich dessen bewußt waren.*[24]
Als ›objektive Tatsachen‹ der Literarhistorie gelten Daten der Werke, Autoren, Richtungen und Epochen. Auch wo ihre Chronologie vollkommen verifizierbar ist, bleibt doch ihr Zusammenhang, wie ihn der zurückblickende Literarhistoriker sieht, von dem geschieden, *»was einst in seiner Gegenwart in tausendfach anderen Zusammenhängen stand, als die uns historisch angehen.«*[25] Der nachträglich erstellte, ›tatsächliche‹ Zusammenhang literarischer ›Fakten‹ erreicht weder die Kontinuität, in der ein Werk der Vergangenheit entstand, noch die, in der ihm der gegenwärtige Leser oder Historiker Sinn und Bedeutung zuerkennt. Das Ereignishafte eines literarischen Werks wird nicht unmittelbar in dem faßbar, was eine Literarhistorie an Fakten verzeichnen kann. Die bei Droysen offen gebliebene Frage, wie sich aus dem Nacheinander der Werke jene

24 *Historik: Vorlesung über Enzyklopädie und Methodologie der Geschichte*, ed. R. Hübner, München [5]1967, p. 35.
25 Ib., p. 34.

Kontinuität ergeben soll, in der allererst Werke geschaffen und rezipiert werden, ist erst zu lösen, wenn die Analogie von ›literarischen Fakten‹ und ›historischen Tatsachen‹ als ein Epiphänomen durchschaut wird.[26] Diese Analogie positivistischer Herkunft degradiert den Ereignischarakter des Kunstwerks und ineins damit den Ereigniszusammenhang der Literatur. Als literarisches Faktum oder Schnittpunkt determinierbarer Faktoren büßt das literarische Werk seine geschichtlich konkrete Erscheinung ein. Diese gründet im Horizont seiner vom Autor geschaffenen, vom Publikum aktualisierten und immer wieder zu aktualisierenden Form und Bedeutung. Als die Literaturgeschichte das Paradigma der positivistischen Historie übernahm und den Erfahrungszusammenhang der Literatur auf kausale Beziehungen von Werk zu Werk oder Autor zu Autor reduzierte, verschwand die geschichtliche Vermittlung zwischen Autor, Werk und Publikum hinter einer hypostasierten Aufeinanderfolge von Monographien, die von der Geschichte nur noch den Namen hat.[27]

Hinter den Erscheinungen der Literaturgeschichte ist aber primär kein Zusammenhang von Werk zu Werk objektivierbar, der nicht durch die produzierenden und aufnehmenden Subjekte der Literatur vermittelt wäre.[28] Diese intersubjektive Vermittlung unterscheidet die Geschichtlichkeit der Literatur von der objektiven Tatsächlichkeit der pragmatischen Geschichte. Der Unterschied verringert sich aber, wenn man Droysens Kritik am Dogma der ›objektiven Tatsachen‹ folgt und erkennt, daß die diffuse Begebenheit *erst durch die Auffassung als zusammenhängender Vorgang, als ein Komplex von Ursache und Wirkung, von Zweck und Ausführung, kurz als Eine Tatsache begriffen und vereinigt* wird und daß dieselbe Begebenheit von dem *Gesichtspunkt der neuen Tatsache* oder späteren Standort des Betrachters aus wieder anders aufgefaßt werden kann.[29] Droysen gewann der geschichtlichen Tatsache damit wieder ihren Ereignischarakter zurück, der mit

26 Droysen selbst war noch in der Meinung befangen, daß in der Geschichte einer Literatur oder Kunst *die gesuchten objektiven Tatsachen uns unmittelbar vorliegen* (ib. p. 96).

27 Siehe dazu die Kritik der Literarhistorie von R. Barthes, *Literatur oder Geschichte*, Frankfurt 1969, p. 12.

28 Siehe oben, S. 171–173 (These VI.).

29 *Historik*, op. cit., p. 133, 167.

dem Ereignischarakter des Kunstwerks die Offenheit des Bedeutungshorizonts gemeinsam hat. Denn es ist nicht erst *das Recht der historischen Betrachtung*, sondern ein gleich ursprüngliches Recht der ästhetischen Deutung, die Werke oder *Tatsachen in dem Lichte der Bedeutsamkeit, die sie durch ihre Wirkungen gewonnen haben, aufzufassen.*[30] Die für das Verhältnis von Kunstgeschichte und Historie konstitutive Analogie liegt also im Ereignischarakter des Kunstwerks einerseits und der geschichtlichen Tatsache andererseits, den der objektivistische Wissensbegriff des Positivismus hier wie dort nivelliert hat.

Das Problem der Beziehungen und strukturellen Interferenzen von Kunstgeschichte und Historie bedarf danach einer erneuten Diskussion. Denn einerseits ist Droysens Kritik am Objektivismus der Historischen Schule zu entnehmen, welche von ihr selbst unerkannten fiktionalen Erzählformen und ästhetischen Kategorien der Stilgeschichte diese klassische Form der Geschichtsschreibung ermöglicht haben. Und andererseits ist zu fragen, ob Droysens Ereignisbegriff, der die Folgewirkung der Dinge wie auch den Gesichtspunkt des rückschauenden Betrachters einschließt, nicht selbst wieder das Paradigma des vergangenen Kunstwerks und seiner unabschließbaren Deutung voraussetzt.

IV.

Die Historik ist nicht eine Enzyklopädie der historischen Wissenschaften, nicht eine Philosophie (oder Theologie) der Geschichte, noch eine Physik der geschichtlichen Welt, am wenigsten eine Poetik für die Geschichtsschreibung. Sie muß sich die Aufgabe stellen, ein Organon des historischen Denkens und Forschens zu sein.[31] Droysens Historik ist in ihrem Ansatz primär hermeneutisch. Sie hat es darum nicht leicht, die Erwartung zu widerlegen, daß sie nur eine ›Poetik für die Geschichtsschreibung‹ in der Art von Gervinus' *Grundzüge der Historik* (1837) sei. Daß sie auch eine Philosophie (die Kon-

30 Ib., p. 91.
31 Droysen, *Historik*, op. cit., § 16 (im weiteren nur mit Seitenzahl oder § zitiert).

tinuität der fortschreitenden geschichtlichen *Arbeit)* und eine Theologie der Geschichte (den höchsten Zweck einer *Theodizee)* impliziert, tut ihrem Anspruch auf Eigenständigkeit weniger Abbruch als der Verdacht, daß die Historie eine Kunst und darum nicht zum Rang einer Wissenschaft zu erheben sei. Denn die quellenkritische Methode für sich allein, als ›Physik der geschichtlichen Welt‹, konnte der Historie diesen Rang nicht sichern. Trotz ihrer Triumphe feierte man – wie Droysen spöttisch bemerkt – *als den größten Historiker unserer Zeit denjenigen, der in seiner Darstellung dem Walter Scottschen Roman am nächsten stand* (p. 322). Droysens Polemik gegen Ranke und das Objektivitätsideal des Historismus zielt darum vor allem darauf, die Illusionen aufzudecken, die bei der scheinbar objektiven Erzählung von überlieferten Tatsachen mitgeführt werden.

Das erste ist die Illusion des vollständigen Verlaufs. Obschon jeder Historiker wisse, daß unser historisches Wissen immer unvollständig bleibt, erwecke die vorherrschende Form der Erzählung *die Illusion und will sie machen, als wenn wir von den geschichtlichen Dingen einen vollständigen Verlauf, eine in sich geschlossene Kette von Ereignissen, Motiven und Zwekken vor uns hätten* (p. 144). Die historische Erzählung macht sich das Gesetz der Fiktion zunutze, daß sich auch disparate Elemente einer Geschichte für den Leser in einen wachsenden Zusammenhang fügen und am Ende zu einem Bild des Ganzen zusammenschließen; soll dieser ästhetische Effekt vermieden und die Imagination an der Schließung der Lücken gehindert werden, so bedarf es besonderer Vorkehrungen, die der modernen Kunstprosa paradoxerweise geläufiger sind als der Historiographie.

Das zweite ist die Illusion des ersten Anfangs und definiten Endes. Hier hat Droysen mit einem für seine Zeit wohl seltenen Scharfblick die *falsche Doktrin der sog. organischen Entwicklung in der Geschichte* (p. 152) aufgedeckt und zurückgewiesen: *Es liegt völlig außer dem Bereich der historischen Forschung, zu einem Punkt zu gelangen, der in vollem und eminentem Sinn der Anfang, das unvermittelt Erste wäre* (p. 150). Und so wenig für die Geschichte gilt, *daß in dem Früheren alle Bedingungen für das Spätere vorhanden seien* (p. 151), so wenig schließen die Dinge in der Geschichte so definit, wie es Ranke in seiner Geschichte der Reformationszeit dargestellt hat, denn *das Gewordene trägt alle Elemente neuer Unruhe in sich* (p. 298). Gerade wenn die historische Erzählung genetisch verfährt und etwas von seinem Anfang her erklären will, verfällt sie erneut einem Gesetz der Fiktion, nämlich der aristotelischen Bestimmung der poetischen Fabel, die Anfang, Mitte und Ende haben muß, und zwar einen Anfang, der selbst nicht notwendigerweise auf ein anderes folgt, und ein Ende, nach dem es nichts anderes mehr gibt.

Das dritte ist die Illusion eines objektiven Bildes der Vergangenheit. Wer mit Ranke glaubt, der Geschichtsschreiber brauche nur von seinem interessierten Selbst abzusehen und seine Gegenwart vergessen zu lassen (p. 306), um eine Vergangenheit unverstellt zu erreichen, kann die Wahrheit der so zutage geförderten *Bilder aus der Vergangenheit oder Abbilder dessen, was längst dahin ist,* so wenig verbürgen wie die *Poeten und Romanschreiber* (p. 27). Selbst wenn eine Vergangenheit *in der vollständigen Breite ihrer einstigen Gegenwart festzustellen* wäre (p. 27), läge in den vergangenen Dingen selbst nicht schon jenes *Maß für das Wichtige und Bezeichnende* (p. 283), das erst die Reflexion auf den Gesichtspunkt, von dem aus sich ihre Fülle und Vielgestalt als ein relatives Ganzes darstellt, zu gewinnen vermag. *Objektiv ist nur das Gedankenlose*[32] – denn: *Nur scheinbar sprechen hier die ›Tatsachen‹ selbst, allein, ausschließlich, ›objektiv‹. Sie wären stumm ohne den Erzähler, der sie sprechen läßt* (§ 91).

Die epischen Fiktionen des vollständigen Verlaufs, des ersten Anfangs und definiten Endes und der sich selbst darbietenden Vergangenheit sind die Folgeerscheinung der von Droysen aufgedeckten Illusion des Historismus der Romantik, der Historiker brauche nur die reinen, aus seinen Quellen ermittelten Tatsachen wieder zu erzählen – *und die so gewonnene Illusion von überlieferten Tatsachen hat dann dafür gegolten, die Geschichte zu sein* (§ 360). Die aufblühende Historiographie des 19. Jahrhunderts, die den Kunstcharakter der Geschichtsschreibung zu leugnen suchte, um als Wissenschaft anerkannt zu werden, ist in dem Maße einer Fiktionalisierung ihres Gegenstandes anheim gefallen, als sie dem Prinzip folgte, der Historiker müsse sein Selbst auslöschen, damit die Geschichte sich

32 Variante des Manuskriptdrucks von 1858.

selbst erzählen könne. Die darin involvierte Poetik ist keine andere als die des gleichzeitig den Höhenkamm der Literatur einnehmenden historischen Romans. Diese neue Poetik der Geschichtserzählung ist indes durch die materielle Erschließung und poetisch-anekdotische Verlebendigung des Vergangenen, mit der die Romane Sir Walter Scotts die historische Neugier so ungleich besser zu befriedigen vermochten als die vorangegangene Geschichtsschreibung, noch nicht zureichend gekennzeichnet. Daß der Scottsche Roman die wissenschaftliche Historiographie zu einer individualisierenden Vergangenheitsdarstellung herausfordern konnte, zu der die Historie bisher nicht fähig war, lag auch an einem formalen Prinzip.

Was A. Thierry, Barantes und andere Historiker der Zwanziger Jahre an den Romanen Scotts so beeindruckte, war nicht allein die Suggestionskraft des historischen Details und Kolorits, die daraus entspringende individuelle Physiognomie einer vergangenen Epoche und die Perspektivik, in der statt der üblichen Staatsaktionen ein historisches Geschehen in verschiedenen Personenschichten verfolgbar wurde. Es war vor allem auch die neue Form des ›Dramas‹ – ein Ruhmestitel Scotts, bei dem die Zeitgenossen weniger an die dramatische Schürzung des Geschehens als an die noch ungewohnte dramatische Erzählform dachten: da der Erzähler des historischen Romans ganz im Hintergrund bleibe, könne die Geschichte selbst wie ein Schauspiel hervortreten und den Leser in die Illusion versetzen, daß er dem Drama der agierenden Personen selbst beiwohne. Damit sei der Leser nun aber auch in die Lage versetzt, selbst das Urteil und moralische Fazit zu ziehen, das ihm von räsonierenden Historikern wie Hume oder Robertson bisher immer vorweggenommen wurde.[33] Diese Analogien zwischen der Poetik des historischen Romans und dem Objektivitätsideal der gleichzeitigen Historiographie sprechen für sich selbst.[34] Sie treten hier wie dort auch in der dubiosen Rolle

33 A. Thierry: *Sur les trois grandes méthodes historiques en usage depuis le seizième siècle* (1820); De Barantes, *Préface de l'Histoire des Ducs de Bourgogne* (1824), und der anonyme Artikel: *De la nouvelle école historique* (1828); zitiert nach K. Massmann, *Die Rezeption des historischen Romans von Sir Walter Scott in Frankreich von 1816 bis 1832*, Heidelberg 1972, bes. p. 89.

34 Daß hier ein »Parallelismus der Zielsetzung« bestand, »der die Behauptung rechtfertigt, daß der historische Roman Scottscher Prägung der Idee

des explizit zurückgetretenen und doch auf Schritt und Tritt implizit vermittelnden oder urteilenden Erzählers zutage, die sich aus der Illusion einer unvermittelten Vergangenheitsdarstellung ergab. Mehr noch als der Romancier Scott, der seine Erzählerfunktionen an Romanpersonen delegieren oder perspektivisch verstecken kann, verrät sich der Geschichtsschreiber Ranke ständig durch posteriore Gesichtspunkte und ästhetische Ordnungskategorien, unter denen der Zeitgenosse die historische Begebenheit noch nicht hätte sehen können. Daß er den Faden zwischen der Epoche, *wie sie eigentlich gewesen*, und dem, *was aus ihr hervorging*, ostentativ durchschnitt, rächt sich in Rankes Vergangenheitsgeschichte vor allem dort, wo ein Moment des Urteils, der Auswahl, Motivation oder Ereignisverknüpfung an sich den späteren Standpunkt des Geschichtsschreibers voraussetzt, gleichwohl aber der Anschein erweckt werden muß, als ob die erst aus der Folgewirkung und Retrospektive ermöglichte Sicht schon die den vergangenen Dingen inhärente Ordnung gewesen sei. Solche Inkonsistenzen werden in Rankes Geschichtsschreibung durch die Illusion des in sich geschlossenen Verlaufs verdeckt, und zwar auf eine Weise, die nicht mehr an die Handlungsführung im Scottschen Roman, dafür aber an die Geschehnisabläufe in der stilgeschichtlichen Form der Kunstgeschichte denken läßt.

V.

Die These, daß Rankes Geschichtsschreibung durch ästhetische Kategorien bestimmt ist, die sich mit dem latenten Paradigma der Stilgeschichte fassen lassen, soll im folgenden durch eine Analyse der Epoche der englischen Kriege in Rankes *Französischer Geschichte* (Kap. I, 3; 1852/61) erläutert werden.[35] Stilgeschichte in der von Winckelmann geprägten Form kann durch das wendepunktartige Eintreten des Neuen (Stilwech-

nach imstande war, das Programm der schottischen Historikerschule vollkommener zu erfüllen als diese selbst«, zeigt auch E. Wolff, *Zwei Versionen des historischen Romans: Scotts ›Waverley‹ und Thackerays ›Henry Esmond‹*, in: *Lebende Antike, Symposion für R. Sühnel*, ed. H. Meller und H.-J. Zimmermann, Berlin 1967, p. 348–369 (bes. 357).

35 Ed. O. Vossler, Stuttgart 1954, p. 78–95 (im weiteren nur mit Seitenzahl zitiert).

sel)[36], die durchsichtige Diachronie gestufter Verläufe (z. B. vier Stufen der griechischen Kunst: *älterer, hoher, schöner Stil, Stil der Nachahmer)* und die Geschlossenheit der Perioden (Stile haben erste Anfänge und ein definites, durch den Erfolg des Neuen besiegeltes Ende) charakterisiert werden.
In Rankes Darstellung beginnt die Epoche der englischen Kriege gleich in mehrfacher Hinsicht mit einer radikalen Wendung zum Neuen. Auf Ludwig IX., das *Urbild aller religiösen Könige*, folgt aus demselben kapetingischen Stamm *zuletzt noch ein Charakter der anderen Art*, Philipp der Schöne, Vertreter einer spezifisch neuzeitlichen Machtpolitik (p. 78). Er *zuerst* wagte es, die von seinen Vorgängern gewahrten Grenzen zur Machtsphäre des deutschen Kaisertums *mit rücksichtslosem Ehrgeiz zu durchbrechen*, was Ranke mit dem Satz kommentiert: *er wußte oder fühlte, daß er im Bunde mit der Natur der Dinge war* (p. 78/79). Dieser Satz ist ein Musterbeispiel für eine erst retrospektiv mögliche narrative Aussage [von nun an abgekürzt: n. A.], die der Erzähler Ranke offensichtlich (... *oder fühlte*) der Person Philipps unterschiebt. Die Wendung zum Neuen wird sodann am Streit mit Papst Bonifazius VIII., am Abbruch der Kreuzzugspolitik und an der Vernichtung des Templerordens thematisiert. Im letzteren Fall will Ranke die Wahrheit der Anklagen gegen die Templer erst gar nicht mehr untersuchen, mit der Begründung: *es ist uns genug, den Wechsel der Ideen wahrzunehmen* (p. 79). Die Grenze zwischen dem Alten und dem Neuen kann danach in ihrer vollen, epochesetzenden Bedeutung benannt werden: *Die Zeiten, welche von den Ideen der allgemeinen Christenheit belebt wurden, waren vorüber* [n. A.]; *die Güter, deren Ertrag zur Wiedereroberung von Jerusalem dienen sollten, wurden eingezogen und in den Nutzen des Königsreiches verwandt.* [...] *Durch sein* (Philipps) *ganzes Dasein weht schon der schneidende Luftzug der neueren Geschichte* (n. A., p. 80). Geschichtliche Prozesse so allgemeiner Art, wie sie Ranke hier in den Blick genommen hat, pflegen in Wirklichkeit nicht an *einer*

36 Die Anfänge eines Stiles sind nach K. Badt (siehe unten, Anm. 87) »oft nicht tastend oder unvollkommen, sondern – wie Athene aus dem Haupte des Zeus – steht der neue Stil vollständig vor uns da, vielleicht ein wenig plump, aber doch vollständig und charakteristisch entwickelt« (p. 139).

Grenzlinie zwischen dem Alten (... *waren vorüber*) und dem Neuen (*weht schon* ...) einander abzulösen, sondern gehen unter mannigfachen Schichtungen, Überkreuzungen, Verspätungen und Verfrühungen ineinander über. Ranke setzt sich mit seiner erzählerisch und perspektivisch höchst wirkungsvollen Darstellung über die Heterogenität des Gleichzeitigen hinweg und gibt dem Moment des Neuen eine Funktion, die man ästhetisch nennen kann, weil hier der *Wechsel der Ideen* wie die Schöpfung eines neuen Stils ereignishaft aus einem ersten Anfang hervorgeht und die Wahrnehmung der Welt mit einem Mal verändert.

Ranke hat das politische Anfangsereignis dieser Epoche auf eine verräterische Weise stilisiert: *Kaum aber war dieser Standpunkt einer rücksichtslosen, isolierten, nur auf das Staatswesen von Frankreich selbst gerichteten Politik ergriffen, so trat ein Ereignis ein, durch welches das Land in eine allgemeine Verwirrung gestürzt und vollends auf sich verwiesen wurde* (n. A., p. 80/81). In der schwer datierbaren temporalen Fügung: *kaum aber war* ... *so trat* läßt Ranke insgeheim eine Teleologie walten, die im weiteren an der Verknüpfung und Stufung der Ereignisse bis hin zu der Formulierung eines Endergebnisses sichtbar wird: *Die Welt war erstaunt, als man die französischen Fahnen nicht allein in der Normandie wehen, sondern die Engländer auch aus dem hundertjährigen Besitze von Aquitanien weichen sah. Sie behielten nichts als Calais. Für die Besiegten vielleicht ein ebenso großes Glück wie für die Sieger; denn die Nationen* mußten *sich trennen, wenn eine jede sich nach ihren eigenen inneren Trieben entwickeln* sollte (n. A., p. 95). Wie die Entfaltung eines neuen Stils hat also auch die Geschichte der neuen Epoche ihr Telos, auf welches hin das Einzelne oder Zufällige sinnvoll und seine Verkettung durchsichtig wird. Durchsichtig wie die Folge der einen Stil repräsentierenden Werke, die mit jeder Veränderung an der Entfaltung des Stils Anteil haben und nur Veränderungen aufweisen, die für die Beschreibung dieses Stils zu Buche schlagen.

In Rankes Erzählstil wird die Einfügung des Heterogenen in den allgemeinen Zug der Dinge oft durch temporale Stufung und Harmonisierung bewerkstelligt. Heterogene Geschehnisstränge werden stufenweise (*Jahrhundertelang* ..., *Vorlängst*

. . ., *endlich* . . ., p. 79) herangeführt, um dann mit dem *»nun«* eines bedeutsamen Moments in die Hauptentwicklung einzutreten *(Und diese große Parteiung* nun *trat mit dem Erbfolgestreit in Beziehung*, p. 83). Oder es kann die Haupthandlung ein bislang verborgenes, heterogenes Geschehen mit einem bedeutungsstiftenden *vollends* erst eigentlich zum Vorschein bringen, um es sodann in den allgemeinen Prozeß einzubeziehen. So wird etwa die neue Macht der Städte erst *in der Stille vorbereitet*, dann *von allen in der Tiefe wirkenden Elementen unterstützt* und schließlich durch die englischen Kriege *vollends* entbunden (p. 82). Die temporale Fügung mit *vollends*, dem typischen *nun* (das nicht selten den Effekt eines ›gerade nun‹ hat) oder der Verknüpfung *schon . . . aber* (p. 86) spart chronologische Daten aus, deren Präzisierung oft schwer möglich wäre oder den harmonischen Ablauf stören müßte, und bringt die Kontingenz der Begebenheiten in eine reine Diachronie herausgehobener bedeutsamer Momente.

Die so idealisierte Zeitfolge beschreibt wie der Prozeß einer Stilgeschichte eine stetige Aufwärts- und Abwärtsbewegung, nur daß in diesem Fall die Ereigniskurve in umgekehrter Richtung verläuft, weil Ranke der Perspektive der verfallenden und sich wieder erhebenden königlichen Macht folgt. Dem Telos der Stilgeschichte entspricht der Moment, in dem alle heterogenen Bestrebungen vollständig homogenisiert sind: *Indem aber war der englische Krieg wieder ausgebrochen, und ein Moment trat ein, wo alle diese Fragen, so wenig sie ursprünglich miteinander gemein hatten, ineinander aufgingen* (p. 88). Die Idealität dieses Moments verrät sich wiederum daran, daß er offenbar mit keinem der Ereignisse dieser Phase (Azincourt, Vertrag von Troyes, Einzug Heinrichs V. in Paris) identisch ist, vielmehr den tiefsten Verfall der französischen Krone symbolisiert. Die Aufwärtsbewegung setzt mit dem Hinweis auf eine höhere Notwendigkeit ein: *doch hätte ihn* (den Dauphin) *sein Schwert [. . .] allein schwerlich gerettet; er* mußte *sich erst von der [. . .] Fraktion der Armagnacs trennen [. . .], wenn er wirklich König von Frankreich werden wollte* (p. 89). Wiederum fällt der *große und rettende Moment*, bei dem der Erzähler Ranke gerne verweilt (p. 90), mit keinem Ereignis konkret zusammen. Die Beschreibung der Aufwärtsbewegung homogenisiert die Ereignisse und Veränderungen, die dem Erstarken des Königtums zugute kommen und beläßt der Gegenpartei der Unterliegenden nur noch Momente des Verfalls. So kann sich die im Geschehen verborgene, vom Erzähler als Moment des Durchgangs vom einen zum andern sichtbar gemachte Idee in dem schon zitierten historischen Fazit der Epoche erfüllen – die Idee einer neuen, monarchischen Ordnung, mit der zugleich ein neuer Begriff der *sich nach ihren eigenen inneren Trieben entwickelnden* Nation aus der Taufe gehoben ist (p. 95). Der Geschichtsschreiber aber, der diese Epoche scheinbar so objektiv in ihrer geschlossenen historischen Individualität beschreibt, bleibt die Begründung für seine Auffassung und Erzählperspektive schuldig, die sich in seinem parti pris für die sich konsolidierende *feste Ordnung* der Monarchie (p. 94) und gegen die niedergedrückten Ideen der städtisch-popolaren und ständischen Bewegung verrät.

VI.

Wie das Darstellungsprinzip in Rankes Geschichtschreibung auf das latente Paradigma der Stilgeschichte zurückweist, so setzt andererseits Droysens Kritik an der erzählenden Darstellung und dem daraus gefolgerten Kunstcharakter der ›objektiven‹ Geschichtsschreibung eine Hermeneutik voraus, die im geschichtlichen Verständnis der Kunst vorgegeben war. Droysen sucht die *hergebrachte Ansicht [. . .], daß die einzige Art der historischen Darstellung die erzählende sei* (p. 254), sowohl durch die Unterscheidung nicht-erzählender Darstellungsformen (*die untersuchende, die didaktische* und die *diskursive)* als auch durch den Versuch einer Grenzziehung zwischen *künstlerischer* und *historischer* Erzählung zu erschüttern. Seine Feststellung, das von der Kunst Geschaffene sei *eine Totalität, ein in sich Vollkommenes* (p. 285), zielt auf den historischen Roman (*ein Bild, eine Photographie dessen, was einst gewesen ist,* p. 285) und trifft zugleich die Vergangenheitsgeschichte und Epochendarstellung des Historismus. Denn dahinter steht Droysens Hauptargument: *Das, was war, interessiert uns nicht darum, weil es war, sondern weil es in gewissem Sinn noch ist, indem es noch wirkt, weil es in dem ganzen Zusammenhang der Dinge steht, welche wir die geschichtliche, d. h. sittliche Welt, den sittlichen Kosmos nennen* (p. 275). Die erzählende Form der Geschichtsdarstellung entgeht dem Verdacht künstlerischer Fiktion nach Droysen erst dann, wenn sie als eine Mimesis des Werdens *unsere Auffassung bedeutender Geschehnisse von diesem Standpunkt aus* einschließt und reflektiert (p. 285). Gerade diese von Droysen als allein ›historisch‹ legitimierte Geschichtsdarstellung hat indes ihren Präzedenzfall im hermeneutischen Prozeß der Erfahrung und Wiederaneignung vergangener Kunst. Auch der Sinn eines Kunstwerks wird erst im Prozeß seiner fortschreitenden Rezeption erarbeitet; er ist keine mystische Ganzheit, die sich bei ihrer ersten Manifestation vollständig offenbart hätte.[37] Vergangene Kunst interessiert uns gleichermaßen nicht nur darum, weil sie war, sondern weil sie *in gewissem Sinn noch ist* und zu neuer Aneignung auffordert.

Droysens Polemik gegen das Erzählen läßt die Frage offen, wie die klassische Erzählform der Historiographie abgebaut und der wesentliche Gesichtspunkt der ihr entgegengesetzten didaktischen Form der Darstellung: *die ganze Fülle der Vergangenheit zur Aufklärung unserer Gegenwart und zu deren tieferem Verständnis zu verwenden* (p. 275), gleichwohl verwirklicht werden kann. Droysen scheint übersehen zu haben, daß auch die neugestellte Aufgabe, *das Werden dieser Gegenwart und ihres Gedankeninhalts aufzuweisen* (p. 275), wie jede *Mimesis des Werdens* sprachlich nicht ohne erzählende Verknüpfung, anders gesagt: nicht ohne die Form einer ›Geschichte‹ zu lösen ist. Das gilt schon für das einzelne Ereignis, wenn nach Droysen der Ereignischarakter einer historischen Tatsache – wie der Ereignischarakter eines Kunstwerks – durch den Horizont möglicher Bedeutung konstituiert ist, also erst durch die Auffassung späterer Betrachter oder Handelnder konkretisiert werden kann. Droysens neue Bestimmung der geschichtlichen Tatsache: *Was geschieht, wird erst durch die Auffassung als zusammenhängender Vorgang [...] kurz als Eine Tatsache*

37 Zu Droysen p. 285 wie auch zu A. C. Danto, *Analytical Philosophy of History*, Cambridge 1965, der übersieht, daß die Verschiedenheit des ›Ganzen‹ eines Kunstwerks zu dem nie vollständigen ›Ganzen der Geschichte‹ nur so lange besteht, als man das Kunstwerk nicht auch in der geschichtlichen Dimension seiner Rezeption sieht.

begriffen und vereinigt (p. 133/4) impliziert notwendig Erzählung, wenn die vergangene diffuse Begebenheit im Horizont einer gegenwärtigen Bedeutung als Ereignis erfaßt werden soll. Erzählung ist danach primär als Grundkategorie geschichtlicher Wahrnehmung und erst sekundär als Form der historischen Darstellung zu verstehen. Die Modalitäten erzählender Darstellung waren in der Geschichte der Historiographie einem Prozeß unterworfen, der sich durch Phasen fortschreitender Literarisierung, aber auch gegenläufiger ›Entliterarisierung‹ kennzeichnen ließe. Droysens Polemik gegen die *künstlerisch* geschlossene Erzählform des Historismus impliziert wieder eine entliterarisierte Form der Darstellung – eine Geschichtsschreibung der begrenzten, standortbewußten Perspektive und des offen gehaltenen Horizonts, wofür paradoxerweise gerade die Poetik der modernen Literatur Paradigmen anbieten könnte.

Diese Interferenz von Poetik und Historik kommt in der analytischen Geschichtsphilosophie von A. C. Danto wieder zum Vorschein. Dantos Prämisse ist: »our knowledge of the past is significantly limited by our ignorance of the future« (p. 16); er begründet die narrative Logik auf der Posteriorität ihrer Aussagen: »they give descriptions of events under which those events could not have been witnessed« (p. 61); historische Erklärung setzt »conceptual evidence« (p. 119)[38] und Erzählung voraus (»A narrative describes and explains at once«, p. 141); sie soll nicht etwa Vergangenes wiederherstellen, sondern mit seiner Hilfe »organize present experience« (p. 79). All dies liegt an sich ganz in der Konsequenz von Droysens Historik, obschon Danto nicht darauf Bezug nimmt. Die Interferenz der Poetik kommt dort ins Spiel, wo Danto die Rolle der Erzählung für die historische Erklärung behandelt und für die nicht erweisbaren ›historischen Gesetze‹ ein Äquivalent sucht (cap. X/XI). Er glaubt es in zeitlich geschlossenen

38 Dieses Vorverständnis, das Danto als ein »social inheritance« erklären will (p. 224, 242), wie überhaupt sein Versuch, für das Historische eine relative Gesetzmäßigkeit zu begründen, wäre durch Droysens Begriff der Analogien der historischen Erfahrung einleuchtender zu fassen, vgl. *Historik* p. 159: »*Was in der Natur der Sache gegeben sei, schöpften wir aus unserer anderweitigen Erfahrung und Kenntnis von analogen Verhältnissen, wie der Bildhauer, der einen alten Torso restauriert, diese leitende Analogie in dem konstanten Bau des menschlichen Körpers hat.*«

Einheiten (»temporal wholes«) gefunden zu haben, die er zunächst an der historischen Variabilität literarischer Formen erläutert (p. 226) und dann auf Bestimmungen zurückführt (p. 233 ff.), die im Grunde nur die klassisch aristotelischen Normen der epischen Fabel repristinieren. Soll die Erzählung als Form historischer Erklärung indes die Möglichkeit weiterer narrativer Aussagen über dasselbe Ereignis (p. 167) offenhalten, so müßte der geschlossene Horizont der klassischen Erzählform überstiegen und die Kontingenz der Geschichte gegen die epische Tendenz der ›Geschichten‹ zur Geltung gebracht werden.

»A story is an account, I shall say an explanation, of how the change from beginning to end took place« (p. 234): diese Grundbestimmung entspricht der aristotelischen Definition der Fabel (*ars poet.* 1450 b) um so mehr, als Danto zuvor schon *change* ganz im Sinne der Peripetie in der Tragödie (1450 a; 1452 a) dem bloßen Ereignis als eigentlichen Gegenstand historischer Erklärung substituiert hatte (p. 233). Damit gerät Danto in die schon von Droysen aufgedeckte Illusion des ersten Anfangs und definiten Endes; sie macht ihm gleich danach zu schaffen, wenn er bemerkt, aber als bloßes Problem der Kausalität schnell abtut, daß der ›Wechsel der Dinge‹ die Mitte einer immer weiter nach rückwärts wie nach vorwärts absteckbaren Geschichte sein könne (p. 240). Auch engt seine These: »that we are in fact referring to a change when we demand an explanation of some event« (p. 246), den Ereignisbegriff auf einen homogenen Wechsel ein und läßt außer acht, daß am Ereignis nicht allein die Veränderung vom Vorher zum Nachher, sondern auch seine Folgewirkung und retrospektive Bedeutung für den Betrachter oder Handelnden der Erklärung bedarf. Die Homogenisierung glaubt Danto durch die ihm selbstverständlich scheinende Forderung zu erreichen, daß die historische Erzählung ein sich gleich bleibendes Subjekt benötige und nur Details oder Episoden bringen dürfe, die der Erklärung dienen (p. 250). So hatte indes schon Aristoteles die epische Einheit der Fabel definiert (1451 a), damit aber auch die Überlegenheit der Dichtung, die es mit dem Möglichen oder Allgemeinen, über die Historie, die es nur mit dem Faktischen oder Besonderen zu tun habe, vor Augen geführt (1451 b). Soll die narrative Logik, die sich hier noch ganz im geschlossenen Kreis der klassischen Poetik bewegt, auch der Kontingenz der Geschichte gerecht werden, so könnte sie dem Paradigma des modernen Romans folgen, der – programmatisch seit Flaubert – die Teleologie der epischen Fabel abgebaut und Erzähltechniken entwickelt hat, um den offenen Horizont der Zukunft in die vergangene Geschichte wieder einzuführen, den allwissenden Erzähler durch standortbezogene Perspektiven zu ersetzen und die Illusion der Vollständigkeit durch überraschende, ›quereinlaufende‹ Details zu zerstören, die das uneinholbare Ganze der Geschichte am noch unerklärten Einzelnen bewußt machen.

Erzählung als Grundform geschichtlicher Wahrnehmung und historischer Erklärung kann durchaus in der von Danto herangezogenen Analogie zu der Grundform literarischer Gattungen und ihrer historischen Erscheinung gesehen werden. Es ist dann nur das substantialistische Mißverständnis abzuweisen, daß in einer Gattungsgeschichte die Vielfalt historischer Varianten einer invarianten Form gegenüberstehe, die als »historical law« alle erdenklichen historischen Gestalten einer Gattung subsumiere.[39] Die Geschichte der Kunstgattungen erweist vielmehr die Existenz von Formen, denen keine höhere Allgemeinheit eigen ist als die, die sich im Wandel ihrer geschichtlichen Erscheinung manifestiert.[40] Für die literarische Form oder Kunstgattung als historische Einheit gilt, was Droysen von der Individualität der Völker sagt: *»sie verwandeln sich in dem Maße, als sie Geschichte haben, und sie haben Geschichte in dem Maße, als sie sich verwandeln«* (p. 198). Dieser Satz weist auf die Grundanschauung der Geschichte in Droysens *Historik*, die *Kontinuität der fortschreitenden geschichtlichen Arbeit* (p. 29) oder – in Droysens Interpretation – auf die ἐπίδοσις εἰς αὐτό zurück, durch die sich nach Aristoteles (*De an.* II., 4.2) die Art des Menschen von dem sich nur gattungshaft reproduzierenden Tier unterscheidet. Es liegt auf der Hand, daß die Geschichte der Kunst in der historischen Erscheinung ihrer Formen den von Droysen gemeinten Begriff einer Kontinuität,

39 Das metrische Schema für sich allein genügt noch nicht, um die gattungshafte Form eines Sonettes zu bestimmen, wie Danto p. 256 offenbar annimmt.

40 Siehe dazu Vf., *Littérature médiévale et théorie des genres,* in: *Poétique, revue de théorie et d'analyse littéraires* 1 (1970), p. 79–101 (bes. p. 82).

in der jedes Frühere sich erweitert und ergänzt durch das Spätere (p. 12), auf eine ausgezeichnete Weise erfüllt. Wenn es im Begriff der *geschichtlichen Arbeit* liegt, *daß sie mit jedem neuen und individuellen Erscheinen ein Neues und Mehr schafft* (p. 9), entspricht dem die künstlerische Produktion in höherem Maße als andere Funktionen des geschichtlichen Lebens, die sich im Rahmen bleibender Institutionen langsamer und nicht immer so verändern, daß jede Veränderung *ein Neues und Mehr schafft*, wie es das Kunstwerk in der Tat mit jedem neuen und individuellen Erscheinen vermag. Die Analogie von geschichtlichem Ereignis und vergangenem Kunstwerk, die Droysens *Historik* voraussetzt, reicht also noch weiter. Die Geschichte der Kunst kann auch durch ihre Weise des *Fortschreitens* in der Zeit, die Kunstbetrachtung durch ihre fortwährende Vermittlung von vergangener und gegenwärtiger Kunst zum Paradigma für eine Historie werden, die das *Werden dieser Gegenwart* (p. 275) erkennbar machen soll. Die Kunstgeschichte kann diese Funktion aber erst gewinnen, wenn sie selbst das organologische Prinzip der Stilgeschichte überwindet und sich ineins damit vom Traditionalismus und seiner Metaphysik des überzeitlich Schönen freimacht. Diese Richtung hat ihr schon Droysen gewiesen, als er versuchte, die Geschichten der einzelnen Künste in das *Fortschreiten* der geschichtlichen Arbeit zurückzuholen, und als er die *noch erst in ihren Anfängen* steckende Kunstgeschichte seiner Gegenwart mit dem Satz herausforderte: *Die Idee der Schönheit wird in gleichem Maße fortschreiten wie die erkannte Schönheit der Ideen* (p. 230).

VII.

Die Konzeption einer Geschichte der Kunst, die auf den geschichtlichen Funktionen ihrer Produktion, Kommunikation und Rezeption aufbauen und an dem Prozeß der fortwährenden Vermittlung von vergangener und gegenwärtiger Kunst teilhaben soll, erfordert die kritische Absetzung von zwei entgegengesetzten Positionen. Denn sie provoziert nicht allein den historischen Objektivismus, der als ein bequemes Paradigma immer noch den normalen Fortgang philologischer Forschung gewährleistet, im Bereich der Literatur aber eine nur scheinbare Exaktheit erreichen kann, die ihm gerade bei den als Vorbild angesehenen natur- und sozialwissenschaftlichen Disziplinen kaum noch Achtung abnötigt. Sie provoziert auch die philologische Metaphysik der Tradition und mit ihr den Klassizismus eines Dichtungsverständnisses, das sich über die Geschichtlichkeit der Kunst hinwegsetzt, um der ›großen Dichtung‹ ein eigenes Verhältnis zur Wahrheit: *zeitlose Gegenwart* oder »selbstgenügsames Anwesen«[41], und eine wesenhaftere Geschichte: *Tradition* oder »Autorität des Überkommenen«[42] zuzuerkennen.

Der Traditionalismus, der sich an den ›ewigen Vorrat‹ und die verbürgte Klassizität der ›Meisterwerke‹ hält und sich damit den Anblick einer »Sonntagsstraße der Literaturgeschichte« verschafft[43], kann sich auf eine säkulare Erfahrung der schönen Künste berufen. Denn es hat *kein Mensch vor Aristoteles daran gedacht, daß die dramatische Poesie eine Geschichte habe; bis gegen die Mitte unseres Jahrhunderts ist es niemand eingefallen, von einer Geschichte der Musik zu sprechen,* wie Droysen in seiner *Historik* (1857) bemerkt.[44] Daß auch das zeitlos Schöne der geschichtlichen Erfahrung unterworfen bleibt, durch den historischen Moment seiner Prägung, von dem das Kunstwerk noch etwas bewahrt, und durch den offenen Horizont seiner Bedeutung, die sich im nie endenden Prozeß seiner Interpretation erschließt, und daß die schönen Künste in dem Maße, als sie sich derart verwandeln, auch eine Geschichte haben, ist eine späte Erkenntnis, die der Sieg des Historismus keineswegs zur Selbstverständlichkeit erheben

41 M. Heidegger, *Der Ursprung des Kunstwerks*, in: *Holzwege*, Frankfurt 1950, p. 18; dementsprechend die Bestimmung des Klassischen bei H. G. Gadamer, *Wahrheit und Methode*, Tübingen 1960, p. 272: »[. . .] ein Bewußtsein des Bleibendseins, der unverlierbaren, von allen Zeitumständen unabhängigen Bedeutung [. . .] eine Art zeitloser Gegenwart, die für jede Gegenwart Gleichzeitigkeit bedeutet«; oder E. R. Curtius, *Europäische Literatur und lateinisches Mittelalter*, Bern 1948, p. 23: »Die ›zeitlose Gegenwart‹, die der Literatur wesensmäßig eignet, bedeutet, daß die Literatur der Vergangenheit in der jeweiligen Gegenwart stets mitwirksam sein kann.«

42 H. G. Gadamer, op. cit., p. 261 sqq.: *Die Rehabilitierung von Autorität und Tradition.*

43 W. Krauss, *Literaturgeschichte als geschichtlicher Auftrag*, in: *Sinn und Form* 2 (1950), p. 113.

44 Op. cit., p. 138.

konnte. Was Droysens Zeitgenosse Baudelaire 1859 als *théorie rationnelle et historique du beau* provokativ formuliert, am schockierenden Fall der Kleidermode erläutert und dem bürgerlich-banausischen Geschmack am ›Unvergänglichen‹ entgegengesetzt hat[45], wurde seit der *Querelle des Anciens et des Modernes* immer wieder als eine neue Herausforderung des klassizistischen Kunstverständnisses durch das aufgeklärte oder historische Bewußtsein empfunden.

Die Vorstellung von Tradition, auf welche dieser Kunstbegriff zurückgeht, ist – nach Theodor W. Adorno – aus naturwüchsigen Verhältnissen (Generationszusammenhang, handwerkliche Überlieferung) auf Geistiges übertragen.[46] Durch diese Übertragung erlangt das Vergangene eine richtungsweisende Verbindlichkeit und rücken die geistigen Schöpfungen in eine substantielle Kontinuität ein, die Geschichte um den Preis verwesentlicht, daß sie die Momente des Zuwiderlaufenden, revoltierend Neuen, nicht Erfolgreichen unterdrückt.[47] Dem Bild des Weitergebens *(tradere)* gemäß verkehrt sich hier der Prozeß geschichtlichen Handelns in eine Eigenbewegung unvergänglicher Substanzen oder in die Folgewirkung anfänglicher Normen. Auf die kürzeste Formel gebracht: »In Wahrheit gehört die Geschichte nicht uns, sondern wir gehören ihr.«[48]

Im Bereich der Kunst verrät sich die Verkehrung der geschichtlichen Praxis menschlichen Schaffens in ein wesenhaftes Überlieferungsgeschehen der Tradition an der hypostasierten Metapher vom *Nachleben der Antike.* Sie steht für ein historiographisches Modell ein, das im humanistischen Credo an die ›Nachahmung der Alten‹ sein ästhetisches Seitenstück hat und im Geschichtsablauf letztlich nur den ständigen Wechsel von Abfall und Rückwendung zu klassischen Vorbildern und blei-

45 In: *Le peintre de la vie moderne*, Paris 1951, p. 873–76.

46 *Thesen über Tradition*, in: *Insel Almanach auf das Jahr 1966*, p. 21–33.

47 Dazu Adorno, op. cit., p. 29: »[Hier] stößt man auf das wahrhafte Thema der Besinnung auf Tradition, das am Weg liegen Gebliebene, Vernachlässigte, Besiegte, das unter dem Namen des Veraltens sich zusammenfaßt. Dort sucht das Lebendige der Tradition Zuflucht, nicht im Bestand von Werken, die da der Zeit trotzen sollen«, und vor allem S. Kracauer, dessen Geschichtsphilosophie (*History: The last things before the Last*, New York 1969) in vieler Hinsicht das Verlangen rechtfertigt, »to undo the injurious work of tradition« (p. 7).

48 H. G. Gadamer, op. cit., p. 261.

benden Werten sieht. Tradition vermag sich indes nicht selbst zu tradieren. Sie setzt Rezeption voraus, wo immer eine ›Wirkung‹ des Vergangenen im Gegenwärtigen erkennbar wird. Auch die klassischen Vorbilder sind nur dort gegenwärtig, wo sie rezipiert werden: wenn unter Tradition der geschichtliche Prozeß künstlerischer Praxis verstanden werden soll, so ist dieser als eine Bewegung zu denken, die beim Rezipierenden beginnt, Vergangenes ergreift, heranholt und das so in Gegenwart Übersetzte oder ›Tradierte‹ in das neue Licht gegenwärtiger Bedeutung rückt.

Mit der Illusion der selbsttätigen Tradition wird auch der ästhetische Dogmatismus hinfällig – der Glaube an den ›objektiven‹, im ursprünglichen Werk ein für allemal offenbarten Sinn, den der Interpret jederzeit restituieren könne, wenn er nur – seinen geschichtlichen Standort negierend – unbefangen sich in die ursprüngliche Intention des Werkes zurückversetze. Doch Sinn und Form eines traditionsbildenden Werkes sind nicht unveränderliche Größen oder wesenhafte Erscheinungen eines von seiner Wahrnehmung in Zeit und Geschichte unabhängigen ästhetischen Objekts: sein Bedeutungspotential wird erst progressiv, im fortschreitenden Horizontwandel der ästhetischen Erfahrung, und nur dialogisch, in der Interaktion von literarischem Werk und literarischer Öffentlichkeit, sichtbar und bestimmbar. Die traditionsstiftende Potenz eines klassischen Werks ist für die Zeitgenossen seines Erscheinens nur im beschränkten Horizont seiner ersten »Konkretisation« erkennbar.[49] Erst in dem Maße, als dieser Bedeutungshorizont mit der nächsten und jeder weiteren geschichtlichen Konkretisation verändert und erweitert wird, legitimiert die Rezeption des Werks bestimmte Möglichkeiten des Verstehens, Nachahmens, Umbildens und Fortsetzens, kurzum Strukturen der Vorbildlichkeit, die den Prozeß der literarischen Traditionsbildung bedingen.

Will man diesen diskontinuierlichen Prozeß einer aktiven, normsetzenden und wieder verändernden Reproduktion des Vergangenen im Bereich der Kunst noch ›Tradition‹ nennen, so ist mit dem platonisierenden Kunstbegriff auch die substantialistische Geschichtsvorstellung eines ›Überlieferungsgeschehens‹ abzubauen. So gewiß das rezipierende Bewußtsein

49 Zu diesem Begriff, den ich von F. Vodička übernehme, siehe unten S. 247 f.

immer schon in Überlieferungen steht und ihm damit Bedingungen seines Verstehens vorgezeichnet sind, so gewiß darf andererseits das Überlieferte nicht wiederum mit Prädikaten eines Eigenlebens ausgestattet werden, die ohne den aktiven Anteil des rezipierenden Verstehens nicht zu denken sind. Es ist darum ein substantialistischer Rückfall der historischen Hermeneutik H. G. Gadamers, wenn dort – offenbar einer bestimmten Vorentscheidung für das Klassische zuliebe – dem überlieferten Text (gleichviel ob es sich um ein Kunstwerk oder ein historisches Zeugnis handelt) per se zugemutet wird, »daß er eine Frage an den Interpreten stellt. Auslegung enthält insofern stets den Wesensbezug auf die Frage, die einem gestellt ist. Einen Text verstehen, heißt die Frage verstehen.«[50] Ein vergangener Text vermag jedoch nicht von sich aus über die Zeiten hinweg an uns oder Späterkommende eine Frage zu stellen, die der Interpret nicht erst einmal von der Antwort aus, die der Text überliefert oder zu enthalten scheint, für uns erschließen oder neu formulieren müßte. Literarische Tradition ist eine Dialektik von Frage und Antwort, die stets, obschon oft uneingestandenermaßen, von der gegenwärtigen Position aus in Gang gehalten wird. Ein vergangener Text überlebt in der geschichtlichen Überlieferung nicht dank alter Fragen, die durch Tradition aufbewahrt und für alle Zeit, also auch an uns, auf die gleiche Weise gestellt wären. Denn ob uns eine alte oder vermeintlich zeitlose Frage noch oder wieder angeht, während uns unabsehbar viele andere Fragen gleichgültig lassen, entscheidet letztlich immer erst ein Interesse, das der gegenwärtigen Situation entspringt oder sich kritisch, oder auch bewahrend, ihr entgegenstellt.

W. Benjamin gelangte in seiner Kritik am Historismus zu einer analogen Vorstellung von geschichtlicher Tradition: »Die Erfahrung mit der Geschichte ins Werk zu setzen, die für jede Gegenwart eine ursprüngliche ist – das ist die Aufgabe des historischen Materialismus. Er wendet sich an ein Bewußtsein der Gegenwart, welches das Kontinuum der Geschichte aufsprengt.«[51] Warum diese Aufgabe gerade und allein dem historischen Materialisten zufallen soll, bleibt in diesem Essay

50 *Wahrheit und Methode*, l. c., p. 351–355.
51 *Edward Fuchs, der Sammler und Historiker*, in: *Angelus Novus*, Frankfurt 1966, p. 304.

unklar. Denn ein historischer Materialist muß ja doch wohl noch an eine »dinghafte geschichtliche Kontinuität« glauben, wenn er sich mit Benjamin zu Engels Brief an Mehring (vom 14. Juli 1893) bekennt. Wer mit Engels die scheinbaren Siege des Gedankens als »Gedankenreflexe veränderter ökonomischer Tatsachen« erklären will, kann auch dem Bewußtsein nicht die Leistung zusprechen, »das Kontinuum der Geschichte aufzusprengen«. Er darf nach dem materialistischen Dogma gar kein Bewußtsein der Gegenwart ansetzen, das nicht vorgängig von veränderten ökonomischen Tatsachen, mithin von der dinghaften geschichtlichen Kontinuität bedingt ist, welche es paradoxerweise aufsprengen soll. Der berühmte »Tigersprung ins Vergangene« *(Geschichtsphilosophische Thesen,* XIV) setzt ineins über den historischen Materialismus hinweg: Benjamins antitraditionalistische Theorie der Rezeption hat diesen im Fuchs-Essay schon hinter sich gebracht, bevor er es selbst bemerkte.

VIII.

Der klassizistische Begriff der Kunst als Geschichte der schöpferischen Geister und zeitüberdauernden Gipfelwerke wie auch sein positivistisches Zerrbild, die monographische, in unzählige Geschichten von ›Mensch und Werk‹ verstreute Literarhistorie ist seit den 50iger Jahren auch Gegenstand einer im Namen der strukturalen Methode geführten Kritik. Sie ging im angloamerikanischen Bereich von der archetypischen Literaturtheorie Northrop Fryes, in Frankreich vom anthropologischen Strukturalismus Claude Lévi-Strauss' aus, zielte auf die herrschende elitäre Vorstellung von Kultur und Kunstcharakter, setzte dem ein neues Interesse an primitiver Kunst, Folklore und Subliteratur entgegen und forderte den methodischen Schritt vom individuellen Werk zur Literatur als System.[52] Für N. Frye ist Literatur eine »Ordnung von Worten«, nicht

52 Siehe dazu die detaillierte Kritik von G. Hartman, *Toward Literary History,* in: *Daedalus,* spring 1970, pp. 355–383; ferner C. Segre, *I segni e la critica,* Torino 1969, der auch die Ansprüche der semasiologischen Literaturtheorie einer fundierten Kritik unterzieht.

eine »Ansammlung von Werken«: »Die Gesamtheit der Literaturgeschichte deutet die Möglichkeit an, die Literatur als eine Verflechtung von relativ begrenzten und einfachen Formeln aufzufassen, die sich in primitiven Kulturen untersuchen lassen.«[53] Zwischen der Struktur primitiver Mythen und den Formen oder Figuren der späteren Literatur und Kunst vermitteln Archetypen oder »communicable symbols«. Die historische Dimension der Literatur tritt hinter der Allgegenwart oder Übertragbarkeit dieser Formeln, die sich mit den literarischen Aussageweisen im Stufengang vom Mythos zur Mimesis offenbar von selbst abwandeln, weit zurück; sie wird erst dort wieder sichtbar, wo Frye zu guter Letzt dem Mythos eine gegenüber dem Ritual emanzipatorische Funktion zuspricht, um der Kunst mit Mathew Arnold die Aufgabe einer Beseitigung der Klassen stellen und sie an der »Vision des Ziels aller gesellschaftlichen Leistung«, der Idee einer freien Gesellschaft beteiligen zu können.[54]

Die Kluft zwischen Struktur und Ereignis, synchronem System und Geschichte wird bei Lévi-Strauss absolut, der hinter den Mythen allein noch die Tiefenstruktur des geschlossenen synchronen Systems einer funktionalen Logik sucht. Für den latenten Rousseauismus dieser Theorie ist das Kapitel *Du mythe au roman* in *L'Origine des manières de table* kennzeichnend.[55] Wo in der strukturalen Analyse der Indianermythen, denen in einem Atem eine »liberté d'invention« zugesprochen und wieder abgesprochen wird (»nous pouvons au moins démontrer la nécessité de cette liberté«, 104), ein geschichtlicher Prozeß wie die Entwicklung vom Mythos zum Roman auftaucht, erscheint er sogleich als unumkehrbare Degradation im allgemeinen »débâcle« der Geschichte (p. 105/6). In der abfallenden Bewegung vom Wirklichen über das Symbolische zum Imaginären degradieren die Strukturen der Opposition in solche der Wiederholung. Lévi-Strauss fühlt sich dabei an den Feuilletonroman erinnert, der gleichermaßen von der denaturierten Wiederholung originaler Werke lebe und wie der »mythe à tiroir« einer kurzen Periodizität und damit denselben »contraintes

53 Northrop Frye, *Anatomy of Criticism*, (1957), zitiert nach der deutschen Ausgabe von E. Lohner und H. Clewig, Stuttgart 1964, p. 23.
54 Op. cit., p. 343–47.
55 Paris 1968, (*Mythologiques*, III), p. 69–106.

formelles« unterworfen sei. Dieser Neuauflage der alten Theorie vom ›gesunkenen Kulturgut‹ (oder nunmehr: ›Naturgut‹) widerspricht indes das Faktum, daß der Feuilletonroman im 19. Jahrhundert nicht der »état dernier de la dégradation du genre romanesque«, sondern gerade umgekehrt der Ausgangspunkt des großen, ›originalen‹ Romans vom Typ Balzacs und Dostojewskis gewesen ist, ganz davon zu schweigen, daß der Feuilletonroman vom Typ der *Mystères de Paris* eine neue Mythologie der großstädtischen Zivilisation entfaltet, die sich in die Verfallskurve der »exténuation du mythe« nicht einfügen läßt. Am Ende wird diese Verfallskurve Lévi-Strauss unter der Hand selbst noch zum neuen Mythos, wenn er im moralischen Ausgang der Feuilletonromane ein Äquivalent für die geschlossene Struktur des Mythos findet, »par lequel une société qui se livre à l'histoire croit pouvoir remplacer l'ordre logico-naturel qu'elle a abandonné, à moins qu'elle-même n'ait été abandonnée par lui« (p. 106). Geschichte als Abfall der Gesellschaft von der im »ordre logico-naturel« personifizierten Natur, wofern nicht die Natur selbst (Heideggers ›Kehre‹ vergleichbar) sich vom Menschen abwandte: damit hat der Heidegger'sche Mythos von der Seinsvergessenheit ein ihm würdiges panstrukturalistisches Seitenstück erhalten!

Da für Lévi-Strauss jede Form der Kunst durch ihre Funktion im sekundären Bezugssystem der Gesellschaft vollständig erklärt, jeder Akt der Rede auf die Kombinatorik eines primären Zeichensystems reduziert, alle Bedeutung und Individuation in ein anonymes System ohne Subjekt aufgelöst und damit die Priorität einer naturhaften Ordnung über jeden geschichtlichen Prozeß hergestellt ist, kann man mit Paul Ricœur erwarten, daß das Paradigma des anthropologischen Strukturalismus erst dann für die Methodik der Kunst- und Literaturwissenschaft fruchtbar wird, wenn diese mit den Ergebnissen der strukturalen Analyse zugleich das neu aufnimmt und zurückgewinnt, was jene dogmatisch ausschließen will: »une production dialectique, qui fasse advenir le système comme acte et la structure comme événement«[56].

56 *La structure, le mot, l'événement,* in: *Esprit,* 35 (1967) pp. 801–821, bes. 808; auf diese fundamentale Kritik, die hermeneutische Ansätze zur Überwindung des strukturalistischen Dogmatismus entwickelt, sei im besonderen verwiesen.

Ein Ansatz zur Überwindung der Kluft zwischen Struktur und Ereignis zeichnet sich bereits in der Literaturtheorie Roland Barthes ab, der in Frankreich der Kritik am ›lansonistischen System‹ der universitären Literarhistorie die Bahn gebrochen und als erster gezeigt hat, was die strukturale Analyse eines literarischen Werks zu leisten vermag. Seine Racine-Deutung geht hinter die historische Erklärung und naive Psychologie der literarischen Schöpfung zurück, um eine Art von strukturaler Anthropologie der klassischen Tragödie zu erstellen. Dabei wird das archaische System der Figuren in einen überraschend reichen Kontext von Funktionen gerückt und dieser von den drei Dimensionen der Topographie bis hin zur Metaphysik und umgekehrten Erlösungstheologie des Racineschen Helden in einem Bedeutungshorizont erschlossen, der das geschichtliche Verständnis zugleich provoziert und erweitert.[57] Die in *L'homme racinien* ausgesparte Frage, was die Literatur für Racine und seine Zeitgenossen bedeutet hat, ist für R. Barthes eine der Aufgaben, die die Literarhistorie erst durch eine radikale Konversion lösen könne, »analog jener, die den Übergang von den Königschroniken zur eigentlichen Geschichte ermöglicht hat«. Denn die Literaturgeschichte kann sich »nur auf die Ebene der literarischen Funktionen (Produktion, Kommunikation, Konsumtion) begeben, nicht aber auf die der Individuen, die diese Funktion ausgeübt haben«.[58] Literaturgeschichte unter wissenschaftlichem Anspruch wäre demnach nur soziologisch, als eine Geschichte der literarischen Institution möglich, während die andere Seite der Literatur: die individuelle Beziehung von Autor und Werk, Werk und Deutung, der Subjektivität der Kritik überlassen bliebe, von der R. Barthes mit Recht fordern kann, sie müsse sich zu ihren Vorentscheidungen bekennen, wenn sie ihre historische Legitimation erweisen wolle.[59] Damit stellt sich aber die Frage, ob die so legitimierte Subjektivität oder Reihe der Deutungen eines Werkes nicht selbst wieder durch die Geschichte ›institutionalisiert‹ wird, also auch in ihrer geschichtlichen Folge ein System bilden kann,

57 *Sur Racine*, Paris ³1963, vgl. besonders p. 17: *Les trois espaces extérieurs: mort, fuite, événement* und p. 54: *La faute* (*La théologie racinienne est une rédemption inversée: c'est l'homme qui rachète Dieu, p. 55*).

58 Ibd., p. 156 (zitiert nach der deutschen Ausgabe: *Literatur oder Geschichte*, Frankfurt 1969, p. 22).

59 *Literatur oder Geschichte*, op. cit., p. 34/35.

und wie andererseits die Struktur eines Werkes zu denken ist, das entgegen dem strukturalistischen Axiom der Geschlossenheit für eine prinzipiell nicht abschließbare Deutung transparent bleibt, ja gerade in dieser Offenheit und Angewiesenheit auf Rezeption seinen spezifischen Kunstcharakter hat.

R. Barthes hat sich die erste Frage nicht gestellt, die zweite aber zum wechselseitigen Ärgernis der positivistischen und der strukturalistischen Dogmatiker[60] wie folgt beantwortet: »Ecrire, c'est ébranler le sens du monde, y disposer une interrogation indirecte, à laquelle l'écrivain, par un dernier suspens, s'abstient de répondre. La réponse, c'est chacun de nous qui la donne, y apportant son histoire, son langage, sa liberté; mais comme histoire, langage et liberté changent infiniment, la réponse du monde à l'écrivain est infinie: on ne cesse jamais de répondre à ce qui a été écrit hors de toute réponse: affirmés, puis mis en rivalité, puis remplacés, les sens passent, la question demeure.«[61] Hier wird die offene Struktur des literarischen Werks schon in der offenen Beziehung von Sinn, Frage und Antwort gesehen, aber noch um den Preis erkauft, daß zwischen dem vergangenen Werk und seiner fortschreitenden Deutung ein Hiatus der subjektiven Willkür aufklafft, den erst die geschichtliche Vermittlung von Frage und Antwort zu schließen vermag. Denn die indirekte Frage, die in der Tat unser gegenwärtiges Interesse an dem vergangenen Werk erst zu erwecken vermag, kann nur über die Antwort gewonnen werden, die das ästhetische Objekt in seiner jetzigen Konkretisation für uns bereit hält oder zu halten scheint. Literarische Werke unterscheiden sich von Texten mit rein historischem Zeugniswert gerade dadurch, daß sie ihren Charakter als Zeugnis einer bestimmten Zeit überschießen und in dem Maße ›sprechend‹ bleiben, wie sie als versuchte Antwort auf formale oder inhalt-

60 Siehe dazu die von G. Schiwy, *Der französische Strukturalismus*, Hamburg 1969, zitierten Äußerungen von R. Picard (p. 67) und C. Lévi-Strauss (p. 71).

61 *Sur Racine*, Paris ²1963, p. 11; vgl. *Literatur oder Geschichte*, op. cit., p. 106: »in der Literatur, die eine Ordnung der Konnotation ist, gibt es keine *reine* Frage; eine Frage ist immer nur ihre eigene verstreute Antwort, die aufgeteilt ist in Fragmente, zwischen denen die Bedeutung aufschießt und zugleich entflieht«. Diese neue Akzentuierung des Problems impliziert an sich schon den von Barthes nicht gesehenen Antwortcharakter des Textes, an den die Rezeption primär anknüpft.

liche Probleme über die stumm gewordenen Relikte der Vergangenheit hinausragen.[62]

Wenn der literarische Text primär als Antwort aufgenommen wird oder der spätere Leser zunächst eine überlieferte Antwort in ihm sucht, setzt dies mitnichten voraus, daß der Autor selbst eine ausdrückliche Antwort in seinem Werk formuliert haben muß. Der für die geschichtliche Vermittlung von vergangenem Werk und späterem Verständnis konstitutive Antwortcharakter des Textes ist eine Modalität seiner schon von der Rezeption aus gesehenen Struktur, nicht also ein invarianter Wert des Werkes selbst. Die vom späteren Leser erwartete Antwort oder Bedeutung kann im ursprünglichen Werk ambivalent geblieben oder überhaupt unbestimmt belassen worden sein. Am Maß der Unbestimmtheit kann – wie W. Iser zeigte – geradezu der ästhetische Wirkungsgrad und damit der Kunstcharakter eines Werkes bestimmt werden.[63] Aber auch noch der Extremfall der offenen Struktur fiktionaler Texte, deren Unbestimmtheitsquantum auf die zuschießende Imagination eines aktiven Lesers angelegt ist, zeigt bei jeder neuen Rezeption, wie diese an eine erwartete oder vorgegebene Bedeutung anknüpft, deren Erfüllung oder Nichterfüllung die implizierte Frage auslöst und den neuen Prozeß des Verstehens in Gang bringt. Dieser Vorgang tritt in der Deutungsgeschichte großer Werke am klarsten zutage, wenn sich der neue Interpret mit der überkommenen Antwort oder vor ihm geltenden Bedeutung nicht mehr begnügt und die implizierte oder hinterlassene Frage neu zu beantworten sucht. Dabei ermöglicht die offene, durch Unbestimmtheit charakterisierte Struktur die immer wieder neue Interpretation, während andererseits die geschichtliche Vermittlung im Bedingungshorizont von Frage und Antwort die bloße Willkür der Deutungen begrenzt.

Gleichviel ob die überkommene Antwort eines Textes vom Autor selbst ausdrücklich, ambivalent oder unbestimmt abgefaßt wurde oder ob sie eine Bedeutung des Werkes ist, die ihm

62 Daraus entspringt die größere Resistenz des Kunstcharakters gegen die Zeit – jene von R. Barthes nicht mehr erklärte »paradoxe Natur« des Werkes; »es ist Zeichen für die Geschichte und zugleich Widerstand gegen sie« (op. cit., p. 13).

63 *Die Appellstruktur der Texte: Unbestimmtheit als Wirkungsbedingung literarischer Prosa*, Konstanz 1970 (*Konstanzer Universitätsreden*, ed. G. Hess, H. 28).

erst in seiner Rezeption gegeben wurde – die mit der Antwort des Kunstwerks implizierte Frage, auf die nach R. Barthes jede Gegenwart wieder ihre eigene Antwort geben soll, ist im veränderten Horizont der ästhetischen Erfahrung nicht mehr die mit dem vergangenen Text ursprünglich so gestellte, sondern Ergebnis einer Interferenz zwischen Gegenwart und Vergangenheit.[64] Die Frage, unter der uns das Kunstwerk der Vergangenheit noch oder wieder betrifft, ist notwendig implizit, weil sie den aktiven Prozeß eines Verstehens voraussetzt, das erst die überkommene Antwort prüfen, überzeugend oder unbefriedigend finden, abtun oder in neuem Licht sehen muß, um die für uns implizierte Frage zu entdecken. In der geschichtlichen Überlieferung der Kunst überdauert ein vergangenes Werk weder durch ewige Fragen noch durch bleibende Antworten, sondern durch das mehr oder weniger offene Spannungsverhältnis zwischen Frage und Antwort, Problem und Lösung, das ein neues Verstehen herausfordern und die Wiederaufnahme des Dialogs von der Gegenwart zur Vergangenheit implizieren kann.

Die Analyse der traditionsbildenden Dialektik von Frage und Antwort in der Geschichte von Literatur und Kunst ist eine Aufgabe, die von der Literaturwissenschaft noch kaum in Angriff genommen ist. Sie geht über die semiologische Konzeption einer neuen Wissenschaft von der Literatur hinaus, die R. Barthes in einem allzu engen Rahmen sieht: »Es wird keine Wissenschaft der Inhalte sein können (die allein dem Zugriff der strengsten historischen Wissenschaft unterliegen), sondern eine Wissenschaft von den Bedingungen des Inhalts, das heißt der Formen: was sie interessieren wird, sind die Variationen der in den Werken angelegten und gewissermaßen anlegbaren Bedeutungen«[65]. Die immer wieder erneuerte Interpretation ist indes mehr als eine in die Freiheit des Interpreten gestellte Antwort, weil auch die literarische Tradition mehr ist als eine variable Reihe von subjektiven Projektionen oder »erfüllten

64 Diese Interferenz hat H. G. Gadamer als »Horizontverschmelzung« beschrieben (op. cit., p. 289 sq., 356). Aus dieser Beschreibung, mit der ich übereinstimme, folgt m. E. die Umkehrung des Verhältnisses von Frage und Antwort nicht zwingend, die Gadamer p. 351–56 vollzieht, um dem »Überlieferungsgeschehen« den Vorrang über Verstehen als »produktives Verhalten« (p. 280) zu sichern.

65 *Kritik und Wahrheit*, Frankfurt 1967, p. 68.

Bedeutungen« über einer bloßen Matrix oder »leeren Bedeutung« der Werke, »die alle jene trägt«.[66] Nicht allein die formale Konstitution und Variabilität der in den Werken anlegbaren Bedeutungen ist nach den linguistischen Regeln des Symbols beschreibbar. Auch die inhaltliche Seite, das Nacheinander der Bedeutungen in ihrer geschichtlichen Erscheinung hat eine Logik: die von Frage und Antwort, mit der sich die akzeptierten Bedeutungen als ein traditionsbildender Zusammenhang beschreiben lassen; sie hat auch ein Gegenstück zu der allen Transformationen vorausliegenden Sprach- oder ›Literaturfähigkeit‹[67]: die anfängliche Bedeutung oder Problemstruktur des Werks, durch die als ihr inhaltliches Apriori alle später erfüllten Bedeutungen bedingt sind und vor der als ihrer ersten Instanz sie sich ausweisen müssen.. Die Literaturwissenschaft wird darum durchaus auch eine Wissenschaft der Inhalte sein können. Sie wird es werden müssen, weil ihr die Geschichtswissenschaft die Aufgabe nicht abnehmen kann, die Kluft wieder zu schließen, die R. Barthes zwischen Autor und Leser, Leser und Kritiker, Kritiker und Historiker und mit alledem zwischen den Funktionen der Literatur (Produktion, Kommunikation, Konsumtion) aus methodischem Rigorismus wieder vertieft hat.[68] Eine neue Wissenschaft von der Literatur wird gerade dann aufhören, für die Historie nur mehr eine Hilfswissenschaft zu sein, wenn sie das Privileg ihrer für uns noch sprechenden Quellen und ihrer prozeßhaft sichtbaren Vermittlung von Rezeption und Tradition dazu ausnutzt, den Schritt von der alten ›Verlaufsgeschichte‹ zu einer neuen ›Strukturgeschichte‹ zu versuchen, um den sich die Geschichtswissenschaft derzeit auch bemüht.

66 Ib., p. 68.
67 Ib., p. 70.
68 Ib., p. 88–91. In *Literatur oder Geschichte* wird die programmierte ›Literaturgeschichte ohne Individuum‹ als eine Geschichte der literarischen Institution verstanden, bei der die Vermittlung zwischen Produktion, Kommunikation und Konsumtion ganz offen bleibt und R. Barthes am Ende gestehen muß, daß das Ergebnis dieser Reduktion »einfach Geschichte«, also nicht mehr für die Geschichtlichkeit von Kunst spezifisch sei (p. 22/3).

IX.

Wie kann die Geschichte von Kunst und Literatur dazu beitragen, die Kluft zwischen strukturaler Methode und historischer Hermeneutik zu überwinden? Diese Fragestellung ist heute verschiedenen Ansätzen zu einer Theorie der Literatur gemeinsam, die – wie mein eigener Versuch[69] – die Destruktion der Literarhistorie in ihrer monographischen oder ›epischen‹ Tradition für notwendig halten, um ein neues Interesse der historischen Erkenntnis an der Geschichte und Geschichtlichkeit der Literatur begründen zu können. Das gilt vor allem für die französische *Nouvelle Critique* und für den Prager Strukturalismus[70], deren Position hier wenigstens in einigen bahnbrechenden Arbeiten referiert werden soll.

Für die ›Nouvelle Critique‹ kann G. Genette als repräsentativ gelten. Er zeigt in seinem programmatischen Aufsatz *Structuralisme et critique littéraire* (1966)[71] verschiedene Wege, wie sich die literarische Kritik strukturaler Beschreibung bedienen und die der Stilistik schon geläufige Analyse immanenter Strukturen zur strukturalen Synthese vervollständigen könne. Der Gegensatz von intersubjektiver oder hermeneutischer und von strukturaler Analyse erfordere keine Teilung der Literatur in die zwei Bereiche der mythographischen oder Subliteratur

69 *Literaturgeschichte als Provokation der Literaturwissenschaft*, Konstanz 1967 (vierte Abhandlung dieser Schrift).

70 Was ich zum letzteren referieren kann, verdanke ich dem Hinweis von Jurij Striedter und der Forschungsgruppe für strukturale Sprach- und Literaturwissenschaft der Universität Konstanz, die eine ausführliche Darstellung und deutsche Edition der wichtigsten Texte des Prager Strukturalismus für die Reihe *Theorie und Geschichte der Literatur und der Schönen Künste* des Verlags W. P. Fink/München vorbereiten und mir ermöglicht haben, in diesem Kapitel aus einer noch unveröffentlichten Übersetzung des Buches *Struktura vývoje* von F. Vodička zu zitieren. Der semiotisch begründete Strukturalismus der sowjetischen Literaturwissenschaft scheint sich noch nicht mit dem Problem einer strukturalen Geschichte der Literatur, wohl aber mit der Strukturanalyse literarischer Gattungen zu befassen. Darüber unterrichtet K. Eimermacher, *Entwicklung, Charakter und Probleme des sowjetischen Strukturalismus in der Literaturwissenschaft*, in: *Sprache im technischen Zeitalter*, 30 (1969), p. 126–157. Führend sind die Arbeiten von Jurij Lotman, dessen *Vorlesungen zur strukturalistischen Poetik* (Tartu 1964) demnächst in deutscher Übersetzung vom Verlag W. P. Fink/München herausgebracht werden.

71 In der Essay-Sammlung *Figures*, Paris 1966, p. 145–170.

einerseits und der in exegetischen Traditionen stehenden Literatur mit Kunstcharakter andererseits, wie P. Ricœur in seiner Kritik an C. Lévi-Strauss vorschlug.[72] Denn die beiden Methoden könnten am gleichen Gegenstand komplementäre Bedeutungen freilegen: »à propos d'une même œuvre, la critique herméneutique parlerait le langage de la reprise du sens et de la recréation intérieure, et la critique structurale celui de la parole distante et de la reconstruction intelligible«[73]. Die thematische Kritik, die sich bisher fast ausschließlich auf die individuelle Schöpfung der Autoren bezog, müsse diese in Relation zu einer kollektiven Topik der Literatur setzen, die an der Einstellung, dem Geschmack und den Wünschen, kurzum an der »Erwartung des Publikums« abzulesen sei.[74] Literarische Produktion und literarische Konsumtion verhielten sich wie *parole* und *langue*; also müsse es auch möglich sein, Literaturgeschichte eines Systems in einer Reihe von synchronen Schnitten zu erfassen und die bloße Folge autonomer und einander ›beeinflussender‹ Werke in eine strukturale Geschichte der Literatur und ihrer Funktionen zu überführen.[75]

J. Starobinski andererseits geht in seiner Neubestimmung der Literaturkritik (*La relation critique*, 1968) davon aus, daß der Strukturalismus in seiner strengen Form nur Literaturen gemäß sei, die ein »geregeltes Spiel in einer geregelten Gesellschaft« darstellen.[76] Sobald eine Literatur die gegebene Ordnung der Institutionen und Traditionen in Frage stellt, den geschlossenen Horizont der sie umgebenden Gesellschaft und ihrer sanktionierten Literatur überschreitet und sich damit die Dimension der Geschichte in einer Kultur auftut, zeige es sich, daß die synchrone Struktur einer Gesellschaft und die ereignishafte Erscheinung ihrer Literatur nicht der homogenen Textur des gleichen Logos angehören: »la plupart des grandes œuvres

72 *Structure et herméneutique*, in: *Esprit* 31 (1963), p. 596–627; fortgesetzt mit: *La structure, le mot, l'événement*, in: *Esprit* 35 (1967), p. 801–821.

73 Op. cit., p. 161.

74 Ib., p. 162–164.

75 Ib., p. 167: »L'idée structuraliste, ici, c'est de suivre la littérature dans son évolution globale en pratiquant des coupes synchroniques à diverses étapes, et en comparant les tableaux entre eux [...]. C'est dans le changement continuel de fonction que se manifeste la vraie vie des éléments de l'œuvre littéraire.«

76 In: *Quatre conférences sur la ›Nouvelle Critique‹*, Torino (Società editrice internazionale), 1968, p. 38.

modernes ne déclarent leur relation au monde que sur le mode du refus, de l'opposition, de la contestation«[77]. Aufgabe einer neuen Kritik werde es sein, diese »relation différentielle«, d. h. den Ereignischarakter der Werke wieder in den strukturalen Kontext der Literatur einzubringen. Das erfordere nicht allein, daß die thematische Kritik den geschlossenen hermeneutischen Zirkel zwischen Werk und Interpret (*trajet textuel*) auf den Weg des Werkes zur Welt seiner Leser (*trajet intentionnel*) öffnet. Das erfordere auch, daß das kritische Verstehen die differentielle oder ›transgressive‹ Funktion des Werkes nicht wieder zunichte macht: wenn die Geschichte den Protest und Ausnahmecharakter der Literatur immer wieder als Paradigma der nächstfolgenden Ordnung resorbiert, muß der Kritiker gegen die interpretierende Angleichung der Werke an das ›Erbe der Tradition‹ ihre Differenz als solche festhalten[78], mithin die Diskontinuität der Literatur in der Geschichte der Gesellschaft zur Geltung bringen.

Über das Dogma der Unvereinbarkeit von strukturaler und historischer Analyse ist der Prager Strukturalismus wohl am weitesten hinausgelangt. Hier wurden Ansätze der formalistischen Literaturtheorie zu einer strukturalen Ästhetik weiterentwickelt, die das literarische Werk mit Kategorien der ästhetischen Wahrnehmung erfassen und die wahrgenommene Gestalt des ästhetischen Objekts sodann diachronisch, in seinen rezeptionsbedingten »Konkretisationen« beschreiben will. Die bahnbrechenden Arbeiten von J. Mukařovský sind vor allem von F. Vodička zu einer Theorie der Literaturhistorie weitergeführt worden, die rezeptionsästhetisch fundiert ist.[79] In seinem Buch *Struktura vývoje* (1969) sieht er die Hauptaufgabe der Literarhistorie im Umkreis der Polarität zwischen literarischem Werk und Wirklichkeit, die an seiner Wahrnehmungsweise, d. h. an der Dynamik der Beziehungen zwischen

77 Ib, p. 39.

78 Ib. p. 39: »Les grandes œuvres rebelles sont ainsi trahies, elles sont – par le commentaire et la glose – exorcisées, rendues acceptables et versées au patrimoine commun. [. . .] Mais la compréhension critique ne vise pas à l'assimilation du dissemblable. Elle ne serait pas compréhension si elle ne comprenait pas la différence en tant que différence.«

79 Die wichtigsten Schriften J. Mukařovskýs finden sich in *Kapitel aus der tschechischen Poetik (Kapitoly z české poetiky*, Prag 1948, 3 Bände) und in *Studien aus der Ästhetik (Studie z estetiky*, Prag 1966).

Werk und literarischer Öffentlichkeit zu konkretisieren und historisch zu beschreiben sei.[80] Das erfordert einerseits die »literarische Norm«, d. h. die »Gesamtheit der literarischen Postulate« und Hierarchie der literarischen Werte einer gegebenen Zeit zu rekonstruieren, und andererseits die literarische Struktur an der »Konkretisation« literarischer Werke, d. h. an der konkreten Gestalt, die sie in der Wahrnehmung des jeweiligen Publikums angenommen haben, zu ermitteln. Der Prager Strukturalismus begreift die Struktur des Werkes demnach als Bestandteil der höheren Struktur der Literaturgeschichte und diese wiederum als einen Prozeß, der aus der dynamischen Spannung zwischen Werk und Norm, zwischen der historischen Reihe der literarischen Werke und der Reihe sich wandelnder Normen oder Einstellungen des Publikums entspringt: »Es gibt immer zwischen ihnen eine gewisse parallele Korrelation, da beide Schöpfungen, die Normschöpfung und die Schöpfung der neuen literarischen Wirklichkeit, von einer gemeinsamen Grundlage ausgehen: von der literarischen Tradition, die sie überwinden.«[81] Dabei ist vorausgesetzt, daß sich ästhetische Werte wie überhaupt das ›Wesen‹ der Kunstwerke nur prozeßhaft in den verschiedenen Gestalten ihres Wahrgenommenwerdens zeigen, nicht aber als bleibende Substanzen faßbar sind. Das literarische Werk ist nach dieser kühnen, von Mukařovský begründeten Neuauslegung des sozialen Charakters der Kunst nicht als eine von seiner Rezeption unabhängige Struktur, sondern nur als »ästhetisches Objekt« gegeben und darum auch nur im Nacheinander seiner Konkretisationen beschreibbar.

Unter *Konkretisation* ist nach Vodička das Abbild des Werkes im Bewußtsein derer zu verstehen, »für die das Werk ein ästhetisches Objekt ist«.[82] Mit diesem Begriff hat der Prager Strukturalismus einen Ansatz der phänomenologischen Ästhetik R. Ingardens aufgenommen und historisiert. Während dieser dem Werk in seiner polyphonen Harmonie der Wertquali-

80 Das 1969 in Prag erschienene Werk *Struktura vývoje* (›Struktur der Entwicklung‹) nimmt zwei ältere Arbeiten: *Konkretizace literárního díla* (›Konkretisation des literarischen Werkes‹, 1941) und *Literární historie, její problemy a úkoly* (›Die Literarhistorie, ihre Probleme und Aufgaben‹, 1942) wieder auf; vgl. Anm. 70.

81 *Struktura vývoje*, p. 35.

82 Op. cit., p. 199.

täten den Charakter einer von zeitlichen Veränderungen der literarischen Norm unabhängigen Struktur beließ, bestreitet Vodička die ideale Möglichkeit, daß die ästhetischen Werte eines Werkes in einer optimalen Konkretisation vollständig Ausdruck finden könnten: »Sobald das Werk beim Aufnehmen in neue Zusammenhänge eingegliedert wird (veränderter Stand der Sprache, andere literarische Postulate, veränderte Gesellschaftsstruktur, neues System geistiger und praktischer Werte usw.), können im Werk gerade die Eigenschaften als ästhetisch wirksam empfunden werden, die früher im Werk nicht als ästhetisch wirksam empfunden wurden.«[83] Erst die Rezeption, d. h. das geschichtliche Leben des Werkes in der Literatur, bringt in der aktiven Beziehung zwischen literarischem Werk und literarischer Öffentlichkeit seine Struktur in einer offenen Reihe von Aspekten zutage. Mit dieser Theorie hat der Prager Strukturalismus eine Position für die Rezeptionsästhetik gewonnen, die sie der alternativen Schwierigkeiten des ästhetischen Dogmatismus und des extremen Subjektivismus enthebt: »Der Dogmatismus fand im Werk ewige, unveränderliche Werte oder faßte die Rezeptionsgeschichte als Weg zum letzten richtigen Erkennen auf. Der extreme Subjektivismus sah im Gegensatz dazu in allen Rezeptionen Beweise für individuelle Wahrnehmung und Begriffe und versuchte nur in Ausnahmen, diesen Subjektivismus durch eine Zeitdetermination zu überwinden.«[84] Vodičkas Rezeptionstheorie verbindet sich mit dem methodologischen Prinzip, daß die durch eine literarische Öffentlichkeit beglaubigte Konkretisation, die selbst wieder zur Norm für andere Werke werden kann, von nur subjektiven Fixierungen der Konkretisation zu trennen ist, die nicht als Werturteil in eine aktuelle Tradition eingehen: »Ziel der Erkenntnis können nicht alle im Hinblick auf die individuelle Einstellung des Lesers möglichen Konkretisationen sein, sondern diejenigen, die eine Auseinandersetzung der Struktur des Werkes mit der Struktur der gerade gültigen Normen aufzeigen.«[85] Damit gewinnt der Kritiker, der eine neue Konkretisation aufzeichnet und veröffentlicht, neben Autor und Leser eine besondere Funktion für die »literarische Gemeinschaft«,

83 Op. cit., p. 41.
84 Op. cit., p. 196.
85 Op. cit., p. 206.

deren Konstitution als »literarische Öffentlichkeit« nur eine unter vielen Perspektiven ist, die diese Theorie einer strukturalen Literaturgeschichte der methodologisch stagnierenden Literatursoziologie anzubieten vermag.

X.

Eine Theorie, die den substantialistischen Begriff der Tradition destruieren und einen funktionalen Geschichtsbegriff an seine Stelle setzen will, muß gerade im Bereich der Kunst und Literatur den Vorwurf der Einseitigkeit in Kauf nehmen. Wer dem latenten Platonismus der philologischen Methode nicht mehr anhängt, die unvergängliche Essenz des Kunstwerks und den zeitlosen Standpunkt seines Betrachters für gleichermaßen illusorisch hält und beginnt, die Geschichte der Kunst als einen Prozeß der Produktion und Rezeption zu begreifen, in welchem nicht identische Funktionen, sondern dialogische Strukturen von Frage und Antwort zwischen Gegenwart und Vergangenheit vermitteln, der läuft Gefahr, eine spezifische Erfahrung der Kunst zu verfehlen, die ihrer Geschichtlichkeit offenbar entgegensteht. Kunstgeschichtsschreibung, die dem Prinzip der offenen Struktur und nie vollendbaren Interpretation der Werke folgt, hat dem Prozeß des produktiven Verstehens und kritischen Umdeutens entsprechend vor allem die aufklärerische und emanzipatorische Funktion der Kunst im Blick.[86] Muß sie über dem sozialen nicht den im engeren Sinne ästhetischen Charakter der Kunst, über ihrer kritischen, kommunikativen und gesellschaftsbildenden Funktion nicht jene Leistungen vernachlässigen, die der handelnde wie der leidende Mensch als Momente der Verklärung, des Genusses, des Spiels und in alledem als Momente der Entrückung aus seiner geschichtlichen Existenz und gesellschaftlichen Situation erfährt?
Es ist gar nicht zu bestreiten, daß die emanzipatorische und gesellschaftsbildende Funktion der Kunst nur die eine Seite ihrer geschichtlichen Rolle im Prozeß der Menschheitsgeschichte darstellt. Die andere Seite zeigt sich darin an, daß Kunstwerke »gegen den Ablauf der Zeit, gegen das Vergehen und die Ver-

86 Diesen Einwand erhebt M. Wehrli in seiner Festrede: *Literatur und Geschichte, Jahresbericht der Universität Zürich*, 1969/70, p. 6.

gänglichkeit gerichtet« sind, weil sie verewigen, d. h. »den Gegenständen des Lebens die Würde zur Verewigung verleihen« wollen.[87] Die Kunstgeschichte hat nach Kurt Badt darum auch die Aufgabe darzulegen, »was die Kunst am Menschen Vollkommenes hat darstellen können, zum Beispiel auch im Leiden (Grünewalds ›Christus‹)«[88]. Den überzeitlichen Charakter dieser Funktion der Verherrlichung und Verewigung anerkennen heißt aber nicht, der Geschichtlichkeit der Kunst wieder die zeitlose Essenz eines absoluten Schönen entgegenzusetzen, das sich in der Unvergänglichkeit des Werkes nur offenbarte. Das im Kunstwerk verherrlichte Unvergängliche ist ein *gegen* die Vergänglichkeit geschaffenes, in der Geschichte selbst gebildetes Absolutes.[89] Die Geschichte der Kunst schließt die historische Erscheinung der Werke und das Unvergängliche als ihr Resultat ein. Versteht man die Dialektik der Geschichte mit Karel Kosík als einen Prozeß, in dem Geschichte »sowohl die Historizität enthält, die vergänglich ist, in der Vergangenheit versinkt und *nicht wiederkehrt*, als auch den historischen Charakter, die Bildung des Unvergänglichen, d. h. des sich Bildenden und Schaffenden«[90], so ist die Geschichte der Kunst vor anderen Bereichen der geschichtlichen Wirklichkeit dadurch ausgezeichnet, daß hier die Bildung des Unvergänglichen in der Produktion der Werke nicht nur sichtbar vollzogen, sondern durch ihre Rezeption auch das Unvergangene am Vergangenen ständig vergegenwärtigt wird.

Dieser besondere Status bleibt der Geschichte der Kunst auch dann, wenn man mit der marxistischen Literaturtheorie darin übereinstimmt, daß Kunst und Literatur keine Geschichte für sich allein beanspruchen können, sondern in dem Maße geschichtlich werden, als sie am allgemeinen Prozeß der geschichtlichen Praxis teilhaben. Die Geschichte der Kunst bewahrt aber innerhalb der Historie oder Bildungsgeschichte der Menschheit

87 K. Badt, *Wissenschaftslehre der Kunstgeschichte* (p. 160). Dieses noch unveröffentlichte Werk, aus dem ich mit freundlicher Erlaubnis des Verfassers zitiere, geht gleichfalls von einer Meditation über Droysens *Historik* aus, um für die Geschichte der bildenden Künste eine neue methodologische Basis zu gewinnen.

88 Ib., p. 136.

89 Darin folge ich K. Kosík, *Die Dialektik des Konkreten,* Frankfurt 1967, bes. dem Kap.: *Historismus und Historizismus* (p. 133–149).

90 Ib., p. 143.

insofern einen besonderen Status, als sie die historische Fähigkeit der »Totalisierung, in welcher die menschliche Praxis Momente der Vergangenheit in sich einschließt und eben durch diese Integration belebt«[91], im Medium der Wahrnehmung sinnfällig und durch Interpretation bewußt zu machen vermag. Totalisierung in diesem Sinn, als »Prozeß der Produktion und Reproduktion, des Belebens und Verjüngens«[92], stellt gerade die Geschichte der Kunst exemplarisch vor Augen. Denn hier revidiert nicht allein – nach T. S. Eliots bekanntem Wort – das authentisch neue Werk unsere Sicht auf alle vergangenen Werke. Hier bedarf auch das vergangene Werk, das den Schein des unvergänglich Schönen an sich hat und – nach Malraux – Kunst als ein Gegen-Schicksal verkörpert, der produktiven Arbeit des Verstehens, um dem imaginären Museum entrissen und dem Bedeutungshorizont unserer Gegenwart erschlossen zu werden. Und hier kann schließlich auch die Kunstgeschichtsschreibung ihre bestrittene Legitimation in dem Maße zurückgewinnen, als sie den Kanon und Zusammenhang der Werke sucht und beschreibt, der die Fülle der in vergangener Kunst aufbewahrten menschlichen Erfahrung zugleich verjüngt und der Erkenntnis dieser Gegenwart verfügbar macht.

91 Ib., p. 148.
92 Ib., p. 148.

Suhrkamp Verlag GmbH
Torstraße 44, 10119 Berlin
info@suhrkamp.de
www.suhrkamp.de